民間企業の知恵を
公共サービスに活かす

社会が変わるマーケティング

フィリップ・コトラー
ナンシー・リー 著
スカイライト コンサルティング 訳

EIJI PRESS

MARKETING IN THE
PUBLIC SECTOR
A Roadmap for
Improved Performance
by

Philip Kotler
Nancy Lee

Publishing as Wharton School Publishing
Upper Saddle River, New Jersey 07458
Japanese translation rights arranged with
PEARSON EDUCATION, INC.,
publishing as Wharton School Publishing
through Japan UNI Agency, Inc., Tokyo.

日本語版　訳者まえがき

公共分野にこそマーケティングが必要だ

二〇〇六年六月、北海道夕張市の財政破綻が報じられた。多くの自治体が財政難にあることは以前から叫ばれてきたことだったが、同市の破綻は、まさに「役所も破産する時代」の到来を告げる出来事として、広く一般にも衝撃的に伝えられた。

ニュースでは、テーマパークをはじめ「地域振興」の名のもとに作られたさまざまな施設が、財政破綻の象徴として取り上げられた。深緑の中の場違いなアトラクションや、テーマパークで虚しく佇む巨大なロボット像。「これを目当てに観光客が集まると信じていたのだろうか？」と唖然としたのは私だけではあるまい。

残念ながら、夕張に限らず公共機関が運営する施設には「これでは、失敗するのは当たり前だ」と思ってしまうものが少なくない。

一方で、夕張と同じ北海道にある、旭川市旭山動物園（市営）はどうだろうか。連日多くの観光客を集める、全国でも屈指の人気施設となっている。狭い檻の中で昼寝ばかりしている動物たちではなく、ジャングルやサバンナと同じように活き活きと動き回る動物たちの姿を見せる。この「行動展示」を導入したことが、人気の秘密のひとつだ。ペンギン水槽下にあるトンネル状の通路、空中に張られたロープを渡るオラウータン、垂直に立てられたガラスの筒を潜るアザラシ。他の動物園との違いは、施設全体が来場者の視点に立って設計されていることだ。

旭山動物園が、公の施設でありながら他の公共施設と明らかに異なり、民間テーマパークに劣らぬ人気を博しているのは、園長をはじめ職員の一人ひとりが、来場者の気持ちを（そして動物や環境のことも）真摯に考え、綿密な「魅せるための」作戦を練っているからに他ならない。

本書のタイトルにある「マーケティング」とは、民間企業が物を売る際に行う販促活動のことだけではない。旭山動物園が行っているような、市民（顧客）をどう惹きつけ、彼らに何を感じてもらい、どんなメリットを与えるのか、といった点に関する一連の戦略とその実践プロセスこそ、マーケティングの根幹をなすものだ。

本書は、半世紀以上にもわたって民間企業で顧客満足を高め、売上と利益を上げるために使われてきた「マーケティング」を、社会に変革をもたらすために活用することを提案している。マーケティングの基礎から具体的な実践手法まで、そして世界中の豊富な事例を紹介する。中には日本では考えられないような事例もあり、公共分野に関心のない方も、興味深く読むことができるだろう。

本書の対象読者について

本書が対象読者として想定しているのは、国や自治体の職員や政治家だけではない。原題*Marketing in the Public Sector*の「Public Sector」とは、行政機関だけでなく、電気・ガス・上下水道・郵便など、公共サービスを提供する「社会基盤」全般を指す言葉だ。国や自治体だけでなく、公社などの特殊法人や第三セクターという形態もあるし、日本では電気やガスのように民間企業が担っているサービスもある。それら多くの「公共」の場で働く職員・社員の方々が本書の第一の対象読者となろう。

われわれは、さらに日本では、潜在的な読者層があると考えた。その背景にあるのは日本の社会構造の変化である。かつて「社会基盤」は公職者に独占されていたが、民営化、民間委託、情報公開といったさまざまな改革を通じ、現在では多くの公共サービスが市民の側に取り戻されつつある。NPOや民間企業、そして一般市民の力を借りずに行政運営を政府単独で行うことが不可能だという事実は、もはや常識であろう（本書にも官民の提携による事例が数多く収録されている）。

本書を手に取った方の中には、今後地域や社会に貢献したいと考えている方も多くおられることと思う。そういう方々にとっても本書は意義あるものであると考える。邦題を『**社会が変わる**マーケティング』としたのは、行政関係者だけでなく、できるだけ広い範囲で読まれるべきと考えたからだ。また副題を「民間企業の知恵を公共サービスに活かす」としたように、民間企業にお勤めの方には、その経験と知識が社会変革の大きな力になることを知ってほしい。

社会を変えるチャンスはそこにある

著者の一人コトラーは、マーケティングを学ぶ者にとっては、偉大な存在だ。彼の著作は長年にわたり多くの企業を成功に導いてきた。その彼がマーケティングによって変えたかったのは一企業ではなく社会そのものであったということが、本書からは伝わってくる。

しかし留意いただきたいのは、マーケティングもあくまで一つの手段に過ぎないことだ。紹介されている事例は示唆深いものだが、いずれも綿密な調査を踏まえて、個々の状況における最適な手段として採られた施策であり、それをそのまま真似たところで同じ結果が出るとは限らない。新たな仕組みや制度の構築が自己目的化してはならない。まず問題の本質を見極めて、それを解決するための手段としてマーケティングを活用するのだということを念頭に置く必要がある。本質的な問題の解決に向け、古い考えや慣習をリセットし、成果を上げることにしつこくこだわる姿勢を、豊富な事例から感じとっていただきたい。

本書では、「社会を変える」取り組みの事例が数多く紹介されている。環境問題や健康問題に対する国を挙げての取り組みも多い。読者の中には「一職員、一市民がマーケティングを活用したところで、社会にインパクトを与えられるはずがない」と思う人もいるかもしれない。しかし悲観しないでほしい。旭山動物園の改革は、職員が来場者と一緒に動物を見ながら口頭で解説を始め、手書きのパネルを作成することから始まった。小さな改革であっても、確かなマーケティング戦略の一環として実施されたのであれば、旭山のように最終的に何らかの成果につながるはずだ。

本書を手にした方々が、マーケティングの力を借り、社会を次第に良き方向に変えていくことをわれわれは願ってやまない。はじめは小さな一歩であったとしても。

最後に、翻訳の機会を提供してくれた英治出版の原田英治社長、本書の訳にあたり惜しみない協力をしてくれた英治出版の高野達成氏、ガイア・オペレーションズの和田文夫氏、弊社翻訳チームの矢野陽一朗、佐藤幸作、斉藤学、石橋穂隆、嶋田一郎、武内麻佐子の各メンバー、加えて上梓を待たず逝った最愛の妻、亜希にもこの場を借りて感謝の意を表したい。

二〇〇七年八月　スカイライト コンサルティング株式会社　マネジャー　伊藤拓典

第13章 説得力のあるマーケティング計画を作成する 387

「公益」とは、行政にとっての利益であり、市民にとっての利益であり、そして環境にとっての利益である。本書を、「公益」を追求する現在の、そして未来の公職者すべてに捧げる。

本書を読んで、伝統的なマーケティングの原理とテクニックによって、組織のパフォーマンスを改善できることに気付いてほしい。単純なことだが、マーケティングの奇跡的な力は、市民に根ざしたアプローチにこそある。そのことを、本書から感じ取っていただきたい。

フィリップ・コトラー
ナンシー・リー

本文中、外国通貨は、以下のレートで換算しています。（編集部）

一ドル（米ドル）＝一二〇円
一ユーロ＝一五〇円
一ポンド＝二四〇円

part 1

introduction

はじめに

chapter 1

市民の要望にこたえる

まず目指すべきものを思い描いてみよう。遠くない未来のある日、公共部門・公共機関が、自らのために奉仕するのと同様、真に市民本位の行政を行っている日の光景である。

オレゴン州で……トッドはオンラインのニュースを見て驚いた。これは本当のことだろうか。「郵政公社が過去最高の利益をあげた。今後五年間、第一種郵便物の料金を三十九セントに据え置く予定」。公社の中小企業向けサービスの売上が急増しているようだ。

カンザス州で……ソフィーは小学四年生になる娘と玄関から歩きだした。体重を四キロほど減らしなさいという小児科の担当医の指示どおり、娘が実際に体重を減らせたかどうかを確かめるためだ。この学区の父母たちが絶賛する「スクールバスに乗らず歩いて学校へ行こう」というプログラムは、本当に娘の減量に役立っているのか。もしこのプログラムが成功すれば、減量に役立つだけでなく、学区の交通費が一五％も減ることになる。

ロサンゼルスで……ファニータが同乗者を拾うと、同乗者は乗り込む際に、フロントガラスに更新ずみのカープール[1]のステッカーを貼り付けた。これは昨晩、市役所から届いたEメールの添付ファイルを印刷したものだ。自宅からウェブサイトで市営駐車場の好きな場所を予約できる、新しいサービスも始まったそうだ。

ニュージャージー州で……トレントは建設会社の総務部長だ。彼は州が主催する「労働と産業」ワークショップに参加できるという通知をEメールで受け取った。一度は定員オーバーで受講を諦めたが、州が定員枠を増やしたのだ。以前の参加者が職場の労働災害を減らし、翌年の保険料率を下げることができたという話を聞いたので、トレントはそのワークショップに期待している。

テキサス州で……ボビージョーは、トラックに乗り込んだが思い直して降りてきて、バンパーに貼った「テキサスを汚さないで」というステッカーを眺めた。バンパーが壊れたときに脱落しないように貼りつけたわけではない。彼はロープを取り出して積荷の木屑が荷崩れしないよう、しっかりと荷台に固定した。

ヨルダンで……サバーは十一歳になる息子の話に耳を傾けた。息子は学校の宿題で自宅の水道に水漏れがないかを調べ、その結果を話してくれたのだ。息子は自宅のシャワーや台所に取りつける節水器具の写真を持ち出して、これを付ければ我が家では（そして国全体では）一日にどれ

1▶ 相乗り運動のこと。同乗者と近所の駐車場などで待ち合わせ、1人の車に何人かが乗り込んで通勤する。高速道路にはカープールの専用レーンがあり、渋滞していてもステッカーを貼った車はスムーズに走れる。ガソリンの高騰と環境保護意識の高まりで、特に最近アメリカ西海岸で盛んとなっている。

くらい節水できるかを説明してくれた。

ケープタウンで……トルーディは、角を曲がった途端、横断歩道のところで閃光が目に飛び込んできたので、車のハンドルを切り、あわてて急停車した。閃光は、歩行者が歩道の縁石から車の前に足を踏み出したという合図だった。トルーディはこの歩行者に気づいていなかったのだ。

フィンランドで……トゥオモは靴を踏みしめて、新しく靴に取りつけたスパイク金具の具合を確かめた。このスパイク金具は昨日公民館でもらったものだ。「もっと体を動かそう」という政府のキャンペーンの一環として、歩道の雪や氷をかくときに転ばないようにとの配慮から、高齢者には無料で配られた。

ロンドンで……ジュリアは昼休みに市立公園へ散歩に出かけた。市の所有地に新たに設けられた食べ物の売店に人が群がっているのに目を奪われた。以前、店のオーナーから聞いた話では、市はこの私営や公営の売店からの収入で、公園と市有地の歩道にゴミ箱を増やそうとしているそうだ。

シンガポールで……ジョンソンは公共料金の請求書を開封した。そこには、彼の家のピーク時間帯の電力使用量が減ったことを示すメッセージと、感謝のしるしとして、提携している大手量販店で環境保護関連製品と交換できる五十ドルのクーポンが同封してあった。

ローマで……ジャコモは出張から帰宅すると、空港の保安検査ゲートをどれほど短時間で通過できたかを興奮まじりに妻に語った。空港には小さなブースが新設され、ポケットや書類カバンから何も取り出さず、ただ通り抜けるだけで済んだ。また、どのチェックポイントでも、いつもの半数以下の警備員しか見かけなかったという。

こうした光景は、すべて今にも起こりそうな出来事で、公共機関が市民ニーズを巧みに捉え、それを満たしたケースである。これは社会的に有益なだけでなく、経済的にも、環境の面でも有意義なやり方だ。質の高いプログラムとサービスの提供によって、市民の関心と満足度を高め、自らの歳入・収入をも増やしている。公共機関が自分たちの仕事ぶりを改善し、それを伝えることによって、市民の協力を生み出している。社会基盤の発展を気にかけている市民の意欲や行動をうまく引き出し、社会の安全や安心に努めている。効果的なコミュニケーションにより、自発的に規則に従おうという気持ちを起こさせている。簡単にサービスが受けられるようにして、利用率を高め、それにより運営コストさえも減らしている。民間企業との提携によって、サービスの拡大や環境の改善を可能にし、ちょっとした驚きを与えて市民に喜んでもらっている。

市民ニーズの充足と公共機関のパフォーマンスの改善の間の明らかな相関を発見し、それを活用するにはどうすればよいのか。これが本書を執筆した理由である。この目標を達成するために、基本的かつ実証されているマーケティングの原理と手法をどのように活用するか。これが本書の中心テーマだ。目的は「公益」に貢献する、つまりできるかぎり多くの人に対して、できるだけ多くの善を創造する目標と行動を見つけだすことにある。

まず、公共機関におけるマーケティングの可能性に目を向ける前に、これからあげる三つの疑問について考えておきたい。より現実に基づいた論点が見えてくるはずだ。

公共機関に対して市民が望むこと、欲しがるものとは

どんな社会でも公共部門は必要だ。その最も重要な第一の役割は、社会を運営するための原理を明確にすることである。行政を構成するのは誰なのか。行政の構成員をどのように選挙で決めたり、採用したりするのか。行政が認めることは何か、また禁じるものは何か。行政の活動を支える歳入・収入をどのように確保するのか。市民はどのような方法で行政に影響力を行使できるのか。

第二の役割は、公共の利益にとって決定的に重要なサービスを提供することである。たとえば国防や軍事などがあげられる。国と地方自治体は、警察や消防、公園維持管理、図書館運営、都市計画、エネルギー政策、衛生、道路建設、教育、保健施設運営などの基本的な公共サービスは自分たちが管理すべきだと考えている。米国陸軍や米国郵政公社[1]のような特定のサービスは、理にかなった独占状態で運営すべきだという主張をよく耳にする。こうしたサービスは、単一の指揮系統下にあることが必要だから、あるいは規模を大きくすることによって効率性が高まるから、

1 ▶ U.S. Postal Service：USPS

というのがその論拠だ。

第三の役割は、社会にとって必要だが、民間企業や非営利部門がやりたがらない、あるいは実施が困難なサービスの提供である。そこで政府が単独で、あるいは非営利部門と提携して実施する。典型的な例としては、貧しい人への援助である。

しかし、政府を運営するために市民は莫大な費用を負担しなければならない。たとえば、米国では税歳入の四〇%以上がそのために使われている。市民はその負担金を効率的、効果的に使ってもらいたいと思っている。私たちは普段、民間企業の効率性を見聞きしてきたため、公共機関にも同様のパフォーマンスを求めるのである。

残念ながら、行政サービスには批判的な人が多い。そして無駄な物資の購買や慣行の匂いを嗅ぎとり、必要なサービスの欠如や業界団体との癒着に不満を抱く人も少なくない。こうした不満の数々を具体的にあげてみれば、どれもおなじみのものばかりだろう。

- 税金の額にふさわしいサービスの提供を受けていない。
- 政府機関の中には、ごく普通の物品をあきれた価格で購入しているところがある。政府の契約は、一〇〇万ドル（一億二〇〇〇万円）の単位で予算オーバーとなることが多い。
- 道路税を払っているのに、国の公共インフラ（橋や道路など）は老朽化している。
- 慣行や規則を盾にとる態度が目にある。そのため対応が遅く、柔軟性に欠ける。
- 公務員は過剰な保護を受けている。無能でも不正をしても保護されている。

- 公立の学校運営の失敗がお粗末な教育につながり、それが惨めな仕事にしか就けない原因となり、さらには家庭崩壊と薬物乱用を引き起こし、犯罪と投獄の増加につながっている。
- 貧しい人々への生活保護と、貧困の連鎖から抜け出させるための支援が不十分である。
- 制度や仕組み上の問題点が多く、長時間待たされたり、手紙が行方不明になったり、道路が汚いままであったりするなど、数え上げればきりがない。
- 情報伝達の手際が悪く、いたずらに混乱を招く（たとえば、メディケア[1]の処方箋薬制度）。
- 責任感の欠如が市民の怒りを招く（たとえば、ハリケーン・カトリーナに対する米国連邦緊急事態管理庁〈FEMA〉の対応）。
- 市民感情にうといため、失敗することが明らかな制度を作る（たとえば、スーザン・B・アンソニー[2]の肖像を刻んだ一ドル硬貨は、二十五セント硬貨と間違えられることが多い）。

公共部門にベネフィットをもたらすには

パフォーマンスを改善する方法の一つは、民間部門が使っているツールを適用することだ。今日、多数の公共機関の幹部や職員が「学校に戻って」いる。彼らは財務やマーケティング、購買、リーダーシップ、企業家論、戦略、業務のセミナーを受講しているのだ。行政の専門学校やビジネススクールに通って自分の技能を高め、理解を深めている。彼らは、行政の旧態依然とした姿勢や公務員制度への依存を否定し、彼らの職の安定と昇進基準を守るための年功

1▶ メディケアとは、米国民全般を対象とした医療保障制度。2003年に、これまで保険の適用外であった外来患者に関わる処方箋薬代が保険の適用対象となった。これは1965年のメディケア制度発足以降、初めての大改正であった。

2▶ 米国の女性公民権運動家。1820〜1906年。奴隷制度反対、禁酒運動、女権拡張、女性参政権確保などのために活動し、その功績を称えられて1979年に女性として初めて1ドル硬貨に肖像が刻まれた。

序列制度をなくしたいと思っている。彼らは自分の雇い主である官公庁に対し、個人としての、また一市民としての誇りを取り戻したいと考えている。

こうした公務員たち（あなたもその一員かもしれないが）は、次のような民間企業の実践的な活動を検討したり、場合によっては採用したりしている。

- 総合的品質管理[1]
- 顧客主導戦略[2]
- 自己管理チーム
- 階層の少ないフラットな組織構造[3]
- 明確なビジョンを持ったリーダーシップ
- リエンジニアリング
- パフォーマンスの測定と評価
- インセンティブ制度と成果主義
- 費用対利益分析および費用対効果分析
- アウトソーシング
- 電子政府と電子情報
- 成長・学習する組織
- リーン生産方式[4]

1 ▶ TQM：Total Quality Management

2 ▶ Customer-driven strategy

3 ▶ Flat organization

4 ▶ Lean production：マサチューセッツ工科大学のジム・ウォーマック教授が、トヨタ生産方式を研究し開発した、徹底的にムダを省くための生産管理手法。

政府の仕事は企業の仕事とは本質的に異なると主張し、このような手法に疑問を投げかける人もいる。政府機関の活動をもっと効率的、効果的、革新的なものにしてもらいたいという市民の願いは夢想だというのである。政府と企業の組織は、次のような点であまりに対照的すぎるというのがその論拠だ。(1)

- 行政機関は独占であることが多い。企業は競争の激しい市場で生き抜いている。
- 行政は市民の利益のために奉仕する。企業は投資家の利益を最大にする。
- 政治家は有権者に支配され、彼らの意見に左右される。企業のトップが責任を負うのは取締役会に対してだけである。
- 行政の活動は衆人環視のもとで行われ、メディアの注目を大いに集める。企業の活動の大部分はメディアの視線からさえぎられ、公衆や行政、メディアから隔離された場所で行われる。
- 市民は、自分の意向を政府に知らせるためには、さまざまな規模や影響力、権力を持った利益集団に属さなければならない。企業はロビイスト経由で、また政治的指導者から直接に便宜を受けている。
- 最も現代的な民主主義制度のもとでも市民は政府に強い不信感を抱いており、また重要な情報を知らされる機会が少なく、参加意識も希薄だ。投資家と企業のトップは、自分たちの会社と強い利害関係を持っている。

●行政の各部署は権限や業務範囲についてよく理解していないことが多く、その機能は部署間でかなりの重複を抱えながら場当たり的に進められている。企業では細心の注意を払って労働力が振り分けられ、組織的に活動している。

●市民は選挙や世論調査、メディアの報道で政治的指導者の行動をチェックする。企業のトップは取締役会だけに説明責任を果たせばよい。

●行政の動きは概して遅く、チェック・アンド・バランスの問題、公聴会、組織内の見解相違、拒否権の発動など、行政特有の事情により動きはいっそう遅くなる。企業の動きは素早く、いったん決定権がCEOや取締役会に移ればすぐに動き出す。

●行政の活動は資金不足に陥ることが多い。企業は好ましい業績を発表できれば必要な資金を得ることができる。

●合衆国政府は司法、立法、行政の三つの連邦機関と五十の州、八万三〇〇〇の地方政府に分かれ、それぞれが重複した責任を持っている。企業はCEOと役員会のもと、集中的で中央集権的な活動をしている。(2)

●行政は事実上、生活に関するあらゆる領域に関与する。企業は自社の製品やサービスに集中する。

●行政は資源の分配、再分配および規制を行う。企業は主に資源を生産し、分配する。

こうした違いは誇張されていることが多い。これを非効率、浪費の言い訳に使ってはいけない、というのが私たちの主張である。コモンコーズ、シティズンズ・フォー・ベターガバメント、イノベーション・グループなどの団体が政府の活動の能率化と効率化を改善しようとして活動している。デビッド・オズボーンとテッド・ゲーブラーの共著『行政革命』(3)は、そうした活動に強い影響力を及ぼしてきた。この本は、次のような各章のタイトルからわかるように、大胆な変革を提案している。「触媒としての行政」「地域社会が所有する行政」「競争する行政」「使命重視の行政」「成果重視の行政」「顧客重視の行政」「企業化する行政」「先を見通す行政」「分権化する行政」「市場志向の行政」。この本は、ビル・クリントンをはじめとする著名な政治家や公職者にも推奨されている。政府をより良く運営するにはどうすればよいかについて、ビジネスの教科書のような体裁で書かれている。

変化は避けられるものではないし、民間企業と同様に、公共部門も変化の影響を受ける。すべての組織は、新しい挑戦や新たなライバルとの競争を免れることはできない。それによって組織の再編を招くことになるか、あるいは組織の終焉を迎えることになるかもしれない。公共機関であってもその生存が保証されているわけでもなければ、財務的な保証があるわけでもない。企業のように、移り変わる力関係とテクノロジーに対する展望を持たなければならない。さらには、物事を戦略的に考え、新しい形の効率性を追求し、現状を革新しなければならない。そして自分たちの存在価値を、血税を負担する一般市民、または活動を監視している特定の市民にアピールすることも必要だ。あなたも現在の、あるいは将来の指導者として、行政の運営方法の改善に貢献できるのだ。

マーケティングが果たす役割とは

公共部門で働く人たちに最も見過ごされ、誤解されてきた分野の一つがマーケティングである。「公務員として、マーケティングをどう定義すればよいのだろうか」。こう尋ねられたならば、「広告」の話をしているのではないかと考えるかもしれない。それは一面として正しい。公共機関も確かになんらかの広告をしている。新兵募集の広告が一斉に出されているのを見たことがあるだろう。あるいは、マーケティングとは押し売りの手口を利用した「販売」のことで、「巧みなごまかし」の類と思っているかもしれない。そういう人は本書を読み進めても、その「巧みなごまかし」だけが頼みの綱の戦術となるだろう。もし、製品開発、価格設定、流通チャネルの構築、真の価値の訴求にマーケティングの原理と手法を使わないとすれば、の話だが。

民間企業の広告と販売促進活動を延々と見せられて、マーケティングについて悪いイメージを持ってしまうのは無理からぬことだ。しかし、マーケティングを4P[1]の一つであるプロモーションだけで捉えていては、マーケティングの考え方が持つ可能性と利点を見失うことになる。マーケティングを知らなければ、マーケティングを実践できるわけがない。マーケティングを実践するということは、「顧客やパートナー、競争相手を特定すること」「セグメンテーション（市場の細分化）やターゲティング（ターゲットとなる市場の選択）、ポジショニング（製品の位置づけ）を行うこと」「画期的なサービス開発への挑戦や開発した新たなサービスの提供開始プロセスを管理する

1 ▶ Product＝製品、Price＝価格、Place＝流通チャネル、Promotion＝プロモーション

こと」「公共サービスを普及させる新たなチャネル（経路）を見つけること」「公共機関であっても手数料や使用料として僅かでもコストを回収しなければならないのでサービスに適切な価格をつけること」、そして「そのサービスを明快かつ説得力のある方法で市民に告知すること」である。

マーケティングは、市民のニーズを満たし、本当の価値を届けたいと願う公共機関にとって、最善の計画を作成するための基本概念である。マーケティングの最大の関心事は、目標とした市場がその価値を認めたというアウトカム（成果）を生み出すことである。民間企業でのマーケティングのスローガンは、顧客価値と顧客満足だ。公共部門でのマーケティングのモットーは、市民価値と市民満足である。

伝統的なマーケティングの概念が公共部門でも十分に通用することを本書でお見せしよう。この概念は、米国連邦政府にも、また八万三〇〇〇の地方政府や五十の州政府、何万という市や郡、教育委員会、水道局、運輸局、ひいては世界中の同様の機関にも何の支障もなく適用できる。

表1（次頁）を見れば、さまざまな形態の著名な公共機関のマーケティング意識の強さがわかる。○印が多ければ、それだけその機関のマーケティングに対する意識が強い。マーケティング意識が強い組織としては、郵政公社、陸軍の新兵募集センター、公共交通機関があげられる。いずれも顧客の利用度や参加意識に依存しなければならない組織である。マーケティング意識の低い組織は、米国内国歳入庁[2]と自動車免許証発給サービスである。

2▶IRS：Internal Revenue Service

社会が変わるマーケティング

公共機関は、そのミッション（使命）や問題解決、成果に対して、もっと意識的にマーケティングに取り組み、その発想を取り入れればより大きなメリットを期待できる。次の章からは、公共機関の活動の実効性と効率性、革新性、敏感さについて実例を用いて説明し、こうした重要なマーケティング活動を体系的に紹介する。さらに、意識の高い公共サービスの指導者たちにまつわる示唆に富む有益な事例と、彼らが目標を達成するためにマーケティングの発想をどのように活用しているかを紹介する。

- 歳入・収入の増加
- サービス利用率の向上
- 製品の販売増加
- コンプライアンスの向上

表1　さまざまな公共機関のマーケティング意識の強さ

	新しいサービスの開発	価格設定	流通チャネル	広報	広告	販売促進	販売部隊	顧客サービス
連邦レベル								
郵政公社	○	○	○	○	○	○	○	○
陸軍新兵募集センター	○	○		○	○	○	○	○
国立公文書館（National Archives）			○					○
内国歳入庁（IRS）			○					○
地方レベル								
自動車免許証発給サービス			○					○
警察署			○	○			○	○
公共交通機関	○	○	○	○	○	○		○
港湾局	○	○	○	○			○	○

- 健康と安全の増進
- 環境保護に対する市民参加の推進
- サービス提供コストの削減
- 顧客満足の増大
- 市民の協力獲得

耳よりの情報がある。それは、世界のどこかで、なんらかの公共機関があなたの直面していることと同じ問題をマーケティングの原理とツールを使って解決している可能性があるということだ。

マーケティングは、広告や販売、コミュニケーションと同義語ではないし、「巧みなごまかし」を用いることでもない。マーケティングにはこうした技術だけでなく、それ以上のものがある。マーケティングは、顧客への接し方（市民が中心）を重視する。つまり、マーケティングは市民の不満に対応し、市民の認識を変え、社会を変革することに役立つのだ。

マーケティングを実践するには、しっかりした手順に則った計画が必要である。現状分析を行い、目標を設定し、市場の細分化を行い、市場調査を実施し、売り込もうとするサービスの位置づけ（ポジショニング）を行い、マーケティングのさまざまなツールを戦略的に組み合わせ、成果の評価方法、予算および実施計画を策定しなければならない。本書を読めば、どうすれば説得力のあるマーケティングを行うことができるかを学ぶことができるだろう。

行政も「ローテク、ロータッチ」[1]から「ハイテク、ハイタッチ」[2]に生まれ変わることができる。それによって、税金を払う市民に、今まで以上の価値を届けることができるのだ。行政は、市民に対して品質やスピード、効率性、利便性、公平性という面で、これまで以上のサービスを提供することができる。私たちは、公務員の方々がプロフェッショナルとして自分の仕事を遂行しようという意気込みに敬意を表する。本書が、公務員のマーケティング技能の向上と、市民に対するより細かい配慮を促し、それによって社会がよりよく変化することに貢献できれば幸いである。

1 ▶ low-tech, low-touch：旧態依然としたテクノロジーで、人との接触が希薄な状態
2 ▶ high-tech, high-touch：進化したテクノロジーを使って、人との接触も密な状態

chapter 2

マーケティングの考え方を理解する

無数の提携先を模索した結果、世界で最もアクセス数の多いウェブサイトと世界最大の郵便事業会社が二〇〇三年に事業提携し、その関係は今日まで発展を続け、ますます連携を強めています。イーベイ社と米国郵政公社は成長を続ける重要な顧客セグメント、すなわち国内に点在する何百万という中小企業やホームオフィスを共同で開拓しています。郵政公社のオンライン郵便サービスの仕組みをイーベイのウェブサイトに組み込んだことは提携の一例にすぎませんが、それだけでも数百万件の発送小包の需要が生まれ、郵政公社に初年度から大きな収入をもたらしました。

今日、郵政公社とイーベイは、ウェブサイトとソフトウエアを共有し、広告、プロモーションを共同で行っており、この提携関係は両社にとって大きな成功でした。カリフォルニアの『サンノゼ・マーキュリー』紙によると、二〇〇五年の「イーベイ・ライブ!」カンファレンスに特別ゲストとして招かれた郵政公社のジョン・E・〝ジャック〟・ポッター社長は、イーベイのメグ・ホイットマン社長兼CEOと数千人の「イーベイ・パワーセラー（イーベイの出品者）」からロック歌手なみの歓迎を受けました。ホイットマン社長が「郵政公社が好きですか」と会場の聴衆に尋ねたところ、「参加者は張り裂けるような歓声で答えた」と同紙は報じています。

――アニタ・ビッゾット（米国郵政公社、最高マーケティング責任者）

この記事には、いくつかの驚くべき点がある。まず、郵政公社は、最高マーケティング責任者（Chief Marketing Officer）を置いているのだ！　また、小売業の巨人であるイーベイ社[1]と提携したことも驚きだ。郵政公社の二三〇年以上になる社史の冒頭部分を読むと、その成功の背景に、次の五つの特徴的なマーケティングの考え方が存在することがわかる。

図1　提携関係の勝ち組

- 顧客中心主義の採用
- 市場の細分化とターゲット市場の設定
- 競争相手の特定
- マーケティング・ミックス[2]における4Pの活用
- 活動状況のモニタリングと、その結果を受けた修正

想像してみてほしい。郵政公社がこうした考え方に立たず、改革を実行していなければ、どんなことになっていたか。これは、テクノロジーが急激に進歩し、市場が即座に満足を求め、新たに強力な競争相手が現れ、国際化がとどまるところを知らない今、あらゆる公共機関が取り組まざるをえない変革である。

1▶ eBay：米国最大のオークションサイト

2▶ マーケティング戦略において市場から好ましい反応を引き出すために、製品(Product)、価格(Price)、流通チャネル（Place)、プロモーション（Promotion）のコントロール可能な4つの「P」要素を最適に組み合わせる手法のこと。後で詳述。

注目事例

郵政公社のマーケティング戦略

郵政公社の歴史を語るときは、郵便以外のことにも触れなければならない。それはマーケティングの取り組みの歴史だ。話は、郵政省が発足した一七七五年に遡る。この時、「すべての米国民は、それが何人《なんびと》で、どこにいるかを問わず、安全で効率的で、かつ手ごろな価格で、郵便サービスを受ける平等な権利を持つ」[1]という指針が定められた。この指針が二三〇年後の今も健在なのは、CNNテレビのコマーシャルで確認できる。そこでは、かつて郵便局に足を運ばなければできなかったことが、今ではすべてusps.comのウェブサイトでできるという宣伝をしている。コマーシャルは「すべては、あなたのために」というキャッチコピーで締めくくられる。

■創設当初から顧客中心主義を実践

顧客中心主義という考え方をこの組織に植え付けたのは、ベンジャミン・フランクリンだろう。彼は一七七五年に初代の郵政長官に就任した。最短距離ルートの開発や、フィラデルフィア～ニューヨーク間の夜間輸送速達サービスの開始など、郵便業務の組織化に努めた。

彼の後を継いだ指導者たちも顧客の声に耳を傾け、それに応えるべく尽力した。一八六〇年には太平洋岸までの速達サービスを実現するために、ポニーエクスプレス▼1との契約が始まった。一八六三年以前、郵便料金は郵便局から郵便局までの配達距離に基づいて課金されていたが、一八六二年、革新主義的なモンゴメリー・ブレア郵政長官によって、月給制の郵便配達員による戸別の集荷・配達サービスが提唱された。郵便の差し出しと受け取りのシステムがより便利になれば、売上も期待どおりに増えるだろうというのがその主張だった。

その後、一八九六年になって初めて、地方の顧客が戸別直接配達（さらに切手や郵便為替の販売と書留の受付など）の恩恵を受けるようになった。このときの市民の反応は、アリゾナ州の市民が書いた次の手紙によく反映されている。「アンクル・サム（米国政府）は、やっと我々のほうへ目を向けてくれた」(2)

▒市場を細分化し、ターゲット市場を定める

市場の細分化とサービスのカスタマイズ（顧客に合わせたサービス）は、効果的なマーケティング戦略だ。しかし、郵政公社が「顧客を不当に差別待遇する」(3)という認識が広まっていたなかで、こうした戦略に沿った事業を実現するのは困難を伴ったに違いない。それでも彼らは、引き続き新たなサービスの開発（たとえば、第一種郵便や速達便、普通郵便、小包など）と市場セグメントの鍵となるニーズを満たし、より優れた価値を提供することに努力した。

郵政公社が、中小企業やホームオフィスの顧客の利便性を考慮して、パソコンを活用した例を見てみよう。「PCポステージ」というソフトウエアによって、顧客はインターネットを使っ

1▶馬による郵便配達。米国東海岸から西海岸まで、馬によるリレー方式で配達所要日数を短縮した。

て切手を買い、一般的なデスクトップ・プリンタで料金別納郵便物の証印を封筒、あるいは郵便物や小包のラベルに直接印刷できる。「クリックン・シップ（Click-N-Ship）」というサービスでは、顧客は郵政公社のウェブサイトで切手を買い、発送ラベルを印刷できるし、もう一つのオンライン・サービスである集荷引き取り依頼サービスを使えば、翌日には郵便配達員がやってきて無料で小包を引き取ってくれる。こうしたサービスによって、顧客は自宅や事務所のコンピュータを使って二十四時間、土日も含め簡単に郵便サービスを利用できる。その便利さがこの市場の成長を支えている。公社の宣伝ポスターの一つには、「郵便局は、お手元のパソコンの中にあります」と書かれている。**（図2）**

図2　公社のポスターは、中小企業とホームオフィスをターゲットにしている

■競争相手を特定する

郵政公社の年次報告書によると、第一種郵便物は二〇〇二年と二〇〇三年の両会計年度で四十六億通も減少した。これは一九二九年の世界大恐慌以来、最大の落ち込みだった。

すべての郵便サービスにおいて競争はますます激しくなっている。一九八〇年代の初め、ユナイテッド・パーセルサービス社（UPS）とフェデックス社が強力な競争相手として

登場した。この両社は、米国内であれば小包を翌朝十時三十分までに配達すると約束している。その後、公社の郵便小包と翌日配達物の数は若干増えたものの、市場におけるシェアで見れば、新たな競争相手が明らかに優勢である。また、通信とその他のテクノロジーがビジネス上の文書便、郵便決済、信書に取って代わるべく出現した。

公社にさらなる警鐘を鳴らしたのが、フランチャイズ展開するメールサービスだった。たとえば、メールボクシーズ・イーティーシー社のチェーン店に顧客が品物を持ち込めば、店員が手際よく包装し、至急配達を保証してくれる。また、その包装資材や包装サービスは、近所の郵便局のものとは違って魅力的なものだったので、郵政公社も同じようなサービスを提供せざるをえなくなった。

郵政公社はこれらに対してさらなる競争力をつけるために、改革と組織の再構築を始めた。たとえば、独り勝ちしていた二〇〇一年でさえも、競争相手であるフェデックスとの業務提携を発表した。それはノースカロライナ州シャーロットの郵便局にフェデックスの集配ボックスを設置することから始まった。以後、提携関係は深まり、郵便局でのフェデックスの集配ボックス設置は、七年間で六三億ドル（七五六〇億円）の輸送契約を結ぶまでに成長した。この契約は、フェデックスの飛行機で優先郵便と速達便を輸送するものだ。また、両社で手がける特別料金の国際配送サービス「国際速達保証便」も提携の成果であり、世界中のほとんどの主要都市へ一両日中に配達可能となっている。

4Pを活用する

郵政公社は、「二〇〇四〜二〇〇八年／五カ年戦略計画」の中で、郵便および郵便関連製品とサービスの価値を向上するために策定した大胆な戦略を遂行すると宣言し、民間企業と同じように改革を継続することを約束している。以下の節では、郵政公社が現在用いている具体的な戦略と戦術を、伝統的なマーケティング・ミックス、すなわち製品（Product）、価格（Price）、流通チャネル（Place）、プロモーション（Promotion）の4Pを使って整理してみよう。

製品とサービス

郵政公社が二〇〇五年に提供している次のような製品やサービスの品揃えを、生来の発明家であったベンジャミン・フランクリンが一七七五年に知ったら、どんな反応を示すだろうか。

- アメリカ合衆国の国旗からアフリカ系米国人の文化遺産、スポーツカー、米国北東部地方の落葉樹林、ドクター・スース[1]を記念したもの、その他カラフルな図柄の切手（追加料金なし）
- 本のように綴じた切手、巻物状の切手、糊付きの切手など、さまざまな種類から選べ、その予約購入も可能
- 新兵の登録やパスポートの申請などの付属サービス
- 中に緩衝材がついた封筒や、ギフト用ボックス、インクを毎回つける必要のない印章、秤《はかり》、エンボス加工器（紙などに浮き出し模様を付ける）などの郵便関連製品

1▶ セオドア・スース・ガイゼル：米国の児童文学の巨匠。1904〜1991年。代表作の*The Cat in the Hat*は、児童文学史上に残る名作。

- 切手をあしらったラペルピン（記章）やロナルド・レーガン切手の絵柄を使ったトートバッグ、NASCAR[1]をテーマにした製品（郵政公社はブッシュシリーズ[2]に出場するレーシングカーのスポンサー）、ディズニー切手をあしらったフレームつきのポスターなどの特注品
- ダイレクトメール用に、さまざまな郵送用の顧客データベースを提供したり、ターゲットとなる郵送先顧客リストの作成をリスト提供業者に入札させる仲介サービスなど、企業に対する独自のサービス
- 電話による勧誘販売詐欺や内職商法詐欺、個人情報の盗難から家庭を守る方法を説明したDVDの無料提供
- 祝祭日や特別な日に送るお祝い用カードや、企業が顧客向けに利用する葉書を郵送するサービス。デザインも自由にでき、カードを印刷して相手に郵送することもできるし、自宅または職場に一度送ってもらい自分で相手に郵送することも可能
- 切手を買うことによって慈善事業に寄付ができ、乳がんの研究（一九九八年から今日までその募金総額は四五六〇万ドル＝五四億七二〇〇万円）や家庭内暴力防止（二〇〇三年からの募金総額は一八〇万ドル＝二億一六〇〇万円）などの社会的運動を支援できる

▼価格

当初、郵送料は手紙の中の便箋の枚数と配達距離をもとに決められていた。これは、料金が重量、サイズ、形状、配達スピード、配達曜日、国内便か外国便かなどで決まる、現在の価格体系

1▶NASCAR：全米自動車競走協会が統括するストックカーレース（市販車がベースのレース）。
2▶NASCARのカテゴリーのこと。三大カップ戦と呼ばれる最大級カテゴリーの1つ。

とインセンティブ[3]に基づく料率とは著しく対照的である。そして現在は、郵便小包受領証や受取証明郵便、配達証明つき郵便、保険つき郵便、書留郵便、受取人指定郵便、書留郵便物受領通知、署名確認、速達小包などの追加料金が必要な特別なサービスも選択肢として用意されている。

料金体系の中には、インセンティブが組み込まれている。たとえば、郵便業界とその顧客企業とが戦略的に協調して「サービス交渉に関する合意」のような革新的な価格設定手法を開発、この合意は近年当局より承認された。この合意によって、郵政公社はボリューム・ディスカウント（大口顧客への価格割引）や、個々の顧客に合わせた付加サービス提供時の追加料金を、初めて交渉できるようになった。

流通チャネル

郵送手段の選択肢を増やし利便性を高めることは、今日までにとられた最も積極的なマーケティング活動だったかもしれない。これは一七七三年の郵便騎手の登場（ときには馬の背の代わりに、小船やそり、雪靴、スキー、ラバが使われた）から、一七七五年の駅馬車、一八三二年の鉄道、一八四九年のパナマ地峡経由の汽船、一九一一年の航空機、そして今日に至る郵送と配達の進化の足跡をたどればわかるだろう。

今や顧客は、全米で三万七〇〇〇カ所を超える郵便局、あるいはセルフサービスのキオスク端末[4]（APC）を利用することができる。このキオスク端末は、空港のような場所にも設置してある（**図3**、次頁）。こうして、郵便局のロビーで列に並んで待つこともなく、手軽にサービスを

3 インセンティブ：マーケティングでは、「人に意図した行動をとらせるための成果に応じた報奨」を指す。ここでは金銭を意味するが、必ずしも金銭とは限らない。

4 APC：Automated Postal Center。郵政公社のATM。

利用できる。このキオスク端末では、デビットカードやクレジットカードによる料金の支払い、重さと配達のスピードや目的地に応じた料金の支払い、封書と薄型大判郵便物や七〇ポンド（約三二キログラム）までの小包の計量と料金計算、速達受付票の記入、受取証明郵便や書留郵便物受領通知の受付、配達一時停止と住所変更届けの受付ができる。

さらに、郵政公社のウェブサイトusps.comでも、いろいろなサービスを利用できる。たとえば、切手の印刷、料金前納速達や優先郵便小包の翌日無料集荷の依頼、私書箱の購入、郵便物の配達一時停止や転送、再配達の依頼などである。

▼プロモーション

郵政公社には公式の標語はないが、有名な碑銘がいくつかある。ニューヨークの郵政公社本社にある次の碑銘もその一つである。

「雪が降ろうと、雨が降ろうと、暑かろうと、夜闇に包まれようと、配達員は常に定められた集配巡回義務を敏速に果たす」

図3
新しい流通チャネルとして、取扱い時間の延長と待ち時間の短縮を実現したAPC

また、スミソニアン研究所傘下の国立郵便博物館にある碑銘は、顧客が受けるベネフィット[1]とサービスの特徴をうまく対比させて言い表している。「思いやりと愛情のメッセンジャー、離ればなれになった友人たちの召し使い、孤独な人の慰め役、離散した家族の絆、一般的生活水準の普及役、ニュースと知識の伝達人、商業と産業の道具、人々の間と国々の間の親密化と平和親善の促進役」

公社のロゴについては、一七八二〜一八三七年まではローマ神話の神々の間で俊足のメッセンジャーを務め、商業と旅行を司る神でもあるマーキュリーの像が公式の紋章として使われた。その後、一八三七〜一九七〇年までは馬上の郵便騎手が郵便袋を肩にかけて疾走している図が、一九七〇年からはU・S・MAILという言葉の上で今にも飛ぼうとしている白頭ワシの姿が描かれた図が使われている。一九九三年にワシが風に向かって身を乗り出している新しいロゴが発表された（ただし、これは一九七〇年のものに代わる公式ロゴにはなっていない）。

郵政公社はあらゆる広告媒体を使って、その製品やサービスのプロモーションを行っている。たとえば、ダイレクトメール（当然だが）やケーブル・テレビのコマーシャル、新聞・雑誌広告、ラジオ広告、ポスター、チラシ、ウェブサイトのバナー広告、Eメールのポップアップ広告などで、他にも二〇〇四年の秋にニューヨークのタイムズスクエアに展示したパネル三枚分の屋外広告まである。キャンペーンも、特定の製品やサービス、イベントの宣伝から、季節をテーマにした大掛かりなものまで、いろいろと実施している。二〇〇四年、郵政公社は、B6判ほどの八ページからなる「祝祭日における配送・郵送の手引き」を一億世帯に郵送した。それには、各種

1▶ベネフィット：便益。金銭的な利益、それ以外では利便性や心地よさ、安心感、自己表現などがある。

小包の配送手段と、自宅やオフィスにいながらプレゼントをオンラインで送る方法が説明されていた。末尾には「速くて、簡単、便利」と記されていた。

二〇〇五年、郵政公社は販売促進のための草の根運動に乗り出した。全国の何千人という郵便局長や管理職を動員して、研修を受けさせ、見込みのありそうな中小企業やホームオフィスに接触させたのだ。最初は、郵政公社のウェブサイトであるusps.comに対する理解を深めてもらい、次いで、小包の配送と広告宣伝ツールのプロモーションを実施した。これにより、二〇〇五年の五カ月間で、郵便局長と管理職は十六万を超える見込み客と接触し、年間二五〇〇万ドル（三〇億円）の売上を公社にもたらした。

顧客の行動と満足度をモニタリングし、修正する

郵政公社の成功度を計る尺度は、「戦略五カ年計画」の中に記されている。議会や米国民をはじめとする利害関係者が、適切な指標と信頼できるデータを使って公社の活動ぶりと成果を客観的に評価できる方法がここに書かれている。

その中の一つに、サービスのパフォーマンスを測定し、顧客の満足度を把握するためのものがある。二〇〇五年第3四半期、公社は翌日配達の第一種郵便物の期限内達成率が、これまでの最高となる九六％に達したと発表した。この数字はIBM社が開発した独自の測定方法によるものであった。同じ測定法で、顧客満足度については、家庭の顧客の九三％が公社との取引経験を「素晴らしい」「非常に良い」「良い」のいずれかに評価したとしている。

市民からの意見を取り入れる仕組みも整っている。二〇〇二年十二月現在、公社は二一二の顧客諮問委員会を主催している。これは、地域社会の関心事である郵便事業に関する問題について、地方郵便局の管理職たちと協力し合うボランティアの市民グループである。この他に、新製品や新サービスへの要望、財務状況の改善、既存の製品やサービスまたは業務の質の向上について意見のある市民は、提案をウェブサイトに書き込むことができる。

マーケティングの考え方を理解する

マーケティングの考え方は、米国郵政公社の進化と進行中の改革を見れば明らかなように、基本的な原理の認識に始まり、継続的な実践活動とその改善の繰り返しによって受け継がれていく。本章の目的は、基本的なマーケティング理論の概要を示すことである。

そこで、代表的な五つの基本原理を簡単に紹介しよう。ビジネススクールでマーケティングのコースを受講した、または研修を受けたことがある人にとっては、簡単な復習の機会となるはずだ。そういう人にとっては、すでに学んだ原理を、単に公共部門へと舞台を移すだけである。一方、マーケティング知識のない人には、本章の内容はほんの手始めと考えてもらいたい。次章以降で、これらの原理の適用方法を実例に基づいて詳しく説明する。

第1の原理――顧客中心主義に徹する

顧客中心の考え方を手っ取り早く身につけるには、あなたの顧客が常に「私に何の得があるのか」[1]と問いかけているのだと想像すればよい。これは「WIFM」現象とも呼ばれる。有能なマーケティング・マネジャーが、ターゲットとなる顧客（ターゲット・オーディエンス）[2]の欲求とニーズを十分に理解し、満足させ、しかもそれを競争相手よりも巧みにやり遂げるという仕事に絶えず追い回される所以である。

顧客中心主義がマーケティングの哲学として姿を現したのは、一九五〇年代になってからのことである。以後、これがマーケティングの概念の中核的要素となった。コトラーとケラーは、「顧客中心主義」を次のような概念と比較・対照して説明している。(4)

生産概念（Production Concept）……これはおそらく最も古い哲学であり、「消費者は入手しやすく、安価なものを選択する。よって組織は絶えずコストを下げ、入手しやすくすべきだ」という考え方。民間部門のガソリンスタンドや公共部門のゴミ収集は、少なくともこの哲学の一部を実践している。

製品概念（Product Concept）……「消費者は最高の品質、性能、革新性を持つ製品を好む」とする

1▶ What's in it for me? → WIFM

2▶ ターゲット・オーディエンス：メッセージなどの中心的な受け手となる聴衆、利用者、消費者のグループ。

考え方。この考え方の問題は、新規事業や新規サービスの企画を担当するマネジャーがその製品にほれ込んでしまい、顧客の欲求とニーズに基づいた設計や品質向上の努力を怠ることにある。これは、言葉を換えれば、「作ればお客は来る」とか「作りさえすれば売れる」という哲学である。地方の交通局がバスの乗客を増やそうとして直面する問題も、公園やレクリエーション施設を担当する部局が歳入を増やそうとして施設のスペースを貸し出すときに苦労するのも、この概念で説明がつくだろう。

販売概念（Selling Concept）……「消費者や企業は、放置しておけば売り手の期待ほどには買ってはくれないだろう。従って組織は、積極的な販売や広告宣伝活動をしなければならない」という主張である。「説得されて買った」顧客は、買ったことを喜んでいるだろう、また買いに来るだろう、会社の悪口を言ったりしないだろう、という安直な楽観的シナリオを描かせる危険な概念である。たとえば、米国の公立高校のキャンパスから陸軍の新兵採用員を締め出そうと活動している団体がある。彼らは積極的すぎる陸軍の売り込み姿勢を懸念しているのだ。

マーケティング概念（Marketing Concept）……これは製品概念や販売概念とは非常に対照的な概念である。「作って売る」という哲学ではなく、「気づいて反応する」という姿勢である。ピーター・ドラッカーは、「マーケティングの究極の目的は、販売活動を不要にすることだ。顧客を知り抜いて理解さえしていれば、製品やサービスは顧客のニーズに合致するのだから、放っておいても売れるはずだ」(5)とまで言っている。公共部門に当てはめて考えれば、ターゲットとなる顧客の欲求とニーズを満たすような事業やサービスを企画すれば、満足した顧客が熱烈な支持者となり、それほどプロモーションは必要でなくなる(たとえば広告予算)。市が主催する「自然を活用したガーデニング講座」が興味を引いたり関心を集めたとして、参加者が有害な化学薬品を使わずとも庭の雑草を取り除くことができたなら、彼らはこの喜びを隣人と分かち合いたくなるだろう。

ソサイエタル・マーケティング概念(Societal Marketing Concept)……これはマーケティング概念を一歩進めたものである。組織は、できる限り顧客と社会の福祉を維持し改善するような方法で、優れた価値を顧客に提供すべきだという考え方である。ソサイエタル・マーケティング概念に則れば、マーケティング担当者は、マーケティング活動に社会的、倫理的な配慮を取り入れ、顧客の短期的欲求を満たす(たとえばファストフード)と同時に、長期的には社会福祉に与える悪影響(たとえば肥満症)に配慮することが求められる。たとえば郵政公社が、配送用自動車の候補の中から大気汚染の最も少ないものを選択すれば、この概念の良い例となるだろう。

顧客中心主義は、非常にうまく機能する。なぜなら商取引の本質だからだ。商取引とは(単純化すれば)、顧客が支払う何らかのコスト(金銭であってもなくてもよい)と交換に、顧客に製品を受け渡す任意のプロセスである。マーケティング担当者は、この商取引理論を常に念頭に置くべきだ。

組織がターゲット市場に提供するもの（ベネフィット）は、相手が自分に与えるもの（コスト）と同等か、あるいはコストよりも価値が大きいと認識される必要がある(6)。これを実践するためには、ターゲット市場が商取引のために考えているあらゆるコストを知り、それと釣り合うベネフィットを作り上げなければならない。ターゲット市場が、「コストはベネフィットを上回る」と受けとめているならば、マーケティング担当者の仕事は相手が認識しているベネフィットを増やすか、コストを下げるか、あるいはその両方を行わなければならない(7)。さもなければ、商取引は実現しないというのがこの理論の主張である。

顧客中心主義に基づく戦略を練り上げるためには、次のような基本的な質問に答えるための情報（市場調査）が必要である。ターゲット市場の顧客が製品を買ったり、施設やサービスを利用したり、あるいはこちらが期待するような行動をとるために、いかなるコストと障害が存在するのか。コストは金銭でもよいし、金銭以外の何かでもよい。障害には、製品またはサービスの認知不足や、勧められた行動をするのに必要な技能の不足（たとえば生ゴミの堆肥化）など、あらゆることが含まれる。その商取引で相手はどんなベネフィット（WIFM）を期待しているのか。顧客が最も価値あると考えているものは何か。その価値をさらに増大できるのか。たとえば、エイズの検査を受ける上で、最も心を掴むベネフィットは何か。早く治療を受ければ長生きできることか。心の安らぎか。病気を他の人に感染させないようにという義務感か。

ターゲット市場の購買活動に何が影響するのかを理解することに加え、購買の意思決定プロセスとその各段階におけるマーケティングの役割を理解するのも、顧客中心主義の発想である。

図4が示すように、購買プロセスは五つの段階から成っている。つまり、「ニーズ認識」「情報探索」「代替品評価」「購買決定」そして「購買後行動」である。顧客は、「ニーズ認識」の段階で問題点やニーズを認識する（たとえば、子供の学期末レポートを手伝っている親が、アメリカ先住民の部族の歴史に関するもっと詳しい情報を必要としている）。そのニーズが外的な刺激によって引き起こされたものか、それとも内的刺激によるものなのか。マーケティング担当者はニーズを発生させた要因を企画に取り入れるために追求しなければならない。「情報探索」の段階では、顧客は可能性のあるプログラム、サービスや行動についてより多くの情報を探す作業にとりかかる（この時点で、親子は情報の供給源となるサイトをグーグルで検索する）。マーケティング担当者にとって重要なのは、ターゲット市場が誰から、どこで、どのようにして情報を得ているかである。「代替品評価」の段階で、消費者は情報を使って選択可能な範囲の中で、さまざまな選択肢やブランドを評価する（グーグル検索で出てきた選択肢の一つに地元の公立図書館のデータベースがあった）。ここで最も関心があることは、どの選択肢（競争相手）が検討されたのかである。次に、消費者は「購買決定」をする。マーケティング担当者はその兆候を察し、消費者の意志をさらに「たぐり寄せる（糸にかかった魚のように）」必要があるかもしれないと考える（地元図書館のデータベースが選択されたが、理由はその年代の子にふさわしい情報だと図書館が強調していたからだった。親が最も気にしていたのは、その点だった）。そして、優秀なマーケティング担当者は、製品を買ってもらった時点で自分の仕事が終わりではないことを知っている。最終段階の「購買後行動」である。その購買に対する満足度（あるいは不満足度）こそが究極的には顧客の忠誠心やプラスの口コミを生み、他の潜在顧客へインパクトを

与え、将来の販売に影響するからだ（図書館のデータベースの利用後、親は図書館のウェブサイトの任意のコメント欄に「一部族の情報だけでは物足りない」と書き込んだところ、二十四時間以内に親宛に図書館員からEメールが入り、他の情報源を教えてくれた）。[9]

なお、**図4**では、消費者は五つの段階すべてを通ることになっているが、複雑で、重要な決定をするときは、通常よりも段階が多くなることがある。現実には、消費者はニーズの認識から直接購買に進むことがあるし、もちろん購買の決定に至らないこともありうる。

図4　買い手の購買プロセス[8]

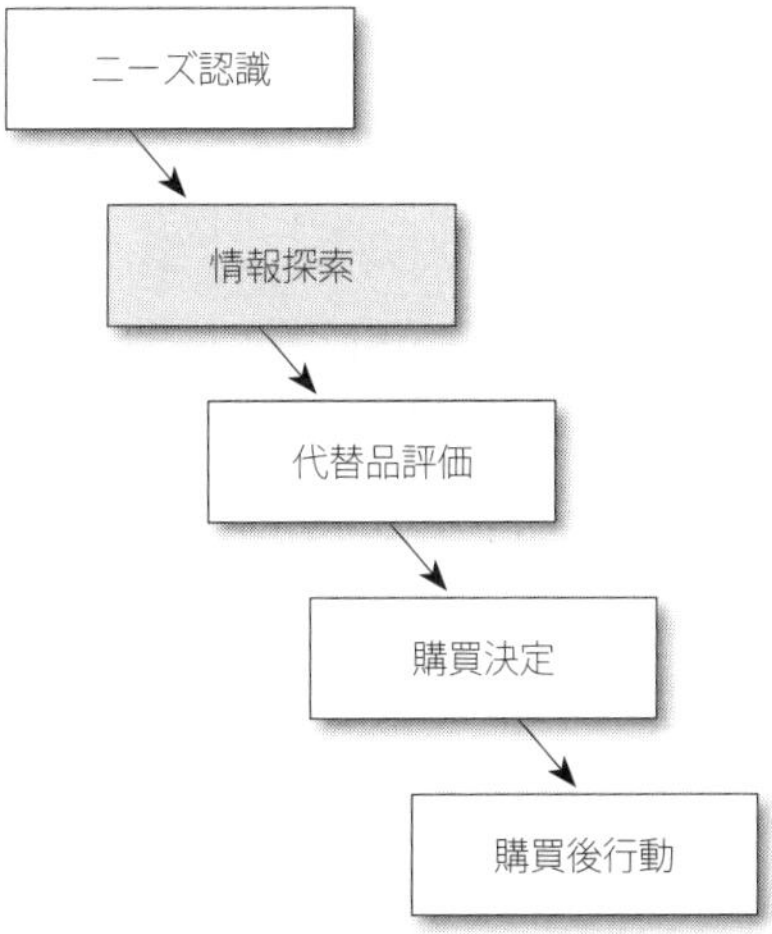

第2の原理——市場を細分化し、ターゲットを定める

市場とは、既存の、もしくは将来見込める購買者の集団である（たとえば、公共交通機関の利用者）。基本的な前提として、ほとんどの購買者は、さまざまな点で異なっている。彼らは、欲求や価値観、態度、財産、地理的所在、さらには以前にその製品や組織と接触した経験、などの点で差異がある可能性が高い。市場の細分化によって、サイズが大きく質的ばらつきを持った市場を、より小さな同質のセグメント（部分）に分割することで、セグメントごとの独自ニーズ（たとえば、郊外からの通勤交通手段）に適した製品やサービスをより効率的、効果的に見つけ出すことができる。

消費者市場の分割に使う変数には、客観的な要因やベネフィットに関連するもの、行動特性によるものなどがある。客観的要因としては、国、地方、州、郡、市、近隣、職場などの「地理的特性（ジオグラフィック）」に基づくもの、年齢、性別、家族構成、未婚・既婚などのファミリー・ライフサイクル、収入、職業、教育、宗教、人種、国籍のような「人口動態（デモグラフィック）」に基づくもの、社会階級、価値観、生活様式、個性のような「心理学的特性（サイコグラフィック）」に基づくものなどがある。ベネフィットによる細分化は、特徴的な購買活動からさまざまなベネフィットの根拠を見分け、予測することによって行う分割である。行動による細分化では、市場を過去の購買行動、またはこれに関連した行動に基づいていくつかのグループに分割する。たとえば、HIV／エイズ検査の受検者を増やすためのキャンペーンであれば、ヘルスケア関連の

（出典：Simon & Schuster Adult Publishing Group 傘下の The Free Pressの許可のもとに、Everett M. Rogers著 *Diffusion of Innovations, Fifth Edition* から転載。© 1995, 2003 by Everett M. Rogers. ©1962、1971, 1983 by The Free Press. All right reserved.）

施設と協働してこの検査を加えてもらい、毎年子宮ガン検査をしに来る女性をターゲットにするのがよいかもしれない。

さらに、潜在的な変数がもう一つある。それはイノベーションの普及理論と呼ばれるもので、新製品を進んで検討してみようという人々の姿勢には大きな個人差があるという理論である。一般的に一つの製品をめぐって五つのグループが現れる（**図5**）。[10]

- 「イノベーター」は、最も大胆で、新しいアイデアを最初に取り入れる。
- 「アーリーアダプター」は、オピニオンリーダーにその気にさせられ、早めだが慎重に新しいアイデアを取り入れる。
- 「アーリーマジョリティ」は、新製品の使用には慎重だが、平均的な人より前に行動に移す。
- 「レイトマジョリティ」は、懐疑的で、ほとんどの人が新製品を試した後で採用する。
- 「ラガード」は、変化に対して疑い深く、その製品の使用が何らかのしきたりや文化規範になってからでしか採用しない。

実際には、ほとんどの市場セグメントは、ターゲット・グループをより

図5　イノベーション採用時期の比較に基づく細分化

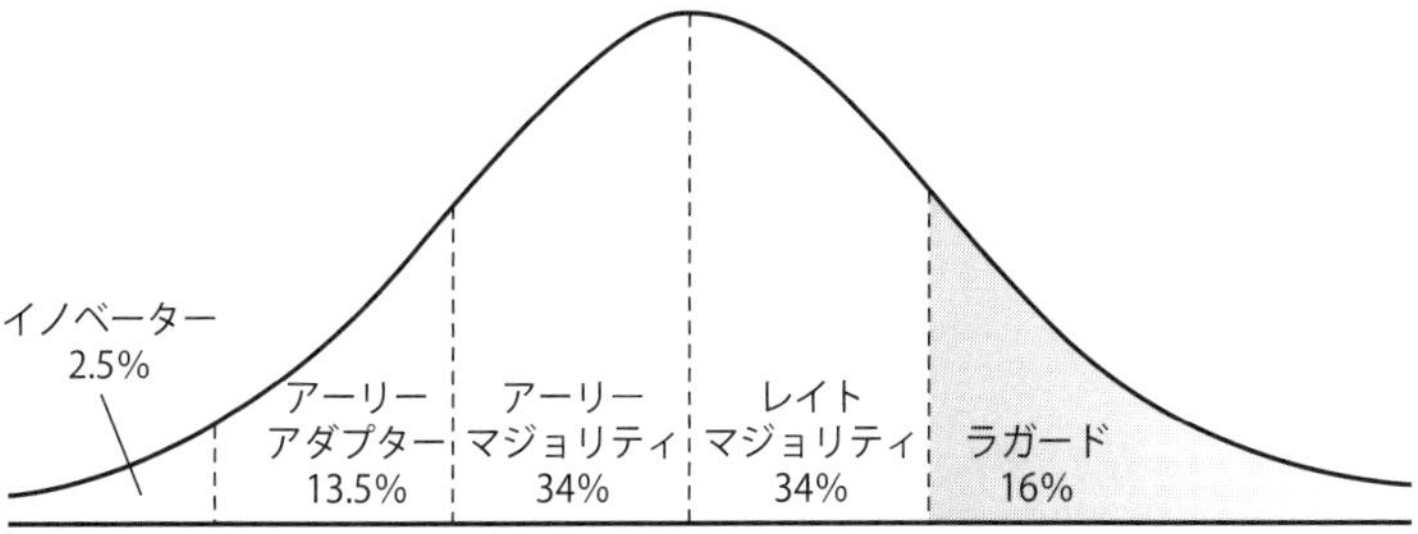

正確に限定するためにさまざまな変数で表現されている[11]。現在開発されている複数の変数による細分化方法の中で最も有望なものの一つが、「ジオ・デモグラフィック（地理的・人口動態）」による細分化である。これは、企業向け情報サービス業者が米国の国勢調査を生活様式のパターンおよび購買行動と結びつけたもので、市場をＺＩＰコード（米国郵便番号）、より細かな地域単位、さらには街の一区画にまで細分化できる。[12]

企業の細分化にはいろいろな変数の組み合わせがあり、より細かく分割された質的に均一な下位セグメントを作ることができる。興味深いデモグラフィック変数としては、業種や所在地、会社の規模などもある。その他の要因には、オペレーション変数（たとえば、その企業が最新式のテクノロジーを採用しているかどうか）や購買手法（集中購買か、分散購買か）、状況要因（たとえば、その企業は迅速・緊急な製品の配送またはサービスの提供を必要としているか）、その企業特有の性格（たとえば、その企業の原材料供給業者に対する忠誠心は高いか、低いか）などがある。

市場の細分化が終わると、組織は各セグメントを評価し、選択する。コトラーとアームストロングは、主な選択肢を次のように説明している。[13]

● 非差別化型……市場セグメントの相違をあえて無視し、単一の製品を持って市場全体を狙う戦略。これはマス・マーケティング戦略と考えてよい。ヘンリー・フォードがＴ型フォードの販売に当たって、色は黒一色と決めたのはその典型である。また、郵政公社も最初の一〇〇年間はこの戦略を採用した。

●差別型……いくつかの市場セグメントをターゲットとすることに決め、個別の特定製品を設計し、個々のセグメントに対して独自に訴求する戦略である。タバコ規制プログラムは、禁煙よりも喫煙予防に力点を置き、ターゲットセグメントに応じてまったく別の複数の戦略を採用したのである。たとえば、対象者を十代、妊婦、禁煙したい高齢者に分別し対応している。

●集中型……一つまたは少数の小さな市場の中で大きなシェアを確保しようとする戦略である。たとえば、ＨＩＶ／エイズに焦点を絞った公衆衛生プログラムは、ゲイやアフリカ系米国人のような非常に特定されたセグメントに対し、集中的に資源をつぎ込んでいる。

実際には、公共機関のほとんどは幅広く市場に対してサービスを提供している。重要なことは、サービスを提供している市場に対して、いつ差別化を行うのか、いつアプローチをセグメントごとに変えるのかである（たとえば、郵便サービスにおける民間企業ニーズと一般消費者ニーズの場合）。

第3の原理——競争相手の特定

組織の競争相手を特定するときの秘訣は、ハーバード大学のセオドア・レビット教授の言う「近視眼的マーケティング」を避けることにある。教授は、一九六〇年に『ハーバード・ビジネス・レビュー』誌に掲載された独創性に富んだ論文で、鉄道会社が「我々は鉄道業だ」ということに固執したために自らの衰退を招いたと説いている。彼らがその代わりに、自分たちの事業は輸送業だと定義していれば、いずれ自動車やトラック、飛行機が競争相手となるのがわかったはずだ。顧客が求めているベネフィットに注意していれば、鉄道が満たしている市場ニーズは輸送であって、鉄道そのものではないことがわかっていただろう。

最も狭い範囲では、自分の組織と同じような製品とサービスを同じ顧客に、時には同じ価格で提供している競争相手を明確に定義するほうがよい。これは直接的な競争相手についての話である。より広範囲の定義には、間接的な競争相手、つまり顧客または見込み客が同じニーズを満たすために利用する組織またはサービスが含まれる。**表1**に示すように、公共機関は手強い競争相手を持っていることが多い。

競争相手を特定した後、その相手についてできる限りの調査をしなければなら

表1　公共機関の事業に対する競争相手の例

機関名	プログラム	直接的な競争相手	間接的な競争相手
図書館	夏期読書プログラム	書店	ビデオゲーム
教育委員会	公立学校	私立学校	在宅教育
公益事業	自然を利用した庭の手入れ	除草剤入り肥料	放置・何もしない

ない。自分の製品や価格、流通チャネル、プロモーションを絶えず競争相手と比べ、顧客が相手の製品の強みと弱みをどのように見ているかを注意深く見極める必要がある。これは後に、競争優位なポジショニングをはじめとする、マーケティング戦略開発のたたき台となる。

マイクロソフト社の元幹部のジョン・ザグーラとリチャード・トンは、その著書の中で「あらゆる市場で優位を確保し、それを維持するための実証された五つの方策」について、わかりやすく実践的な考え方を紹介している。(14)

ドラッグレース法[1]……最も簡単な方策。一人の競争相手と直接対決し、相手を「振り切る」ことに集中する（たとえば、マイクロソフト社対ワードパーフェクト社[2]、郵政公社対フェデックス社）。

プラットフォーム法……共通の競争相手を持つ第三者を自分の味方につける方策（たとえば、アマゾン・ドット・コム社の大手小売業者との共生関係。公益事業体が他の事業者と組んで行う異種エネルギー〈電気、石炭、ガス、風力〉の提供）。

ステルス法……直接の対決を避けて生き残る方策（たとえば、エンタープライズ・レンタカー社は、旅行関連企業との競合を避けることに決め、自動車保険の切り替え時期にある顧客に的を絞って攻略し、他を圧倒することに集中した。州警察官は大晦日の夜、酒場のお客にアルコール検査紙を配った）。

1▶ 米国で始まった自動車競技。4分の1マイル（402メートル）の直線を、停止の状態から発進してゴールまでの時間を競う。

2▶ かつて米国で人気の高かったワープロソフト、WordPerfectの開発・販売会社。マイクロソフトのWordに押されて現在ではほとんど使われていない。

ベスト・オブ・ボース法……これはより複雑で「対立する二者の間を駆け抜ける」方策である（たとえば、レクサスは「日本人」ばかりでなく、「高級感のある」車を求める人をも攻略している。南アフリカには「トゥトン・スクート（Toot-n-Scoot）」という運転代行業があり、レストランやバーで酔った客は、車のトランクに入る折りたたみ式のスクーターに乗って現れる運転代行業者に自宅まで送り届けてもらう）。

ハイ・ロー法……市場に高級品とともに大衆向け製品を提供する方策（たとえば、シェラトンのラグジュアリーホテルと同社の大衆向け「フォーポインツ」ホテル。公立病院における個室、二人部屋、大部屋の提供）。

第4の原理　マーケティングの4Pを利用する

マーケティングの4Pそれぞれについての詳しい説明と理論は、第3〜7章で紹介する。ここで説明する原理は、マーケティングは、多くの人がこの言葉を聞いたり、使ったりするときに想像する以上のものだということである。「マーケティングについて何を思い浮かべるか」と聞かれれば、たいていの人は販売や広告、ダイレクトメール、テレマーケティング（電話による勧誘）、バスの中の広告、屋外の広告看板などと答えるだろう。実際には、こうした言葉はマーケティング・ツールの一つであるプロモーションの構成要素に過ぎない。理想的なマーケティング計画のシナリオでは、プロモーションの決定は、他の3Pそれぞれについての決定、つまりプロモーションされるべきもの（製品、価格および流通チャネル）の決定が済むまでは、検討されることもない。マーケティング目的の追求に使用するこの四つのツールについての理解を深めるために、それぞれに対する簡単な説明と、公共機関のための事例を紹介する。

1 製品

組織の製品は有形のものであってもよいし、そうでなくてもよい。製品は、欲求またはニーズを充足させるために市場に提供されるすべてのものと定義されているからである。したがって、「有形のもの」（公共機関が提供する生ゴミの処理機）だけでなく、「プログラム」（中小企業向け講習会）、「サービス」（公共交通）、「体験会」（ホワイトハウスのツアー）、「イベント」（アースデイ）、「人」（市議会）、「場所」（公園）、「組織」（公立学校）、「情報」（図書館のウェブサイト）、「アイデア」（水資源の保護）も製品に含めることができる。[15]

製品の企画を立てるときに考慮すべき重要な変数は、「品質」「デザイン」「特徴」「選択肢」「サイズ」「名称」および「包装」である。

たとえば、公立図書館では、所蔵する書籍、参考資料、定期刊行物などを選定することが重要であることは言うまでもない。しかし製品としての図書館を追求した結果として、多くの図書館は今では非常に広範囲なものを取り扱うようになっている。カセットテープや音楽CD、ビデオ、DVDの貸し出し、弱視者向けの大型活字で印刷した書籍を所蔵し、オンライン・データベースや電子書籍を利用し、場合によっては特別な講義や地域の公開討論会、映写会を開催するという選択肢までも含まれている。コーヒースタンドや十代の若者専用のカフェを設けた図書館にお目にかかることさえある。

図書館の製品戦略の一環として、この他にも相談員の人数と配置場所、会員カードの見た目や手触り、建物のレイアウト、照明、色彩、椅子の座り心地、絵画や彫刻といった美術品などが織りなす雰囲気やムードが、顧客に対するアピールとその満足感に影響を及ぼす追加要因であることを忘れてはならない。

2 価格

あなたは、価格を単に、製品やサービスに対して支払う対価だと考えているだろう。だが実際のところ、価格には消費者が商取引のプロセスで諦めたその他の価値も含まれている。また、顧客が支払う本当の価格には金銭以外のコスト、つまり彼らが費やした時間、努力、心理的リスク（たとえば、酒を飲んだ友人から車のキーを取り上げる）、あるいは感じたかもしれない肉体的不快感（たとえば、シートベルトをしめる）なども含まれると考えるべきだろう。(16)

図書館を例にとると、金銭的な価格の決定には、書籍、資料、その他のものの貸し出しの価格（ほとんどの場合無料）、返却が遅れた場合の罰金とその支払いスケジュール、講習会や公演会、または特別研修の参加費が含まれる。図書館への来館者数、書籍などの貸し出し件数、公演会への参加者数、顧客の満足度などの点で組織の目標を達成するために、マーケティング担当者はコスト削減（たとえば、貸し出しに要する時間の短縮や、駐車場を探す労力の削減）のための戦略（製品と流通チャネルの変数を使うことが多い）を検討する必要がある。

組織は、自分たちが設定した価格が製品の需要に影響することを理解している。営利組織は、利益が最大になるように価格を設定しようとする。一方、公共機関は、事業ごとにどれだけ商業的な回収を見込むかという点において、価格設定にさまざまな目標の「幅」を持っている。費用を補助金へ全面依存する場合もあれば、部分的に補助金に依存し、費用の一部か全部を収入によって回収する必要がある場合、もしくは費用をすべて収入で回収し、さらに若干の余剰利益を生む場合もある。こうした異なる価格設定の目的については、後の章で触れることにする。

3　流通チャネル

流通戦略は、顧客が「いつ」「どこで」「どのようにして」提供物を手に入れるかに関する決定である。一般的には「流通チャネル」と呼ばれることが多い。入手の利便性は、直接的にも間接的にも、競争力のある代替品の中から選び出す際には特に、顧客にとって最も重要な考慮すべき事項の一つである。人が便利だと感じるときの決め手には、物理的位置、営業時間と曜日、購買手段（たとえば、オンライン購入）、配達の速さ（たとえば、翌朝）など、さまざまな変数がある。

図書館の場合、物理的な位置、駐車場、開館時間と曜日、閉館後の返却ボックスの有無、本などをオンラインで貸し出し予約できるか、あるいは自宅まで郵送してもらえるかに至るまで、流通チャネルに関して考慮すべきことは無数にある。そして、ドライブスルーの窓口を設置すれば、顧客は車から降りずに本の返却や受け取りができるというように、考えは発展していく。今では、銀行やコーヒースタンド、ファストフード・レストラン、クリーニング店、薬局などでさえも、競争に打ち勝ち、顧客の満足を勝ち取るためにドライブスルーを設置するようになってきた。

4 プロモーション

プロモーションは、説得的コミュニケーションと呼ばれることが多い（これに対するものが、情報伝達的コミュニケーションまたは教育的コミュニケーションである）。組織のプロモーション戦略は、広告、対面販売、販売促進活動、広報、ダイレクトマーケティング（たとえば、ダイレクトメール、Eメール、テレマーケティング）を、目的に合わせて組み合わせたものだ。組織のプロモーション担当者の本当の仕事は、ターゲット・オーディエンスに製品の知識を植え付け、売り文句としたベネフィットを実体験したいと思わせ、行動する気にさせることである。(17)

図書館のプロモーション活動も、これらの要素で構成される。地域の小学生をターゲットにした夏期読書キャンペーンについて考えてみよう。プロモーションの媒介手段には、広告（掲示板）、対面販売（学校図書館の職員が児童にプログラムのことを説明する）、販売促進活動（学校へ児童を送り迎えする保護者の注意を引くための横断幕）、広報（新聞への記事と日程の掲載）、ダイレクトマーケティング（ターゲットとする郵便

表2

4P	4C
製品（Product）	顧客ソリューション（Customer solution）
価格（Price）	顧客コスト（Customer cost）
流通チャネル、立地(Place)	利便性（Convenience）
プロモーション・販売促進（Promotion）	コミュニケーション（Communication）

番号の地域へのダイレクトメール）が含まれるだろう。

▼**補足……4Pと4C**

今まで述べてきた4Pは、商取引のプロセスに影響を与え、これを円滑にするために使われるマーケティング・ツールとして、あくまで「売り手側」の立場に立ったものの見方を示す用語である(18)。ロバート・ラウターボーンは、**表2**のように4Cとして、「買い手」の立場からの見方を提示している。(19)

第5の原理　活動をモニタリングし、修正を加える

第1章では、パフォーマンスを改善するために効率性と有効性を増進しようとしたときに、公共機関がぶつかる多くの挑戦課題（要求といってもよい）を指摘した。公共機関といっても、マーケティングの職務や活動を行う上では、マーケティング活動の結果を評価し、必要に応じた修正が成されているか確認できる仕組みを確保し保証する責任がある。**図6**（次頁）は、アンドリーセンとコトラーが明らかにした管理プロセスだ。組織が設定した短期的・長期的なマーケティング目的の達成確率を、最大にするように設計された管理プロセスである。

このシステムできわめて重要なことは、目的と目標を明確に理解して初めてスタートできると

いうことである。次にツールを使って成果を測定する。その測定結果を徹底的に分析し、活動の方向を修正するための明確な手順を定義し、そしてこのプロセスを繰り返す。

このプロセスに使うツールは無数にあるが、その詳細は第12章で述べる。図書館の例に戻って、手法のいくつかを紹介しよう。

まず、貸し出し冊数のモニタリングである。目標とする貸し出しレベルに達していない場合には、本の利用を促進するために新聞記事や定期配信のEメールで新着図書の紹介を行い、貸し出しを誘発するのだ。もう一つの方法は、各図書部門の貸し出し冊数を曜日と時間ごとに分析し、設定した目標を達成するために新たな行動をとる必要があるかどうかを判断する。

さらに高度なレベルになると、貸し出し冊数だけでなく、誰が借りているのかを調べて、目標レベルに達するようにする。たとえば特に十代の利用者に絞って、利用度を高めるための戦略を検討するのである。他にも、利用者の意見の募集や、満足度の測定、目標達成をより確かなものにするための最重要の改善分野がどこかを特定する仕組みを作ることも、活動のモニタリングと修正の一環であろう。[21]

図6　管理プロセス[20]

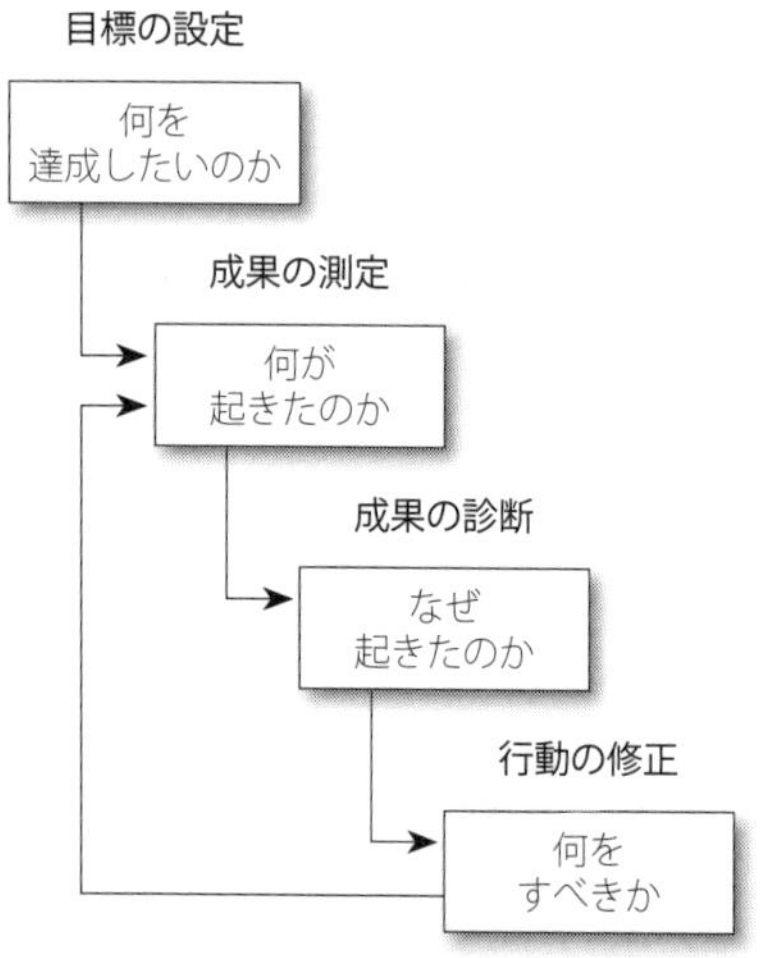

以降の内容について

米国マーケティング協会は、マーケティングを次のように定義している。
「組織的な機能であり、顧客に対する価値の創造と伝達、受け渡しを行う一連のプロセスで、さらに組織とその利害関係者にベネフィットをもたらす方法で顧客との関係を管理するためのプロセス」(22)

この章では、マーケティングは公共機関の目標、目的、使命に貢献できること、そして数十年にわたって企業のマーケティング担当者の指針となってきた五つの基本的な原理が、その取り組みの成功の鍵であることを説明した。次の八つの章では実例を紹介しつつ、公共機関にとって役立つ、五つの原理の活用法を探求していく。

第3章　評価の高いプログラムとサービスを開発し、その質を高める
第4章　購買意欲を誘う価格、インセンティブ、負のインセンティブを設定する
第5章　流通チャネルを最適化する
第6章　ふさわしいブランドを創造し、維持する
第7章　鍵となる市民群と効果的なコミュニケーションを行う
第8章　顧客サービスを改善し、その満足度を高める

第９章　市民の行動にプラスの影響を与える……ソーシャル・マーケティング

第10章　戦略的提携関係を結ぶ

part 2

applying marketing tools to the public sector

マーケティング・ツールを公共部門に適用する

chapter 3

サービスを創造する

ご承知かもしれませんが、ダウニング街十番地の首相官邸に陳情書を提出したあと、私は政府から素晴らしいニュースを受け取りました。政府は、全国の学校給食を改善するために二億八〇〇〇万ポンド（六七二億円）を支出すると約束してくれたのです。これは給食係の女性たち、ご両親、そして何よりも直接影響を受ける子供たちにとって非常に大きな勝利です。このような成果を手に入れることができたのは、このキャンペーンを応援し、陳情書に署名し、二十七万人の仲間たちに署名するよう働きかけてくださった皆様の絶大な支援のおかげです。

――ジェイミー・オリバー（英国の有名シェフ）

二〇〇五年四月十三日にウェブサイト[1]に掲載されたメッセージより

1 ▶ www.feedmebetter.com

民間部門で最も重要なマーケティング機能の一つは、**製品マネジメント**である。これは公共部門でも同じで、特に何らかの取り組みを推進する担当者にとっては重要だ。

製品マネジメントが初めて登場したのはおそらく一九二九年、プロクター・アンド・ギャンブル（P&G）社においてだった。当時、同社の石鹸の一つであるキャメイの販売が不振で、この製品だけに全精力を傾けるよう、ある若手管理職に指示が出された(1)。そして、これが成功する。これにより、同社だけでなく、他の消費財メーカーも製品マネジャーのポストを新設した。

その役割は、製品の競争戦略を立て、年間のマーケティング計画を作成し、広告代理店と協力し、販売部門と流通業者に対して支援を行い、その製品の売れ行きと顧客満足に関する情報を絶えず収集し、新製品開発の機会や現行製品に関する改善の必要性を社内に知らせることである。(2)

この章では、まず公共機関における製品の定義とその要素について説明する。次いで、公共部門にとって最も重要な製品マネジメントの機能である「プログラムとサービスの開発とその品質の向上」に焦点を合わせる。

はじめに示唆に富む事例を紹介しよう。これは、製品改善の必要性とその影響を説明するために選んだものである。公共機関は、なぜ製品の改善を執拗に迫られるのか、そして市民からの警鐘に耳を傾け対応するのがいかに賢明なことかを伝えている。さらに、市民として、また公共機関の一員として、社会を変える一人の力の重みについて考えてみたい。

注目事例

英国における学校給食革命

国際肥満タスクフォース[1]は、全世界にいる学齢期の子供たちの十人に一人にあたる一億五五〇〇万人が太りすぎで、そのうち三〇〇〇～四五〇〇万人は肥満の分類に入ると推定している。(3)肥満症に関連する経済的・社会的コストは巨額だ。たとえば、英国で、国民全体の肥満症と食生活に関連する病気のために国民保健サービスが支出する金額は、年間一二七億ドル（一兆五二四〇億円）にのぼると推定される(4)。最近の調査によれば、英国の子供の五人に一人近くが肥満であり、また十代の少女の四〇%が鉄分不足に陥っており、問題をさらに深刻なものにしている。(5)

公共機関はこの問題について、どこから取り組んで行けばよいのか。そして、マーケティングは、どのような貢献をしなければならないのか。以下の事例は、マーケティング的なものの見方、特に「物事を改善しようという意識」が大きく貢献することを示している。

課題

二〇〇五年の三～四月、次のような新聞の見出しが世界の注目を集めた。三月三十日にダウニング街十番地にある英国首相官邸で起きたことに、世界中が好奇心をそそられたのだ。

1▶ The International Obesity Taskforce

「ジェイミーは学校給食に木さじを送った」[1] (6)　二〇〇五年三月二十四日付　シドニー・モーニングヘラルド紙
「テレビのシェフが英国の給食を変える」　二〇〇五年三月二十二日　UPI通信
「シェフが語る給食のありのままの事実」　二〇〇五年三月二十二日付　オーストラリアン紙
「シェフが学校のカフェテリアの改善に鞭をふるう」　二〇〇五年四月二十五日付　ニューヨーク・タイムズ紙

世界の注目を集めた「戦士」は、二十九歳になるロンドンの有名なシェフのジェイミー・オリバーだった。彼はテレビ番組を持っており、ベストセラーになった料理本を出版し、失業中の青年を支援する慈善団体を主宰し、さらに使命感も持ち合わせていた。

彼は、英国の学校食堂で出される脂っこく、塩辛い、加工された、甘すぎる食事（彼はゴミくずと呼んでいた）を天然素材や果物、（目立たないように工夫した）野菜をたくさん使った、調理したての、栄養価の高い食事に替えたいと考えた。彼が始めたプロジェクトである「もっとましなものを食べさせて（フィード・ミー・ベター）」は、質の悪い食生活を送り、運動不足で太りはじめ、不健康になってきた国民の関心を引いた。政府も何とかしなければと考えていた。(7)

改革と新しいルールを求める彼の聖戦は、慈善活動のために訪れた学校から始まった。ニューヨーク・タイムズ紙の記事によれば、そこで発見したものは、「筋だらけのソーセージが入ったロールパンと、魚やチキン、ポークと称する冷凍品からなる、ほとんど食べられないランチ。ベークドビーンズとフレンチフライだらけ。野菜はほとんど入っていなかった」。(8)

1▶昔、ケンブリッジ大学の卒業数学試験の末席者に木さじが与えられたことから、最下位を意味する。

戦略

翌年、オリバーは、シェフというよりマーケティング担当者になった。具体的な「目標」（ルールを変え、人手と資金を増やす）と「ターゲット・オーディエンス」（生徒たち）についての明確な意識を持ち、鍵を握る「インフルエンサー（影響力のある人）」（学校食堂の給食係の女性たち）と重要な「パートナー」（先生と父母）に注目したのである。

彼は、乗り越えなければならない障壁（ひどい食事に慣れた味覚と、それを作りだすシステムの厳然たる存在）と、得るべきベネフィット（健康と学校の成績の改善）については十分に理解していた。彼は「統合プロモーション戦略」を立案し、実施した。それは、マスコミ、印刷物、イベント、優秀賞をもらったことのあるウェブサイトなどほとんどのコミュニケーション手段の活用と、陳情書への署名を集めるための強力なキャンペーンであった。

彼は実験プロジェクトから始めた。ロンドンのある学区の教育委員会を説得して、コストを増やすことなく、より健康的な学校給食のメニューができることを実証する機会をもらった。

インターナショナル・ヘラルドトリビューン・オンラインに載ったニューヨーク・タイムズ紙の記事は、実験で出てきた驚くべき事実を報じている。「冷凍ナゲットの扱いに慣れてしまった調理人は、七種類の野菜を使ったパスタソースをゼロから準備するという手間にしり込みした」。ある生徒などは、生まれて初めて食べた野菜を吐いてしまった。(9)

そこで、オリバーは優秀なマーケティング担当者ならやりそうなことを実行した。ターゲット・オーディエンスを説得するために、必死の戦術に出たのだ。巨大な穂のついたトウモロコシの衣装を着こんだり、野菜が好きだという歌をうたったり、「私は新しいものを食べました」というステッカーを配ったりした。

最終的に、彼は子供たちの信頼を勝ち取った。先生や父母からの賞賛と、彼の四回にわたるテレビのシリーズ番組を見たトニー・ブレア首相をはじめとする数百万の視聴者の注目を浴びた。もっと知りたくなったり、自分たちの学校のために何かしたいと思った視聴者は、「フィード・ミー・ベター」のウェブサイトを訪れた。そこには、訪れた人を革命に参加させるためのさまざまな仕掛けが準備されていた。

学校給食契約がどんな仕組みになっているか、給食の栄養価を高める活動の現状、実験学区で改善を実現した方法についての詳細な説明、給食について流布されてきた「根も葉もない噂」（**図1**）、テレビ番組と実験学区で出した給食のレシピ、「フィード・ミー・ベター」の運動を始めようとする人たちに向けた「スターター・パック」と呼ばれる、各学校を改善するためのさまざまなアイデア集の提供など、多岐にわたる情報が詰まっていたのである。

ウェブサイトの訪問者は、議員に陳情活動をするよう勧められた。その目的は、「一人の子供に支出される一日あたりの最低金額を引き上げさせること」「より厳しい基準を作り、効果的な検査を行うために現在の給食の栄養基準を公開させること」「食事を通した健康を、すべての小学校の国定カリキュラムに取り入れさせること」「企業のニーズを子供の健康より優先させないこと」などである。そして二〇〇五年の初めの六週間、ウェブサイトの訪問者は、政府首脳に

図1
「フィード・ミー・ベター」のウェブサイトに掲載された、「根も葉もない噂」

提出する陳情書に署名するよう求められた。

成果

実験の結果は心強いものだった。先生たちはオリバーに、「児童たちが以前よりも生き生きとしてきた」「集中力が高まった」「新鮮で、より健康的な食事をするようになった」「なかには以前よりも目だって行儀の良くなった子供がいる」などと語った。(10)

子供の喘息の発作が少なくなったと報告した父母もいた(11)。グリニッジ市議会（実験を行った学区）からは、二万人の生徒の給食を、ファストフードから新鮮な素材を使ったメニューに変えるという約束が寄せられた。給食業者からは、ターキー・トゥイズラーをメニューから取り除くという通知が寄せられた(12)。このターキー・トゥイズラーという加工食品は、その材料の三分の一が肉で、残りは水、豚の脂、ラスク（スライスしたパンをもう一度焼いたもの）、着色剤と調味料というもので、テレビのシリーズ番組でそれを知った視聴者を動揺させた代物だった。(13)

二〇〇五年三月三十日、オリバーはブレア首相に面会して、二七万一〇〇〇名を超す署名を集めた陳情書を提出した。これは、六週間前に署名を集めはじめたときに、彼が期待していた二万名の十倍を上回るものだった（**図2**）。ブレア首相はその直後、陳情書は改革を求める警鐘であり、国民の意思として受けとめ、学校給食の改善に二億八〇〇〇万ポンド（六七二億円）を引き当てると

図2
学校給食の改革を求める27万1000名の英国市民からのメッセージをダウニング街10番地に運ぶシェフのジェイミー・オリバー（写真 ©Tom Hostler 2005）

言明した。(14)

マスコミはこの首相の約束を絶賛した。たとえば、ブリティッシュ・メディカル・ジャーナル誌は、「ジェイミー・オリバーは、健康増進の仕事をしている高級スーツを着た人たち、あるいは一億ポンド(二四〇億円)の費用を使ったサーチ・アンド・サーチ社[1]のキャンペーンよりも、わが国の子供たちの健康のために貢献した」と報じている。(15)

オリバーの活動に対して市民から寄せられた最大の賛辞は、おそらくデイリーテレグラフ紙の読者からの次のコメントだろう。「オリバーさん、航空会社にも何かひとこと言ってくれませんか」(16)

製品(Product)……第一のP

製品という言葉は、公共部門ではあまり耳慣れないものである。多くの人は、これを石鹸やタイヤのような、民間部門における有形の品物であると連想する。しかしマーケティング論では、この用語はもっと広く解釈され、欲求やニーズを満足させるために市場に提供されるすべてのものを指す。形のある具体的な物やサービスを含むことはもちろんだが、その他にも組織が「販売」しようとするイベント、人、場所、その組織そのもの、情報、アイデアをはじめとする数々のものも製品と呼ぶ。公共部門と民間部門の類似の製品を対比したのが**表1**である。

製品の種類だけでなく、従来から使われてきた用語もいくつか説明しておく必要があるだろう。

1▶ 英国の大手広告代理店

2▶ 米国の自転車ロードレースのプロ選手。精巣腫瘍との闘病の後、ツール・ド・フランスで前人未到の7年連続(1999〜2005年)総合優勝を達成した。

●**製品の質**……製品の性能のこと（たとえば、HIV／エイズ検査の正確さ）。

●**製品の特徴**……製品のさまざまな要素。HIV／エイズ検査では、結果が早くわかる方法が歓迎されているなかで、何日（あるいは何時間）かかるかが製品の特徴となる。国立公園での特徴といえば、オートキャンプの電源コンセント、植物の名札を立てたハイキングコース、ボート乗り場、情報案内所などであろう。

●**製品のスタイルとデザイン**……製品の重要な特徴。スタイルは比較的視覚に関係するもの（たとえば、空港のショッピング・アーケードの美しさ）で、デザインは製品の機能と使いやすさに関係するもの（店舗の位置が搭乗口に近いとか、その経路にあるなど）である。

●**製品ライン**……密接な関係のある製品のグループ。同じような機能を果たすが、特徴やスタイル、その他の点で異なるものである(17)。たとえば、水道局は、水の使用量の少ないトイレ、水圧の低いシャワーヘッド、天水桶、貯水タンク、浸透ホースなど、各種の節水器具を販売し、その使用を呼びかけている。

●**製品ミックス**……異なった製品の特性を活かして組み合わせ、その組織の使命と戦略の達成を支援するもの。たとえば、カリ

表1　民間部門と公共部門の製品の対比

製品の種類	民間部門	公共部門
有形のもの	プラズマテレビ	パスポート
サービス	美容院	地域診療所でのHIV／エイズ検査
イベント	野球	独立記念日のパレード
人	ランス・アームストロング[▼2]	国務長官
場所	トスカーナ（イタリア）	イエローストーン国立公園
組織	マイクロソフト	国勢調査局
情報	CNN	個人情報保護
アイデア	退職後のための貯金	体操

フォルニア州サンタクララ市が所有するシリコンバレー電力公社は、同市および議会と協力して戦略的計画を立案した。これは発電と送・配電の改善だけでなく、「資源の浪費を防止するため」にエネルギーの利用を慎重に監視することも目的とした計画である(18)。同公社は、この計画を達成するために、家庭および企業向けに多くの省エネ型の製品を提供するように工夫された製品ミックスを用意している(**表2**、**図3**)。(19)

この公社が提供しているように、多くの製品を開発・整理することは、全部とは言わないが、公共部門の多くの組織にとって深い意味を持っている。おそらく最も重要なことは、すべての公共機関の顧客が、さまざまな欲求とニーズを持ち、単一の製品だけでは彼らを満足させられないということだ。オズボーンとゲーブラーは、その共著『行政革命』で、公共部門における製品ミックスの意味合いとその将来像について、次のように記している。

生活保護を受けている人は、受給資格を得るのに十八もの事務所に出向いて申請しなければならなかったことを信じない日が来るだろう。また、親たちは、子供を通わせる公立学校が昔は選べなかったことを笑い話にするだろう。

そんな時代は、思ったより早く到来するはずだ。ケーブルテレビに五十ものチャンネルがあり、銀行が電話で顧客と取り引きし、……融通のきかない行政は生き残れない。(20)

表2　サンタクララ市シリコンバレー電力公社の製品ミックス

製品の種類	シリコンバレー電力公社の製品の例
有形のもの	省エネ電球、小型蛍光床照明、タイマー付き照明、電気監視装置、低電圧サーモスタット、冷蔵庫用温度計、外壁用照明など、公社の「プラグインズ」という製品カタログに掲載された省エネルギー製品
プログラム	ソーラー発電システムの設置を奨励する、近隣ソーラー・プログラム
サービス	事業目的の使用者向けの、リアルタイムで電力消費の分析ができるオンラインのメーター監視装置
イベント	顧客の意見を聞き、それに対応するための地域社会のグループ・ミーティング
人	検針員と顧客担当営業員
場所	オンライン・サービスと新しい発電施設
組織	市立のシリコンバレー電力公社
情報	消費者向けの、家庭での省エネ手引書
アイデア	電力消費の節約

図3
製品カタログの表紙

■製品レベル

マーケティング論では、製品を「核」「形態」「付随機能」の三つのレベルに分けている。顧客の目から見れば、製品とは、単にその特徴、スタイル、設計仕様だけを意味するものではない。製品とは、顧客がそれを買って、使用し、経験することを通して得ることができる一連のベネフィットである。これは、製品戦略を企画立案する上で基本となる考え方だ。

製品の核は、製品としての本質である。それは、その製品を消費することで充たされるニーズ、実現される欲求、解決される問題から成っている。つまり、顧客がその製品を買う真の理由、「この製品を買うと何の得になるのか」という質問に対する答えを示すものである。

ここで留意すべき点は、人はドリルのビット（刃先）を買うのではなく、そのドリルで開ける「穴」を買うということだ。化粧品を買うのではなく、「美しさ」を買うのである。旅先では、部屋を借りるのではなく、「心地よい夜の眠り」を買うのである。切手を買うのではなく、「手紙を相手に届けてもらうこと」を買うのである。(21)

製品の形態は、外見からはっきりとわかるもので、品質、特徴、パッケージ、スタイル、デザインなどを含む。ブランド名もこれに含まれる。「製品の形態」の決定は、常に顧客のニーズや好みに基づき、代替品（競合品）を考慮に入れて行われる。

たとえば、道路通行料の電子徴収サービスであるE-Z（イージー）パスの特徴について考えてみよう。顧客は前払い口座を開いて、電子チップを埋め込んだカードを受け取り、車の窓ガラスの内側に貼り付ける。料金所では、顧客はE-Zパスの専用レーンを通行できる。料金所のアンテナが口座情報を読み取り、通行料金が口座から引き落とされる。車を停め、現金やチケットを渡す必要はない。料金の支払は定期的に送られてくる明細書に記録されている(22)。このイノベーションのおかげで車は円滑に流れ、燃料の浪費も防止できる。

製品の付随機能は、顧客の期待を超える付加価値のある特徴やサービスを付け加えた製品である。この製品レベルは、オプションあるいは「余計なもの」とする人もいる。たしかに必須とは限らないが、多くの場合これは差別化を行う上で重要である（たとえば、英語を母国語としない人向けに特別の個人レッスンをする短期大学）。

大衆の行動変化を促すキャンペーン（ソーシャル・マーケティング）では、「製品の付随機能」は行動への励みを与え（たとえば、大学の構内で身体的運動を呼びかけるキャンペーンで、ウォーキング仲間のグループを作る）、障害を取り除き（ジョギングコースの地図）、行動を持続させる（運動を記録する日報）ために必要となるだろう。

表3（次頁）に、公共部門における三つの製品レベルを説明する例をいくつかあげた。

三つの製品レベルのまとめとして、HIV／エイズ検査という製品を開発するときに考えられる選択肢を検討してみよう。

「製品の核」のレベルでは、ターゲット・オーディエンスが検査を受けるときのベネフィットとして考えるのは、次のようなことだろう。「陽性にせよ陰性にせよ、自分のテスト結果を知って心の安らぎを得たい」「エイズを他の人に感染させないように、個人として責任ある行動をとりたい」「妊娠しているので、胎児のために早期治療を受けたい」「早く治療を受ければ長生きでき、より豊かな生活を送れる可能性がある」などである。

「製品の形態」であるテストそのものを見ても、血液検査、口腔検査、尿検査、簡易検査、家庭用検査キット、毎年の健康診断とパックになった検査などがある。

最後に、「製品の付随機能」(前述のように、受けたいと思う人を増やす可能性のあるもの)として考えられるものには、カウンセリング、支援グループ、HIV治療のための専門医の紹介、将来HIV/エイズから身を守るアドバイスなどがある。

これらの製品レベルのどの選択肢を選ぶかは、ターゲットとする利用者それぞれの事情、つまり年齢、性別、住所、現在の素行、障害となること、動機といった要因をもとに判断しなければならない。たとえば、HIV/エイズ検査キャンペーンのターゲット・オーディエンスが、HIV/エイズに冒されている妊婦であるとしよう。この市場に対する製品戦略は、**図4**に示したような方法で企画されるだろう。

製品の開発

公共部門で新しい取り組みやサービスを作り、立ち上げる

表3　公共部門における製品レベルの例

機関・組織	製品の核 (ベネフィット)	製品の形態	製品の付随機能
交通局	輸送	バス	バスの中の自転車置き台
短期大学	教育	授業	英語を母国語としない人向けの特別個人レッスン
緊急対応センター	安全	地震に備えた各家庭の準備活動	ガスの元栓を締めるレンチの配布
水道局	天然資源の活用機会	貯水槽	水槽清掃用の硬いブラシ(ボウフラ孵化防止のため)
警察署	盗難防止と盗難品の取り戻し	自動車盗難通報への対応	ハンドルロック装置の割引クーポンの配布

ためには、体系的・組織的なアプローチが必要となる。ここでの課題は、体系的な手順を常に意識しながら、しかしそれに過度にとらわれることなく、必要にして十分な予算と人員を割り当てることである。

コトラーとアームストロングは、八つの段階に分かれた新製品の開発手順を提案している（**図5**、次頁）。それを詳しく見ていこう。(23)

1　アイデアの創出……新製品のアイデアは、さまざまなところからやって来る。職員、利害団体、議員、庁内委員会、他の公共機関、それに言うまでもないが、現在と将来の顧客などである。

アイデアはブレインストーミングや提案箱、新しいアイデアに対する報奨制度など、さまざまな方法で生み出される。民間部門では、新製品開発の重要な情報源が、その会社の流通・販売代理店やサプライヤー（供給業者）であることに留意すべきだ。彼らは市場の第一線で鍛えられた、鋭いものの見方を持っているからである。これは公共部門にも当てはまる（たとえば、空港警備の

図4
HIV／エイズ検査のキャンペーンの製品概念

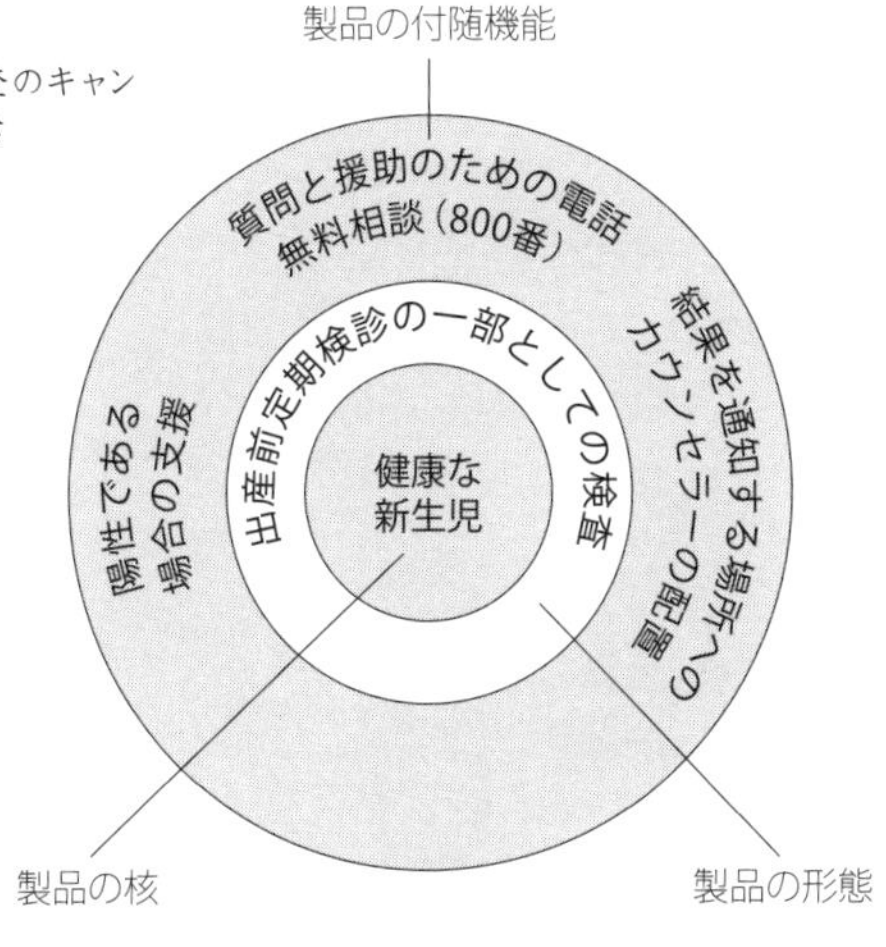

下請け会社による乗客の列を短くするアイデア）。

多くの組織は競争相手の動きを常に監視し、顧客のニーズを捉えた洞察を通して、競争力のある新製品を準備している。前述のオズボーンとゲーブラーのような学者であれば、何かを「治療する」取り組みやサービス（たとえば、森林火災の新しい消火道具）のアイデアを探すときには、何かを「予防する」取り組みやサービス（森林火災の予防策）に関するアイデアを多く（多すぎてはいけないが）集めることを、まず勧めるのではなかろうか。(25)

2　アイデアのスクリーニング……アイデアが見つかった、あるいは提案されたら、次の作業は、「何を捨て、何を持ち続けるかを知る」ことである。アイデアの評価基準にはさまざまなものがあるが、公共機関の使命、目標、予算・人員といった資源とともに、顧客の満たされていない欲求やニーズとの関連性を考えなければならない。これらを最善の方法で満たすアイデアに焦点を絞るべきだ。

図5　新製品開発の8段階(24)

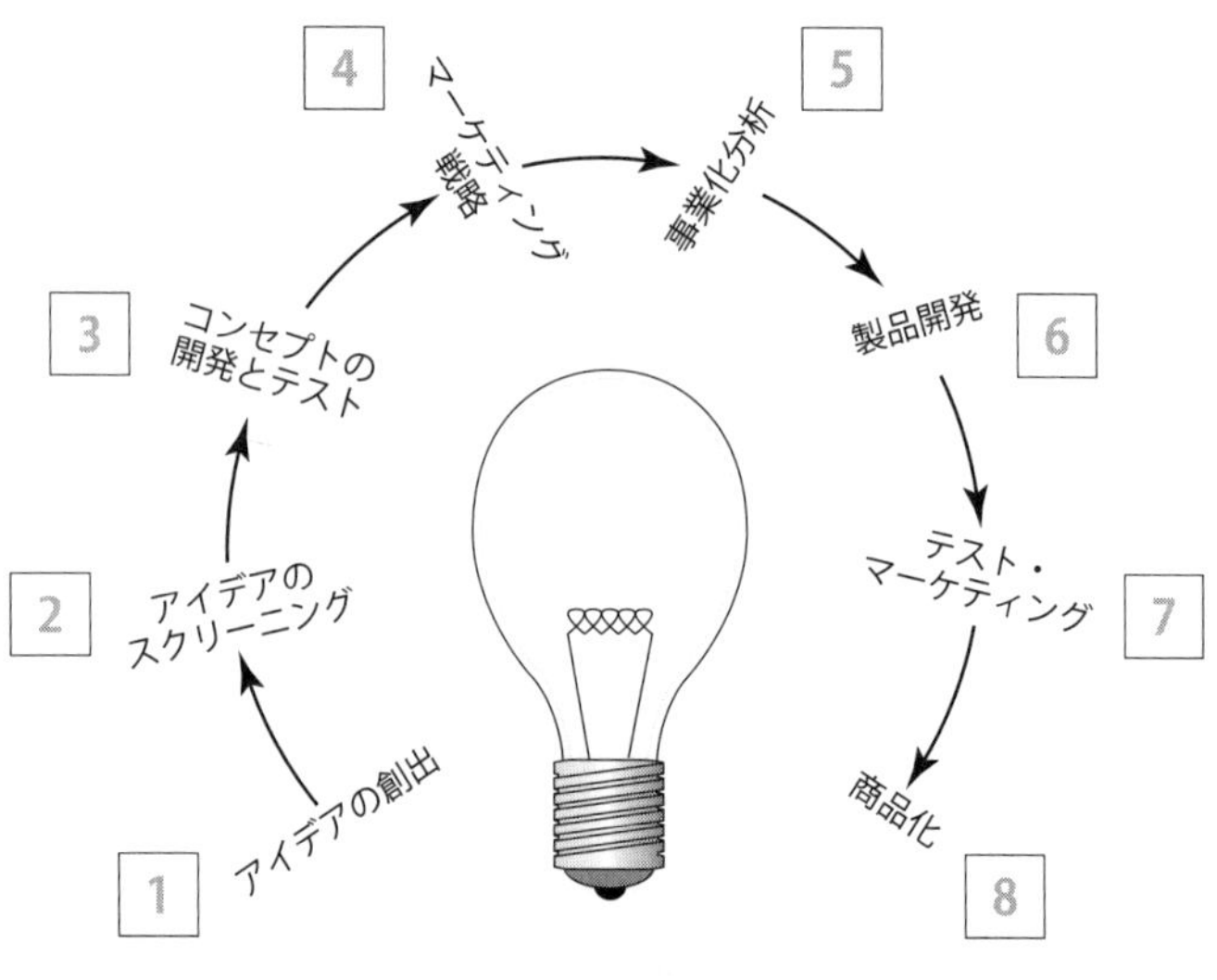

たとえば、州のゴミ対策委員会はゴミの発生を減らし、違法投棄を防止するために、可能な限り多くの対策を検討しなければならないだろう。ゴミが袋からこぼれ落ちないようにジッパーをつけたゴミ袋、わざわざ停車しなくてもゴミが捨てられるようにするためのトラック積載重量計量所へのゴミ箱の設置、煙の出ない灰皿の配布、契約業者との提携によるピックアップ・トラックの積荷をしっかりと固定するための新しいロープの開発などがその一例である。アイデアのスクリーニングの過程で、トラック運転手のための新しいゴミ箱というアイデアが最善のアイデアになるかもしれない。これは公道のゴミという重要な問題に対する顧客のニーズに対応し、かつ、委員会の権限の範囲内でできる措置だからである。

3　コンセプトの開発とテスト……この段階では、三つのレベルの製品概念のそれぞれについて、その可能性を考えながら、詳細なアイデアを描く。「製品の核」として顧客のベネフィットとなる選択肢や、「製品の形態」として製品の特徴やデザイン、「製品の付随機能」としてその製品が提供する何らかの「おまけ」についてアイデアを固めるのである。

次に、ターゲット・オーディエンスを使って、そのコンセプトをテストする。まずはそのコンセプトに興味を示すかどうかを観察し、次に当初のアイデアに対する反応を調査し、さらに訴求力を増すための方策を検討するのである。

たとえば、市の水道局が、住民が節水に興味を示した場合には天水桶を売るか、補助金を出す計画を立てているとする。フォーカスグループ[1]の意見を聞けば、桶の主なベネフィットが

1▶ マーケティングの目的で、情報を得るために集められる数人の顧客グループ。

「天然資源を活用するチャンス」なのか、「水道代の節約」なのか、ギリシャ産のオリーブが入っていた桶をリサイクルしたものと新しいプラスチック製の桶とどちらが興味を引きやすいのか、などを判断できる。

4　マーケティング戦略……ここで最初のマーケティング戦略を作成する。まずターゲットとする市場、製品のポジショニング（位置づけ）計画、その他のマーケティング・ミックス（価格、流通チャネル、プロモーション）に関する仮計画を作成する。さらに、市場における販売可能量の予想、公共部門の場合には「利用率」や「参加者数」といった指標の予想を立てる。

二〇〇三年にワシントン州で開発された新しいオンライン・サービスのマーケティング計画を例に、このプロセスを検討してみよう。この計画は、不要な建設資材と家庭の粗大ゴミを廃棄しないで他の用途に転用しようというもので、同州の環境保護局が企画した。まずは「仮」のマーケティング戦略が、州内各郡の代表を含む企画グループの手でまとめられた。建設資材を出品したり、購入したりする主なターゲット市場として、多くのターゲットの中から建設業者と解体業者が選ばれ、大型家庭用品についてはガレージセールをする人が特定された。このサービスのポジショニングは、おそらくゴミ捨て場行きだったが、「捨てるにはもったいない」資材と大型家庭用品の安価で手軽な処分方法の提供であった（**図6**）(26)。このサービスでは、掲示されたものの価格はすべて九十九ドル以下とされ、広告に使う媒体は登録建設業者への手紙、ポスター、ニュースレター、公共料金請求書の封筒の中に入れるチラシなどが想定された。

5　事業化分析……その提案に事業としての魅力があるかどうかを評価するのが次の仕事である。一連の取り組みに要する予想経費の総額を計算し、金銭的・非金銭的ベネフィットと経費を比較検討する。

たとえば、青少年向けに「禁煙のための電話相談室」を企画した場合を考えてみよう。州の保健局は、これが市場のニーズ（喫煙をやめたいと思っている十代の子供）にも、組織の目標（青少年の喫煙率の削減）にも適うものと考え、事業化分析に取りかかった。

大人向け電話相談の経験は、企画担当者が「仮」のマーケティング戦略を開発するのに役立つだろう。しかし、コストとベネフィットを分析した結果、再検討が必要になる可能性もある。プログラムを十代の子供たちに好まれる時間帯に合わせて組み直し、スタッフに特別な訓練を施し、通話料無料の電話番号を設置するなどのコストを実際に計算してみなければならない。実際に電話をかけてくると予想される青少年の数と対比してみると、禁煙成功者一人にかかる予想コストは高すぎるようだ。

スクリーニングの段階では、青少年専用のウェブサイトを作って、カウンセラーへのリンクを貼るという代替案も出された。十代の若者は相談室に電話をかけるより、ウェブサイトを訪問する確率が高いという調査結果も出ているので、これに沿ってプログラムを練り直すべきかもしれない。

図6　ワシントン州のオンライン資材取引プログラムに使われたロゴ

6 製品開発……この時点で、新製品のアイデアは、グラフの説明くらいは付いているかもしれないが、まだ言葉の上だけの存在である。だが事業化分析が完了すれば、サービスあるいは物理的製品の試作品を開発する段階に入る。まず何種類かの試作品の機能がテストされ、次いでその品質や性能が試される。

天水桶の配布を企画している水道局は、メーカーに数種類の試作品を作らせ、据付金具や蚊の発生防止器具などの部品を選定するだろう。その後、水道局の責任者や職員が、試作品を自宅の裏庭で試してみて、どれが一番良かったか、解決すべき欠陥や不具合がなかったかなどを報告することもありえる。

7 テスト・マーケティング……このステップは、パイロット・テストと呼ばれることもあるが、新製品をより現実的な市場環境に置くものである。マーケティング担当者にとっては、ターゲット市場や提供品（製品、価格、流通チャネル）、プロモーション戦略をテストしてみて、その上でさらに磨きをかけるチャンスとなる。これは、製品を大規模に発売するときに成功（市場で受け入れられる）へのチャンスを広げる。また、採用する必要のない戦略、あるいは将来改良が必要な戦略を明らかにすることで、製品発売時のコスト削減にも役立つ。

パイロット・テストは、たとえば学校から各家庭に小包を送って、子供がいる家庭や車の中での禁煙を呼びかけるキャンペーンに使うことができる。テストにあたって、小包の中には冷蔵庫につけるマグネット、家庭内禁煙を誓うカード、車用の空気清浄剤と、車内の子供が受ける間接喫煙の影響に関する統計、車外での喫煙を呼びかけるステッカーなどを入れればよい。

このパイロット・テストの最後に、父母が冷蔵庫にマグネットをつけたか、誓いのカードに署名をして投函したか、車内に空気清浄剤を置いているかをチェックすればよいだろう。その結果、空気清浄剤を使う人が少なかったり、空気清浄剤があれば車内で喫煙してもよいと解釈されるようであれば、実際のキャンペーンでは、この項目を削ってもよい。

8 商品化……ここに来て、組織は新しい取り組みを市場に出すべきかどうか、もし出すのなら、それはいつ、どこで行うかを決定する。

公共部門では、アンバー(AMBER)[1]警戒システムがよい例になるだろう。この取り組みは、一九六六年にテキサス州のダラス・フォートワースで最初に始まった。地元の放送局が、警察と協力して誘拐された子供を発見し、救出する、早期警戒システムを開発した。これは、以前、自転車に乗っているところを誘拐され、殺害された、テキサス州アーリントンに住む九歳の少女、アンバー・ヘイガーマンのために作り出したシステムを受け継いだものだった。このシステムは、子供が誘拐され、差し迫った危険があると警察が判断したときの緊急放送である。放送では、子供の身体的特徴や、誘拐犯の外見と車についてわかっているすべての情報を流す。九年後の二〇〇五年二月、司法省は、ハワイ州が州全域にわたるアンバー警戒システムを完成させた五十番目の州となったと発表した(**図7**、次頁)。(27)

1▶America's Missing: Broadcast Emergency Responseの略。

製品のライフサイクル

市場に出せば、関係者はその製品が「長い、幸せな生涯」を送ることを望むものである。しかし残念なことに、そういう結果になるケースは稀である。マーケティング担当者はこの問題に対処するため、**図8**のような「製品のライフサイクル」という理論を参考にすることが多い。これは、製品がたどる四つの異なる段階、つまり導入、成長、成熟、衰退期を見分ける手段である。

　企業のマーケティングやブランドを担当するマネジャーは、各段階における売上とそれに見合う利益に最大の関心を示す。公共部門では、売上よりも「参加者数と利用率」、利益よりも「剰余金」という言葉のほうが適切だろう。「製品のライフサイクル」では各段階が独自の性格と課題を持ち、したがって戦略的行動の必要性を示しているので、公共部門の担当者にも非常に役立つだろう。では、ある製品がその生涯のどの時期にあるかを示すシグナルと、とるべき戦略について見ていこう。[29]

図7　1つの州から始まったアンバー警戒システムは、今や全米50州で採用されている[28]

AMBER Alert
NATIONAL STRATEGY
"Seventy-four percent of children who are kidnaped and later found murdered are killed within the first 3 hours after being taken. As AMBER Alert Coordinator, I am working closely with local law enforcement and

1　導入期……製品（プログラムやサービス）が、市場に導入されたばかりの段階では、ほとんどの場合、採用率も参加率も低い。結果と比べてコストが高くても驚くべきではない。事実、これは予想しておくべきだし、管理者や資金提供者をはじめとする重要な人たちには前もって認識させておかなければならない。

この導入期には、市民に対して新しい取り組みを知らせ、これを試してもらうことに集中すべきだ。この時期は、予算と人員を総動員して情報を流すことが要求される（たとえば、アンバー警戒システムの場合、その内容や市民の適切な協力について人々を教育するのに必要なプロモーション活動の時期）。

2　成長期……市場が急速に製品を受け入れはじめ、プロモーションや人員の投入に対する見返りが多少改善する。早期に飛びついた顧客がニュースを広め、それに続く多くの初期顧客が後を追うという心躍る時期である。

この勢いを維持するために、製品が顧客のニーズを満たし、期待に応えていることを確認する必要がある。

図8　製品のライフサイクル理論[30]

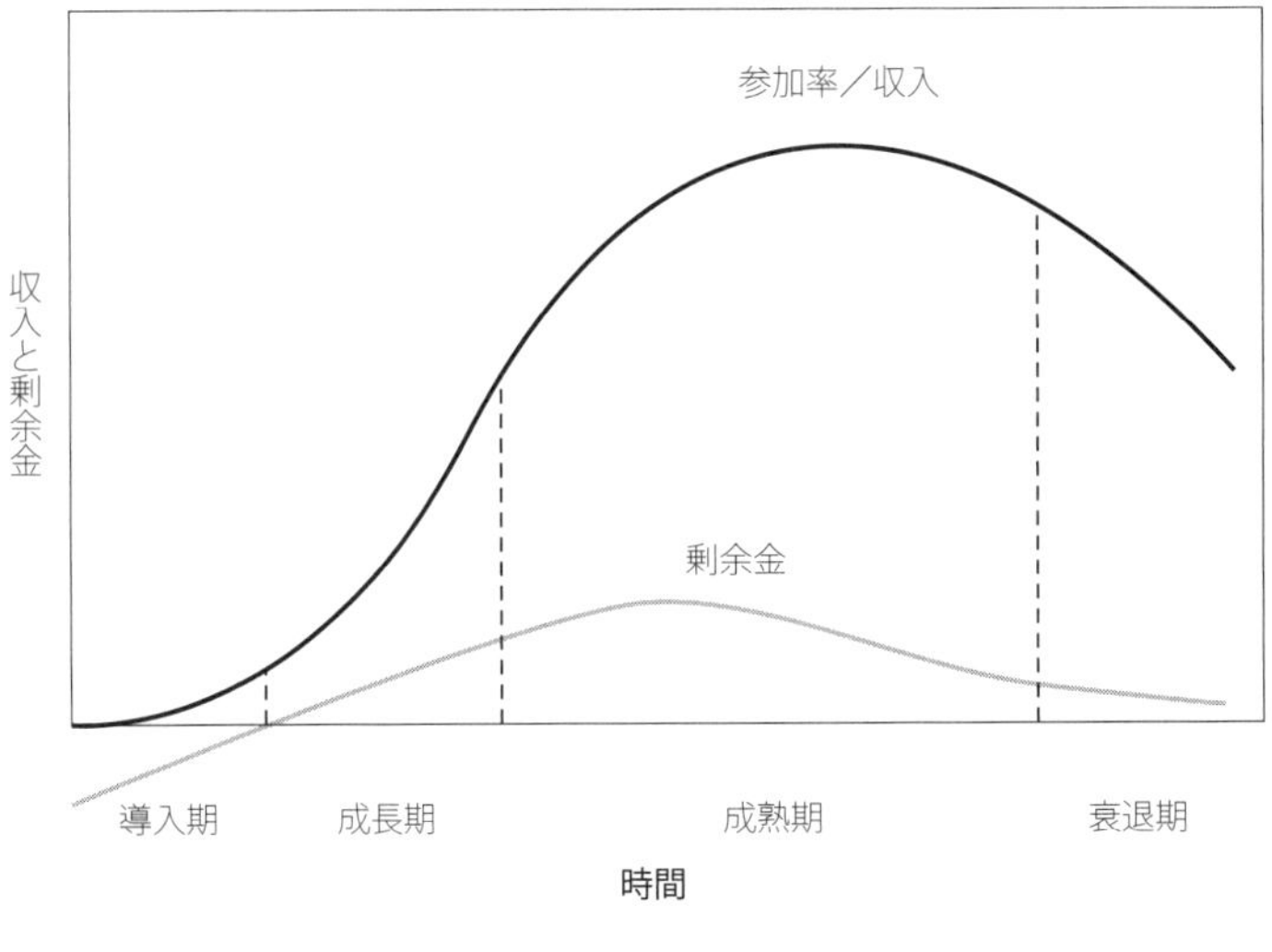

この確認の対象には、性能（たとえば、新しい高速輸送システムが定刻に発着するかどうか）や流通チャネルが正常に機能しているか（たとえば、ウェブサイトで発着スケジュール情報がきちんと提供されているか）も含めなければならない。担当者にとって、この時期の目標は、引き続きブランドに対する認識と忠誠度を高めて、成長を維持することである。**図8**でわかるように、「販売」との関係で考えると、費用はまだ支出超過である可能性が高い。これは、先行投資の開発費用がまだ「持ち出し」の状態だからである。

3　成熟期……ある時点で、売上高の成長率が鈍化する。そして、製品は相対的な成熟期に入る。開発のための先行投資とマーケティング費用を回収し、高い利益率が享受できることが多い時期である。

販売が平準化する原因はいくつか考えられる。最も可能性があると見込んでいた顧客は、すでに「購入済み」である可能性が高い。これは、既にそのサービスを利用しているか（たとえば、地域交通）、その取り組みに参加している（リサイクル活動）という意味である。製品の生命力を維持するために、それまでのマーケティング戦略に次のような修正を加えなければならない。

- 市場の変更……既存の製品を用いて新たな市場に訴えかける。
- 製品の改良……現在の顧客に対する販売／利用度を増やし、それと並行して新しい顧客を引き付ける。

◉その他のマーケティング・ミックスの変更……価格構造、流通チャネル、プロモーション活動の修正。(31)

たとえば、空港と港を管理している港湾局がある市では、空港を発着する乗客の人数、港湾で扱う貨物コンテナの数、ドックスペースのリースの面積と価値、ターミナルを通過する航行客の人数によって「売上高」が決まり、収入が影響を受ける。成熟期には、施設の利用率と、それと相関関係にある収入は横ばいとなる。

これに対応して製品の改良（たとえば、ターミナルの改修）や、市場の変更（レクリエーション用のボートの持ち主に対するドックスペース・リースの呼びかけ）、価格（空港ターミナルの売店に市中並みの価格設定を要求する）、プロモーション戦略（国際旅客船会社に寄港を依頼したり、環太平洋地域の会社を訪問したりして貿易の機会を増やす）の修正によって多少は増えることもある。

4　衰退期……この段階にある製品や取り組みは、売上高が下降線をたどる。成長のための方策はほとんど成熟期に検討し、試してみた。いま頭を痛めているのは、この取り組みを廃止するか、規模を縮小するかという問題である。その判断は多くの要因にかかっている。

参加率が芳しくないのにこの取り組みに引き続き資金を割り当てられるか（たとえば、地域社会での体力増進運動に対する連邦政府の補助金）、衰退は異常事態による一時的なものと考えられるか（戦時下の陸軍の新兵募集）、参加者が少なくても、この機関は取り組みを継続する使命や任務を負っているか（無料の予防接種）、などといった要因である。

これらのサイクルと釣鐘型のライフサイクル曲線は、あくまで概念上のものである。導入されて、すぐに死を迎える製品もある。成長期がごく短い製品もあれば、成熟期の長いものもある。ゆっくりと衰退に向かうと考えられた製品が急に「活力を取り戻した」という稀なケースもある。

製品価値を高める

製品の価値を高めるための活動は、新製品開発時の活動と変わるところはない。これはマーケティング担当者の、少なくともマーケティングの手ほどきを受けた者の担うべき重要な活動である。その任務は、現在の製品に対する顧客の満足度を察知し、どのように製品を改善すれば満足度を高め、その製品のパフォーマンスを改善できるか判断することである。

米国最大の学区の一つ、フィラデルフィアにおける学校改革活動は、格好の手本になる。

フィラデルフィア学校改革委員会のジェームス・ネヴェルス委員長は、フォーブス誌（二〇〇五年三月）に掲載された示唆に富む物語に登場する。二〇〇二年に委員長に就任した彼は、「顧客はもっぱら二十万人の子供たちであり、課題はその学力の向上（マーケティング用語で言えば、製品のパフォーマンス）である」ということを明確にした。

パフォーマンスを改善するための活動の一つとして、カリキュラムの標準化が取り上げられた。すべての生徒が将来成功するために最も不可欠なものを学び、転校を容易にするためである。小学校の生徒は毎日、国語を二時間、数学を九十分学ぶようになった。これは従来の二倍の時間である。この取り組みは誰もが予想しうるものだったろう。

さらに、統一学力テストが小・中学校では六週間に一回、高校では四週間に一回実施された。このテストは、どの生徒がどの授業にもっと力を入れる必要があるか、誰がもっと進んだ授業を受ける準備ができているかを教師が判断するのに役立った。委員会はクラスの人数を減らし、専門学科の教師を増員した。この取り組みを予想した人はあまりいなかった。

そして、誰もが予想だにしなかった取り組みとしては、学習環境に関する大胆な戦略が打ち出されたことだった。委員会は、全米でも最も厳しい行動規範の一つを採用した。これは、放課後と学校外の行為にも適用された。

たとえば、「ある生徒が土曜日にクラスメートをバス停で殴ったとする。彼は停学になる。従来なら、彼は叱られもしなかった。学校の資産を壊したり、暴力を振るった高校生は、特殊教育を行う高校へ転校させられる」というものである。さらに委員会は、すべての学校に警官一名を配置し、金属探知機と防犯カメラに数億円を投資した。

これらの取り組みの結果、改善の兆しが見えはじめた。改革に着手して二年後、二〇〇三〜二〇〇四年の間に、州の国語と数学のテストで優秀または優良の点をとった市内の公立学校の生徒の比率は、小学五年生で平均八ポイント、中学二年生で一一ポイント増えたとネヴェルス委員長は報告している。(32)

パッケージング

「製品の形態」に関する意思決定の対象には、パッケージングが含まれることは既に述べた。パッケージングとは、一般に製品の容器または包装を指すだけでなく、その内容物、ラベル、印刷された情報が含まれる。さらに、輸送のための包装も含めてよい。伝統的にパッケージングの主な機能は、製品を収容し、保護することであった。しかし、現在ではそれと同時に、重要なマーケティング・ツールであると考えられている。たとえば、ネパールの手の込んだ、特徴的なコンドームのパッケージングを例にあげてみよう。

ネパール王国厚生省と健康サービス局、国際人口サービスのネパール支部は、二〇〇三年、「ナンバーワン・コンドーム」の使用を促進するキャンペーン活動を企画し、実施に移した。この製品のターゲットは、特に危険性が高く無防備な人たちであったが、ブランドに悪評を立たせないようにするため、「まず広く一般の若者たちの間にブランドの認識を定着させる」という戦略をとることにした。パッケージングの色（黄色の蛍光色）、センスの良い形、大胆な図案は、この戦略に沿ったものである（**図9**）。そして流通チャネルには、薬局やドラッグストアのような伝統的な販路のほかに、健康に関する地域イベント、ダンス・レストラン、性風俗店などにも採用することにした。その結果、販売を始めてから七カ月で三五一万個を売り上げた。(33)

図9
ネパール政府の協力のもとにネパールで販売された「ナンバーワン・コンドーム」の外部パッケージ

まとめ

この章で紹介した製品開発と改良に関する基本原理と理論をおさらいする目的で、フランス政府の至宝であるルーブル美術館を散策してみよう。

世界で最も大きく、最も有名な美術館の一つであるルーブル美術館はパリにあり、フランス政府の手で管理されている。この建物はフランス国王の住居として建てられたもので、もともと美術館のために造られたものではない。ルーブル宮殿が美術館としてオープンしてから二〇〇年以上が経過した。ルーブル美術館が最初に一般公開されたのは一七九三年で、展示品は主に、以前の王家が蒐集した絵画と彫刻であった。

その「製品の種類」は今日では多様になって、アジアやエジプト、ギリシャ、ローマの古美術品などを含んでいる。その他にも、中世から現代までの彫刻、家具と工芸品、そして言うまでもないが、ヨーロッパのあらゆる流派を代表する絵画の品揃えがある。絵画の「製品ライン」だけでも、世界で最も有名な作品、つまりルノワール、レンブラント、ルーベンス、レオナルド・ダ・ヴィンチのような画家の作品が含まれている。

その「製品レベル」に目を向けてみよう。「製品の核」という点では、入館者はさまざまなベネフィットを求めてやって来て、実際にそれを経験するだろう。それは情緒的なベネフィット

（たとえば、驚き、喜び、感激）かもしれないし、もっと知的な満足感（歴史的重みの体感、美術と美術史の理解）であったりするだろう。「製品の形態」は展示品そのものである。常設展示品もあれば、特別展示品もある。講演、コンサート、鑑賞ツアー、情報センター、音声ガイド、疲れたときの休息ベンチ、売店、さらにフードコートなどの「製品の付随機能」とサービスは、入館者にさらに貴重な体験をさせてくれるだろう。

歴史を見れば、「製品開発」に相当の努力が注ぎ込まれたことがわかる。盛大なセレモニーでイタリアの傑作を迎えた一七九八年の展示会のような新しい企画を立て、実現する努力などはその一例である。(34)「成熟期」を迎えたルーブル美術館が、そのライフサイクルに対処して「製品の価値を高め」た例としては、グランド・ルーブル・プロジェクトがある。これは、一九八一〜九九年の二十年近くをかけて、ルーブル美術館と装飾美術館の拡張と近代化を行ったプロジェクトである。(35)

美術館自体が一つの「パッケージ」だと考えてよい。本当の意味で製品の器だからである。これにはパリの中心地、セーヌ河沿いに位置する美術館の敷地と庭園だけでなく、中央広場にあるモダンなガラスのピラミッドも含めてよいだろう。このピラミッドは多少物議を醸したものの、一九八九年以来ルーブル美術館の玄関の役目を果たしており、大勢の入館者を快く迎え入れている。また、パリの街の愛されるランドマークになりつつある。

chapter 4

魅力ある価格設定とは？

私たちがワシントン州で「クリック・イット・オア・チケット」[1]というキャンペーンに乗り出したとき、私は半ばパンドラの箱、それも途方もなく大きな箱を開けることになるのではないかと恐れていた。

サンプル調査に参加した人（シートベルトをしない人で構成されていた）は、この「クリック・イット・オア・チケット」というスローガンが気に食わないと公言していた。彼らは調査員に食ってかかった。「やってみろ、知事に電話してやる！」私は議会で矢面に立つことを心配した。「あなたが好きです、シートベルトを締めましょう」のような、もっと友好的な、諭すような文句でも的外れではないことはわかっていた。

しかし、この州のシートベルト着用率は、この六年間、八〇％近くで停滞していた。年間の死者は五五〇～六〇〇人にものぼる。こんな状況では、まったく新しい、もっと刺激的なキャンペーンでなければ、ベルトを着用しない人たちの習慣を変えることはできないだろう。

――ジョンナ・バンダイ（ワシントン州交通安全委員会　広報マネジャー）

1 ▶ Click it or Ticket：シートベルトを締めるか、それとも反則キップをもらうか会議室やエレベーターで聞き耳を立てたり、担当者の本音を聞いてみたりすると、公共部門でも「価格設定」について心配やジレンマがあることがわかる。

- 水道局は、雨水を貯めるための天水桶をいくらで売ればよいのか。我々のコストをわかっていても、顧客はその値段を支払うだろうか。売れ残りが多ければ、このアイデアは失敗だ。
- この町にもっと多くの世帯が引っ越して来なければ、教育委員会は小学校と中学校を統合しろと言い出すだろう。いったいどうやって転入世帯を増やせというのか。この町には映画館もないというのに。
- 今月もまた新兵募集の目標を達成できなかった。今のやり方より、ボーナスを増やすほうがずっと効果的だろう。しかし、どれだけのボーナスを払えばよいのか。
- この郡で登録済みの犬と猫は半分に満たない。二十ドルの登録料が高すぎるのか。もっと強制力に頼らなければならないのか。しかし、それでは係員の時間外手当がかさみすぎるだろう。

次の注目事例で特に興味深いのは、既存の法制度において、ターゲット・オーディエンスにその気を起こさせることができない場合、マーケティング担当者はいかなる役割を果たすべきかということである。市民はおそらく罰則のことを知っているだろう。しかし彼らは自分が捕まるとか、実際に罰せられるとは考えていない。したがって、マーケティング担当者は人々の認識をコントロールし、いつ何が必要かを判断する達人とならねばならない。

注目事例

クリック・イット・オア・チケット

スローガンがすべてを言い尽くしている場合がある。一方、スローガンが事情をまったく変えてしまうこともある。

米国運輸省外局の国家道路交通安全局は一九七〇年に創設され、自動車事故による死傷者、およびそれに伴う経済的損失を減少させる任務を負っている。「クリック・イット・オア・チケット」は、彼らのサクセス・ストーリーの一つである。

課題

運転人口の相当部分がシートベルトを着用しなかった（米国全体で約二〇％）ために、二〇〇〇年だけで、九二〇〇人の死者と一四万三〇〇〇人の重傷者を出し、また医療費と生産性の損失をはじめとする二六〇億ドル（約三兆円）の損害を米国社会に与えた。これらはシートベルトを着用していれば容易に防止できたはずのコストである。(1)

シートベルトを着用しない理由はさまざまだが、特に人口動態によって異なる。たとえば、ヒスパニック系の人々のベルト着用率は平均よりも低い（米国全体の平均八〇％に対して、推定値で六三％）。(2)

国家道路交通安全局が調査したところ、その原因は次のようなものだ。ヒスパニック系の人々は貧困率が高いので、シートベルトの付いていない、あるいはシートベルトが壊れている中古車に乗る傾向がある。彼らは大家族なので、乗車している全員にベルトが行き渡らない。地方に住んでいる家族はピックアップ・トラックで出かけることが多いが、子供や他の家族がトラックの荷台に乗ることが珍しくない。さらに、最近の移民はシートベルトやチャイルドシートの使い方に慣れておらず、米国の法令をよく知らないこともある。(3)

人口動態上で重要なもう一つのグループは十代で、自動車事故での死亡率はすべてのグループの中で最高である。その最大の原因は、大人に比べてベルト着用率が低いことだ(4)。二〇〇三年、乗用車事故で死亡した十六〜二十歳の五七%はベルトを着用していなかった。(5)

十代の若者がベルトを着用しない理由を聞いても、驚くにあたらない。いわく、安全を心配するのはクールでない。反抗するのが楽しい。後ろの座席に乗っているかぎりは大丈夫。事故に遭うことはないだろう。事故に遭ったとしても、死んだり重傷を負ったりすることはないだろう。十代の彼らは自分が無敵だと思っている。

シートベルトの着用率を高めようとしている機関は、その他にも課題を抱えている。その一つは、「自由な社会では、他人がどう考えようと、自分自身で物事を決める自由裁量権を持っている」という主張が市民の間に存在することである。

戦略

「クリック・イット・オア・チケット」(以降、「クリック」と略す)は、ノースカロライナ州で始まった。そして、市民にベルトを着用させ、その習慣を続けさせることに成功したことで、国全体のモデルとして称賛を浴びた(**図1**)。(6)

「クリック」の成功に力と勇気を得た各州政府は、シートベルトの検問所を設置し、ベルト着用強制義務を守らせるためにハイウェイ・パトロールを配置し、「第一級シートベルト法」を制定した。第一級シートベルト法は、運転者または同乗者がシートベルトを着用していないことを見つけただけで、警察官が反則キップを交付できる法律である。第二級法の場合は、運転者を別の違反で停車させないかぎり、警察官はシートベルト違反だけでキップを切ることはできない。第一級法はベルト着用率を高めるのに有効であることが実証されている。二〇〇四年には、第一級法がない州のベルト着用率が七三％に対して、第一級法のある州では八四％だった。(7)

キャンペーンを構成する要素は、州によって異なる。通常は、「クリック・イット・オア・チケット」のスローガン（**図2**）、広告などのプロモーション活動（国の活動計画で定められた期間中に実施されることが多い）、標識、無料のメディア広告、地元の公共機関、学校、民間企業との提携などが含まれる。

成果

「クリック」の活動は、二〇〇四年の八〇％という数字が示すように、米国のベルト着用率を向上させるのに大いに役立った。二〇〇五年にトップの座についたのはアリゾナ、カリフォルニア、ハワイ、ミシガン、オレゴンの各州で、それぞれが九〇％以上の成績だった(9)。着用率の調査は、所定の場所で、シートベルトを締めている乗員数を数える訓練を受けた監視人を起用し、信頼に足るデータを出す

図1　ノースカロライナ州のシートベルト・キャンペーンのスローガンとロゴ

図2　テネシー州のスローガンとロゴ(8)

ために、精緻な方法論を用いて科学的に計算されている。(10)

国家道路交通安全局の推定では、着用率が一ポイント増えるごとに二八〇万人がベルトを着用するようになり、一年間に二七〇人以上の生命が救われ、四〇〇〇人の負傷者が防止できるという(11)。二〇〇〇年には、シートベルト未着用による死傷者が減少したおかげで、関連する費用が全米で五〇〇億ドル（六兆円）節減できた。こうした問題は、事故に遭った当事者の個人的な問題で、納税者の問題ではないという人には、ぜひ次の事実を認識してもらいたい。事故に関する費用の四分の三は、主に保険料、税金、交通渋滞、生産性の損失という形で一般市民が負担しているのである。(12)

国家道路交通安全局は、「クリック」の何が成功の要因かを見定めるための評価を行った。たとえば、二〇〇二年の評価によれば、短期集中で取り締まりを行い、かつ取り締まりの予告を広く公表したことが大きな効果をあげた。

「クリック」のキャンペーンを大々的に行った十の州全体で、着用率は八・六ポイント増えて、七七・一%になった。これらの州は有料・無料のメディアを使って広報活動を行い、州全域に及ぶ取り締まりを四週間にわたって実施した。しかし、有料メディアによる広報活動を行わずに取り締まりだけを強化した州では、着用率は平均で〇・五ポイントしか上がらなかった。(13)

この活動を実施した州は、国から報奨される。二〇〇五年、ブッシュ政権は、第一級シートベルト法を備え、着用率が九〇%以上の州にハイウェイ資金を交付する法案を承認した。この法案が通れば、ミシガン州などは一四三〇万ドル（一七億一六〇〇万円）の交付金を受け取ることになる。(14)

価格（Price）……第二のP

価格は、マーケティングの目的を達成するために用いられる重要なマーケティング・ツールである。これは強力なツールで、買い手の意思決定に大きな影響を及ぼす。「クリック」の事例で見たように、公共部門における「価格」とは、製品、事業、サービスに対する代金や料金に関するものだけではない。価格は反則キップや罰金のような負のインセンティブや、割引クーポンのような正のインセンティブという形をとることもある。これらは、いずれも金銭的なものだ。この章で説明するもう一つの戦略は、非金銭的なインセンティブの活用である。その効果は多くの人を驚かせた。きっと、あなたも驚くだろう。

製品、プログラム、サービスに価格を設定する

水道局の担当者が、天水桶の価格をいくらにするか悩んでいたことを思い出してほしい。この価格設定のためにとるべき一連の方法論がある。(15)

最初の手順は、「価格の目的」を決めることである。設定した価格を何に役立たせたいのか。直接コストを、できれば間接コストも含めて回収したいのか。あるいは、売上や参加者、利用度を最大化したいのか。この場合、購入に対する補助金が必要かもしれない。

これとは逆に、その製品や事業、サービスを熱望している市場セグメントがあるかもしれない。

これは「最高額《トップ・ダラー》」を支払ってくれるセグメントだ。これを狙うのが、民間企業で「上澄み価格政策」と呼ばれている戦略である。

あるいは、「品質のリーダーシップ」を発揮し、高い価格を設定することによって、その製品、事業、サービスが最高級のものだという認識を植えつける戦略（たとえば、好みの数字を車のナンバープレートにできるサービスに、喜んで割増価格を支払う市民がいる）もある。

天水桶を広めようとしている水道局は、これが初めてのマーケティング経験だった。その動機は、水の節約というよりは、むしろ雨水が排水管に流れ込んで、水質と魚や野生生物の生息環境に及ぼす害を防ぐことにある。

水道局の一部には、家庭が興味を示すかどうかに懐疑的な見方もあるので、担当チームは、管轄内の家庭が屋根から雨水を集めることに関心を示し、進んで天水桶を買い、それを設置し、維持するという事実を立証したいと考えている。具体的な採用事例があれば、この製品に需要があることを証明できるので、水道局の販売にも弾みがつくし、業者への支援にもつながる。

こういう状況では、採算ぎりぎりかそれ以下（補助金をつける）の価格で売らざるをえないが、彼らもそれは承知の上で、「販売量」が最大になるような価格設定にしようと思った。そこでマネジャーたちは、もし二％の家庭が購入すれば約三〇〇〇個の売上になり、上司も一応成功と見なすだろうと判断した。

目的が決まった。次の手順は「市場の需要の評価」、つまり公共部門でいえば市民の関心である。そして価格が変われば需要も変わるとすれば、どこがどう変わるかを知りたいと思うだろう。その製品が価格に敏感なものであれば、販売の可能性は価格によって変わってくる。価格によって需要が顕著に変わる場合、需要は価格に敏感である、あるいは「弾力的」であるという。一方、価格によって需要が顕著な変化を見せない場合、需要は価格に敏感でない、あるいは「非弾力的」であるという。

天水桶のプロジェクトに戻ろう。担当者たちは、市民に天水桶を販売したことがある他の市と接触することで、市民の反応と価格を調べることができる。また、流水量の少ないトイレの普及促進など、他の類似プロジェクトの例を参考にすることも可能である。彼らは他の市から学んだ教訓を話しあい、リサーチ会社が提供しているオムニバス調査にも参加した。これは、複数の調査参加者から質問を集め、参加者は必要とする回答だけについて料金を支払うという相乗り方式の調査である。

この調査で、二五％の家庭が天水桶に「非常に興味がある」とし、五％が「八十ドルなら買ってもよい」、一五％が「三十ドルなら買うかもしれない」という結果が出た。これで担当者たちも、自分たちの目標に対する市民の関心は高く、価格も弾力的だということがわかった。

次に考えなければならない重要な問題は、製品の「コスト」である。これには直接コストと間接コスト（オーバーヘッド）がある。需要の見積もりは価格の上限を定めるのに役立ち、コストは下限と見なされる。

水道局の担当者たちが見積もった天水桶のコストは三十五ドルで、職員の時間とプロモーション費用などの間接費用の見積もりが一桶あたり十五ドルだったとしよう。コスト合計は、一桶あたり五十ドルとなる。

実際の価格設定に移る前に、その製品の「競合の分析」をしなければならない。公共部門では、市民が同じような欲求とニーズを満たすために、公共機関のサービスを利用する代わりに何を使い、何をしているかを考慮して、競合の定義を広く解釈すべき場合が多い。たとえば、公共輸送のケースでは、自動車、ガソリン代、保険料、駐車料金などのコストを競合と考える必要があるだろう。

天水桶の場合、競合を探すのは簡単だ。同じような天水桶がいくらで売られているかを調べればよい。ウェブで検索したり、地元の植木屋や家庭用雑貨店、園芸用品店に電話すれば、すぐにチェックできる。この調査で、同じような桶の価格が六十〜八十ドルだとわかった。

価格の設定に近づいてきた。この時点で、同僚や上司と「全般的な価格設定方法」について合意しておくことが有益である。製品コストが下限で、消費者の認める価値が上限となる。また競合の価格設定が、上限・下限の間で参考とすべき数値だ。

市民が雨水を貯めることに関心を持っているという事実を水道局の担当者たちが実証したいと考えていることを考慮すると、彼らが主に一桶あたり五十ドルという推定コストとの関係で最終価格を設定する可能性が高い。また、彼らは、水道局の製品が需要を刺激することに関心を持つと同時に、現在の小売価格が六十～八十ドルだということも考慮に入れるだろう。

価格設定方法の決定のおかげで、「最終価格の選定」の範囲は絞られた。しかし、他にもいくつか考慮すべきことがある。

市は、この活動に補助金を出したいと考えているか。もしそうなら、補助金の対象をすべての市場セグメントとするか、それとも一部のセグメントに限るか（たとえば、低所得世帯）。この価格は将来にわたって変わらないものなのか、それとも予算が厳しくなり、補助金がカットされるおそれがあるか。翌年の価格が最初の導入価格より高くなったら、市民はどう思うか。彼らは覚えていて、文句を言うだろうか。考慮しておくべき政策、または法令上の問題があるだろうか。短期的に販売を増やすために、数量割引かリベートを与えるべきだろうか。

最終価格を一桶あたり五十五ドルに設定し、販売は一世帯一桶に限ることとすれば、担当者たちはこれで予期しない費用が出てきてもコストはカバーできると考えるだろう。これで何とか需要も出てくるだろう。いずれにせよ、初年度に売るのは三〇〇〇個、全家庭の二%分でしかない。一五%の家庭が三十ドルなら買ってもよいと言っていたが、その価格なら三〇〇〇個は一回の地域のイベントで売り切れてしまうだろう。関心のある家庭のごく一部でよいから、最終価格の五十五ドルで実際に買ってくれることを期待したい。

価格設定の仕事はこれだけではない。さまざまな顧客の相違や状況の変化を持続的に捉えようとすれば、当初設定した価格に調整を加える必要がある。**表1**は、民間部門でよく使われる五つの価格調整戦略、つまり割引とアロウアンス[1]、セグメント別価格設定、心理的価格設定、販売促進型価格設定、地理的価格設定をまとめたものだが、これは公共部門にも適用できるだろう。[(16)]

▒金銭的・非金銭的なインセンティブと負のインセンティブ

前に述べたように、製品、プログラム、サービスに価格を設定することは、価格設定に関する意思決定の選択肢の一つにすぎない。この他に、次の四つの価格設定ツールを使って、市民の参加と行動に影響を及ぼすことができる。

それは、「金銭的インセンティブ」（たとえば、バイク用ヘルメットの割引クーポン）、「金銭的負のインセンティブ」（ゴミの投げ捨てに対する罰金）、「非金銭的インセンティブ」（環境に優しいビジネスだと

1▶一般的には値引き、割引のこと。商売上では、製造業者や卸売業者が小売業者に提供する値引き、割引を指す。

表1 価格調整戦略

戦略	種類・内容	具体例
割引とアロウアンス	割引クーポン、数量割引、リベートなどによる価格の引き下げ	ハイブリッド車に対する駐車料金の優遇
セグメント別価格設定	顧客、製品、地域の相違に対して行う価格調整	低所得高齢者家庭に対する公共料金の割引
心理的価格設定	心理的影響に対する価格調整	タバコの吸殻投げ捨てに対する高額な罰金設定：1025ドル（12万3000円）
販売促進型価格設定	短期的販売増を狙った一時的な価格引き下げ	天水桶の特売価格設定（先着3000人には競合価格やコストを下回る価格で提供）
地理的価格設定	顧客の地理的要因による価格調整	ゴミの投げ捨てに対する罰金の多様化（州道、地方道、郡道別に異なる罰金価格）

社会に認められること）、「非金銭的負のインセンティブ」（追徴課税の滞納を公表されること）である。

金銭的インセンティブ

まず以下に、金銭的インセンティブに関する四つの事例をあげる。

「インドの子供たちに通学を奨励する」
「米国の青年を兵役に勧誘する」
「英国の郵便局員の無断欠勤を減らす」
「カンザス州の小さな田舎町に移住するよう家族を説得する」

こうした目的のために、金銭的インセンティブがどのように使われているか見ていこう。

case study

通学を奨励するためのインセンティブ

インドではどの地方でも、子供を学校に通わせるよう親を説得するためには言葉以上のものが必要だ。二〇〇五年四月のワシントン・ポスト紙は、風変わりなインセンティブとして、非常に差し迫った市民の欲求とニーズ、すなわち飢餓を取り上げている。

インドのダターンに住む九歳の少女、ムンニもそんな市民である。ムンニの両親は、彼女が六歳のときに学校に行かせるのをやめた。多くのインドの子供と同じように、両親が家族を養うために一日に十時間働いて二ドルを稼いでいる間、彼女は家で三人の兄弟の面倒を見る必要があった。彼女を再び学校に通わせるようになったのは、昼の無料給食が始まったからだと母親は言っている。「無料の食事がもらえるのは学校に通っている子供だけで、家にいる子はもらえない。だから、あの子を学校に戻したの」(17)。母親は幼い妹たちもいっしょに学校に通わせ、給食を受けさせた。二〇〇二年に給食が始まってから、ダターンの学校の少女の在籍者は二三%増えた。

この取り組みは、二〇〇五年一月からインド全土で義務になった。貧しい家庭を援助して教育を改善する施策は、学校へ通う子供に毎月二・七キログラムの小麦を与えることから始まった。しかし、生徒は無料の食料が支給される日だけしか学校に来なかったので、この制度は中止された。政府の国家諮問委員会のあるメンバーは、「学校が昼の給食を支給する

ときは、子供たちは自ら急いでやってくる」と発言している。(18)

case study

新兵募集のインセンティブ

この二十年間、米国陸軍の完全志願制度は定員を満たすことに成功してきた。そのために軍指導部が必要としたのは、入隊時のボーナスと手厚い奨学金だった。これにより、志願者が激増し、定員をオーバーした志願者は翌年に持ち越されたほどだった。

しかし、イラク戦争が長引くにつれて、軍隊は魅力のある選択肢だとする米国の青年の考え方も次第に変わりはじめた。二〇〇五年六月現在、陸軍をはじめ各軍とも、募集目標を四ヵ月連続で達成できなかった。陸軍では、ほとんどの新兵に対する入隊時のボーナスが六〇〇〇ドル（七二万円）から二万ドル（二四〇万円）に増額された。関係者は、小銃兵の入隊を増やすという目標は年度半ばで達成できると自信たっぷりであった。(19)

だが、六月以降も入隊者数は期待を裏切った。その原因が、「配置期間が数ヵ月から数年に長期化したこと」「イラクとアフガニスタンからの死者のニュースが絶えないこと」「もっと健全な就職機会が国内で増えはじめたこと」「心配した両親が無理やり入隊をやめさせること」などの厳しい現実を反映したものだと指摘する人が多い。

陸軍は、他にも次のような戦略を試みている。「愛国心に訴える広告を増やす」「募集係の増員」「陸軍州兵または予備役の適格年齢を三十五歳から三十九歳に緩和」「高卒者でない新兵の募集を増やす」「入隊契約から訓練所入りまでの期間を十五ヵ月に短縮」「従来の小隊・部隊単位の訓練に要する時間を短縮」などだ。

二〇〇五年六月現在、ペンタゴン（米国国防総省）は議会に対して、最も高い評価を受けた入隊者に支給する入隊時ボーナスを二万ドル（二四〇〇万円）から四万ドル（四八〇〇万円）に倍増するよう要求することを検討中である(20)。こうしたインセンティブの増額とプロモーション戦略が功を奏するかは、時間の経過を見なければわからない。問題は、コストとの兼ね合いで、どこまでインセンティブを高くするかである。さらに、ベネフィットとコストの釣り合いを評価する潜在的な入隊候補者が、軍の目標を達成するほど十分に現れるかである。

case study

無断欠勤を減らすインセンティブ

金銭的インセンティブ戦略に関する、より身近で、勇気づけられる事例がある。英国の郵便公社（ロイヤルメール）は、職員の「目に余る無断欠勤」の解決策を編み出した。

ザ・ウィーク誌によると、郵便局の職員は、六カ月間、勤務スケジュールどおりに出勤すれば、車が当たるくじが引けるという。六カ月前にこのプログラムを始めてから、郵便公社の出勤率は一〇％増加した、と同誌は報じている。「何もしなければ以前と変わりはなかったかもしれないが、今では毎日千人以上、出勤者が増えた」と郵便公社のスポークスマンは話している。[21]

case study

田舎町への移住を誘うインセンティブ

最後は、公共機関における金銭的インセンティブ活用の代表的な応用例である。

www.KansasFreeLand.com というウェブサイトを共同で運営している地方自治体のインセンティブ戦略について見てみよう（**図3**、次頁）。二〇〇五年二月のUSAトゥデイ紙の記事によれば、エルズワースは「食料雑貨店が一軒、交通信号が一つあるだけで、ショッピングモールも、ファストフードの店も、映画館もない」という人口二九〇〇人の町である[22]。小規模な自営農場と中小企業の衰退が原因で、ここ数十年間は人口が減少するいっぽうだが、この動きを逆転しようというのがこの町の目標である。また、税収を上げて、学校の閉鎖を避けようという思惑もある。

この町はここ数年、「象狩り」つまり多数の従業員を必要とするような大企業の誘致を狙ってきた。しかし、ほとんどうまくいかなかった。そこで、この町は「経済のガーデニング」と称する方針を打ち出した。一度に一家族ずつ誘致しようという運動である。

そのインセンティブがなかなか意欲的なものだ。たとえば、エルズワースで家を建てようとすると、借地代が無料になる。子供を入学させると、家の頭金として一五〇〇ドル（十八万円）もらえる。二番目と三番目の子供が入学するときは、それぞれにつき七五〇ドルが支給される。エルズワース郡の地主と銀行は、無料となった借地の価値を家の頭金として算入することに合意し、住宅の新築あるいは中古住宅の購入に関する融資の手数料を免除した。

新しい住民は、上下水道の工事費用と建築許可手数料が免除され、家族で使える一年間のゴルフ場無料パス、一年間のプール無料パス、または毎月のレクリエーション・プログラム費用の一年間免除のうち一つを選択できる(23)。宣伝活動には、郡内で

図3　金銭的インセンティブを使ったカンザスへの移住の勧誘

この運動に参加しているいくつかの町を見学して回る二時間のバスツアーが組み込まれている。エルズワースの「移住歓迎事業」の初期の成果は上々である。新しい住民が二十四世帯八十八人、新しい生徒が三十三人増え、州から生徒一人あたり六〇〇〇ドル（七十二万円）の教育費補助が追加されることになった。

金銭的負のインセンティブ

金銭的負のインセンティブとは、読んで字のごとくである。市民に、「あることをしないように」影響を与える戦略だ。次の実例で、その使用法を見ていこう。内容は、「アイルランドにおける買い物袋の持参と投げ捨て防止」「イタリアにおける動物虐待の防止」「ワシントン州におけるゴミの投げ捨て防止」である。

case study

ビニール袋の購買と投げ捨ての防止

二〇〇二年春、アイルランドで、ビニール袋一枚に対して十五ユーロ・セント（約二十円）の課税が実施された。これはゴミの量を減らし、買い物客にもっと丈夫な、再利用できる袋の使用を奨励するための措置であった。当時、袋の投げ捨てが非常に目立つようになり、ビニール袋をアイルランドの「国旗」と呼ぶ人まで出てくる有様だった。木や潅木に引っかかったり、道路や海岸線に捨てられたり、田園地帯にも放置されていたりするビニール袋の光景は珍しいものではなかった。この国の景観だけでなく、野生生物やその生息環境に対する懸念の声も聞かれはじめていた。

この課税実施により、店舗、スーパーマーケット、ガソリンスタンド、その他の小売店で買い物をすると、袋一枚あたり十五ユーロ・セントが請求された。「ビニール袋環境課徴金」からの収入は、新設の「環境基金」にプールされ、廃棄物の管理、ゴミ防止、その他の環境運動を支援する目的で使用されることになった。

この新しい税金に腹を立てているアイルランド市民もいるようだ。ある記事によると、「ひどい」「恥ずべき」という言葉がこの税金を形容するのに使われているという。「連中は一言の断りもなく食品の値段をつりあげた」という人もいるそうだ。(24)

しかし、六カ月も経たないうちに、この負のインセンティブの効果が現れた。環境相は、ビニール袋の使用が九〇%減り、これまでに三五〇万ユーロ（五億二五〇〇万円）が集まったので、これを環境プロジェクトに支出すると発表した。最初の三カ月で、店頭で渡されるビニール袋の数が二億七七〇〇万枚減ったと推計されている。(25)

case study

動物虐待の防止

イタリアのトリノ市で二〇〇五年四月に施行された厳しい罰則は、ペット保護を目的としたものだった。同市は、ペットの権利を守るため、二十ページにのぼる条例を採択した。

それによれば、飼い主は一日に少なくとも三度は犬を散歩に連れて行かなければならない。また、毛を染めたり、耳や尾を切ったりしてはいけない。これに違反すると五〇〇ユーロ（七万五〇〇〇円）の罰金。さらに、野良猫の収容所は公的な保護を受け、その安寧を妨げるようなことをしてはならない。トリノ中央公園の小さな金魚も、今や権利を持っている。金魚をすくったり、ビニール袋に入れたり、街頭市で景品に使ってはいけない。

さらに驚くべきことに、自転車に乗って犬を散歩させることは許されるが、条例には「その動物が極度に疲れるような方法でないこと」と書いてある(26)。この条例を施行するために、トリノ警察は、違反行為の摘発のかなりの部分を市民の通報に頼っている。

二、三年後にトリノを訪れてこの結果を見るのは非常に興味深いことだろう。この金銭的負のインセンティブは、意図した効果を発揮しているのだろうか。果たして市民のジョークの的になっているのか、自己責任を求める市民の叫びになっているのか。

ゴミの投げ捨て防止

ワシントン州が行ったゴミの投げ捨て防止キャンペーンの結果に関する二〇〇五年五月の新聞報道には、「たった三十グラムで一八〇〇トンのゴミを減らす」という大見出しが掲げられていた。二〇〇四年のゴミ調査の結果では、一九九九年の調査と比べると八三二二トンから六三一五トンへ減少（二四％減）していることがわかった。この二〇〇〇トン以上の減少は、ワシントン州の道路でのゴミ発生量が一八〇〇トン減少したことを意味している。

この二つの調査の間に、環境保護局は「ゴミは有害」というスローガンを掲げて、積極的なゴミ防止の宣伝と取り締まりキャンペーンに乗り出していた。防止キャンペーンには、「ゴミは有害」の広告、道路上の看板、ポスター、市民による通話料無料の電話通報、ゴミ袋の供給、ゴミの投げ捨てに対する罰金の増額などが組み込まれている（**図4、5**）。

通話料無料のゴミ・ホットラインは二〇〇二年四月の開設以来、四万件を超す通報を受けたが、これは平均すると一カ月に一〇〇〇件以上となる。自動車からゴミが捨てられたり、積み方の悪かった貨物が落ちたのを目撃したドライバーなどが、このホットラインに電話をかけてくる。

車の窓から何かを捨てるのに気づいたとき（ほとんどはタバコの吸殻）、市民がホットラインで通報すると、プレートナンバー、車の外見、時間、場所、ゴミの種類、捨てられたのは車の運転席側・助手席側のどちらか、などを尋ねられる。二、三日以内に、車の登録所有者は警察のパトロール隊から封書を受け取る。

中の手紙は持ち主に、たとえば、次のように警告する。「午後三時ごろ、大学地区近くの州間ハイウェイで、あなたの車の運転席側から火のついたタバコの吸殻が投げ捨てられたのを、ある市民が目撃した。この手紙の目的は、発見したのが我々であれば、あなたに停車を命じ、一〇二五ドル（十二万三〇〇〇円）の罰金を科したはずだということを通告するためである」。まさに、これこそワン・トゥ・ワン・マーケティング[1]ではないか。

図4　ワシントン州のゴミ防止キャンペーンの核心は、ホットラインと厳しい罰金

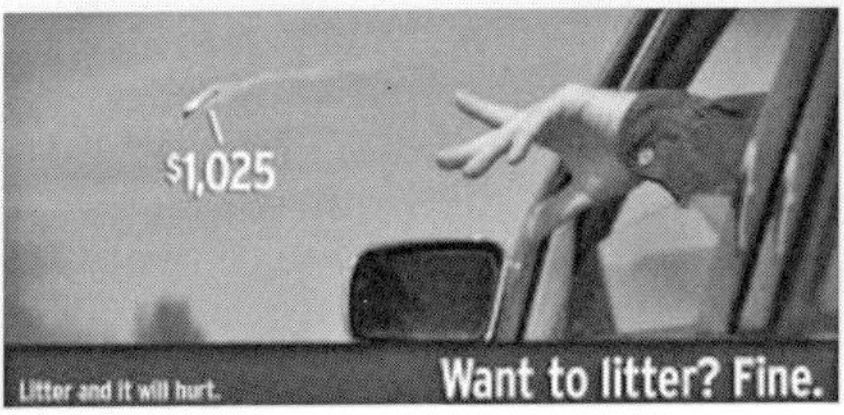

図5　トラック積載重量計量所に貼られたワシントン州のゴミ防止ポスター

1▶顧客を「集団」ではなく「個」として扱い、1人ひとりに対して、その個人に合った施策を行うマーケティング手法。

非金銭的インセンティブ

お金をからませずに、参加を奨励したり、行動を改めさせる方法がある。シンガポールでは、タクシーの運転手に制限速度を守らせるために独創的な方法を採用している。世界の国々の中には、環境に優しい製品の選択と購買に影響を与えているところがある。米国のある郡では、料金を引き上げることなく、また経費を増やさずに、ペット登録証の価値を高めている。では、事例を詳しく見ていこう。

case study

ロマンスの奨励

シンガポールは、「罰金都市」と呼ばれるほど、公衆道徳に関する厳格な法律で知られている。事実、土産物として売られている次のようなプリントを施したTシャツが、そのイメージをよく伝えている。禁煙（罰金一〇〇〇ドル＝七万五〇〇〇円）[1]、エレベーターでの小便禁止（罰金五〇〇ドル＝三万七五〇〇円）、小鳥への給餌禁止（罰金一〇〇〇ドル）、MRT（地下鉄）での飲食禁止（罰金五〇〇ドル）、ゴミ捨て禁止（罰金一〇〇〇ドル）、トイレの水の流し忘れ（罰金一五〇ドル＝一万一二五〇円）、爆竹の所有（鞭打ち）、麻薬二十グラム所有（死刑）、公共物破壊（禁固ならびに鞭打ち）。

この他にも、つばやガムを吐く行為に対する重い罰金（SARS〈重症急性呼吸器徴候群〉発生

1▶ シンガポール・ドルで換算：1ドル＝75円

以前から）などは耳にしたことがあるだろう。

しかし、シンガポールの独創的で革新的な非金銭的インセンティブは、それほど知られていない。たとえば、制限速度内で走行し、事故を防止するために、特別のセンサーを搭載したタクシーは、制限速度を超えると車内の警報が激しく鳴りはじめる。これは運転手にスピードを落とせという警告で、乗客にも「どうしたんだ？」と質問させる効果がある。横断歩道での安全性を増すために、通常の点滅信号に加えて、青信号に変わるまで残り何秒で渡らなければならないかを歩行者に表示している。また、ヘルシーメニューを提供しているレストランは、すぐに見分けがつくようになっている。「健康的な中華料理運動」に参加しているレストランでは、シェフが脂肪、塩、砂糖を控え、野菜や果物を多く用いた料理を出している。

最後に、風変わりな例を紹介する。出生率の低下を懸念している政府は、未婚の大学卒業生（結婚のターゲット市場）にお見合いのサービスや、ラブバイト・カフェと呼ばれるウェブサイト上に作られたサイバー・ラウンジを提供し、デートの斡旋などもしている。また政府は、毎年二月「ロマンシング・シンガポール・フェスティバル」を開催し、恋愛、ロマンス、交際を祝福している。二〇〇四年のフェスティバルでは、「シンガポール・ポリテクニクス・スクール・オブ・ケミカル・アンド・ライフサイエンス」の学生が「恋愛とロマンスのムード」を醸し出すためのオーデコロンを出品した。(27)

case study

環境に優しい買い物を奨励する

世界で最初のエコ・マーク（図6）のプログラムは一九七七年にドイツで生まれ、消費者に、同じ種類であれば環境に優しい製品を優先して買うように働きかけた。このプログラムが功を奏していると言う人は多い。ドイツのブルー・エンジェルは、今や環境に優しい四〇〇〇点の製品（食品と医薬品は適用外）をカバーしている。

図6　ドイツのブルー・エンジェルのエコ・マークは、環境に優しい製品のシンボル(29)

対象となる製品は、産業関係者、環境保護団体、労働組合、教会および公共機関から成るエコ・マーク審査委員会による評価に基づいて、ドイツ連邦環境庁が承認する。選考の基準は、化石燃料の効率的使用、気象に影響の少ない代替品の使用、温室効果ガス排出の削減および天然資源の節約である。一度承認を受けても、二年または三年ごとに見直される。(28)

case study

ペット登録の奨励

最後は、規範や罰金、法律などの負のインセンティブでは、市民に対する動機づけとしては十分でないことを強く訴えている例である。つまり、市民に対して何らかのメリットを提供することが鍵となること、そして実際、そうしたケースが多いことを明らかにしている。

ワシントン州キング郡では、お金を払ってペット登録証を手に入れることが、法律という「愛の贈り物」という位置づけになっている。プロモーション用のパンフレットは、登録による付加的なベネフィットを強調している。

ここでは、ペットが郡の登録証を身につけているかぎり、飼い主は、そのペットが迷子になっても、キング郡アニマル・コントロールまたは「ペット発見情報ライン」にアクセスできる近隣の関係者から、見つけたという「通知がもらえる」ことが保証されている。最初に保護された場合、そのペットは飼い主の家まで「無料で送り届けてもらえる」。職員はそのペットを動物保護施設に入れずに、直接家まで送り届けてくれるので、飼い主は「保護費用を回避」することができる。登録証のあるペットは、飼い主に電話で通知したあと少なくとも五日間、郵便による場合は通知後二週間、「キング郡の動物保護施設で保護される」。その期間が過ぎれば里子に出されるか、安楽死させられる。

また、登録証を入手すれば自動的に「休暇中のペット警戒プログラム」に加入することになる。これは、飼い主が休暇中のあいだ誰がペットの面倒を見るのか、緊急時の飼い主の連絡先はどこかを、キング郡に届けておく仕組みである。休暇中にペットが逃げれば、郡は届けられた番号に電話する。おそらく、あなたも、平均二十ドルの登録料は、単に法に従う以上の価値があると考えるだろう。(30)

▼非金銭的負のインセンティブ

非金銭的負のインセンティブは、金銭的負のインセンティブと同じ働きをする。これは、ターゲット・オーディエンスに「あることをしないように」働きかけるために使われるが、罰金や反則キップなどの金銭的な脅しはない。その代わりに、地域社会へのサービス義務(たとえば、ゴミを投げ捨てた者には道路のゴミを拾わせる)、社会的みせしめ(新しい土地へ引っ越したときに性犯罪者として住民登録する)、あるいは起訴(危険をもたらしそうな無人の家屋)といった非金銭的な脅しを使う。次に紹介するのは、この方法を試してみたところ問題が即座に解決したので、町の多くの人が驚いたという例である。

case study

不動産の所有者に処分を促す

ワシントン州タコマの「不潔な物件十五」は、板を打ち付けた家、空き家になったアパートの建物、その他の不法建築物など、悪質な条例違反と見られる不動産十五物件を掲載したウェブサイトである。このサイトは、不動産の所有者を「行動」に駆り立てるインセンティブとして効き目がある。

このサイトへの訪問者は、まず十五物件の写真を見る。さらに、この写真をクリックすると、市の職員による指導と所有者が合意したことの詳細な説明を読むことができる。ここで槍玉にあげられているのは、市側が懸命に働きかけたにもかかわらず、具体的な動きが見られない物件だ。市当局は、市の努力を一般市民にも知ってほしいと願っているが、それよりも重要なことは、公開によって所有者に行動意欲を起こさせることである。

ウェブサイト「不潔な物件十五」での掲載期間は数日にすぎない。しかし、市当局は効果が見えはじめたとしている。おそらく、地元のテレビ局のニュース番組や新聞記事でウェブサイトが取り上げられたことが刺激になったのだろう。ある家主は、「ずっと処分を計画してきたのだが」と言い訳をしはじめた。また他の所有者は、すでに業者を現場に呼び寄せている。市当局によれば、掲載物件の所有者を動かすことには成功したが、やがて「不潔な物件十五」に掲載することになりそうな物件が他にも三〇〇件控えているそうだ。(31)

■インセンティブに関する意思決定

インセンティブをいつ使うのか、その戦術は金銭的なものか、非金銭的なものかをどのように決定すればよいのか。もう一度、交換理論に立ち戻るのがよいだろう。目ざす交換がより容易になるように、それぞれの戦術が価値を高め、コストを下げるのにどの程度の貢献をするか見きわめるのである。

マーケティング戦術としてのインセンティブは、現在の戦略で手に入れている成果や、今後期待できそうな成果をはるかに超えて、販売（公共部門では購買、参加率、法令順守のようなケースが多いだろう）を増やす目的で使われることが多い。平たく言えば、買う気を起こさせるのである。硬い言葉を使えば、インセンティブは知覚された価値を高め、知覚されたコストを下げるのに使用される。

表2　コストの引き下げまたは価値の増加、あるいはその両方のインセンティブ

	期待する行動への支援	競合する行動への攻撃
行動	●製品またはサービスの購買 ●法令の順守 ●期待する行動への自発的な参加	●競合製品の購買 ●法令の無視 ●違法ではないが、望ましくない行動への参加
コストに関する戦術	**金銭的インセンティブ**は、期待する行動のコストを引き下げる	**金銭的負のインセンティブ**は、競合する（あるいは望ましくない）行動のコストを引き上げる
	例：小売店で買い物をする際に、銃を預けるためのロッカー使用料の割引クーポンを提供する	例：タバコのポイ捨てに対する罰金を1025ドル（12万3000円）に引き上げる
価値に関する戦術	**非金銭的インセンティブ**は、期待する行動の知覚価値を高める	**非金銭的負のインセンティブ**は、競合する行動の知覚価値を減少させる
	例：エンバイロ・スター[▼1]の認証を受けたクリーニング店を新聞報道・店頭での垂れ幕などの形で推奨する	例：分煙（建物の隅の天井のない場所や隔離された場所などに限定）

四つの戦術は、**表2**に示すように異なった方向に作用する。まとめると、次のようになる。

- 金銭的インセンティブ…………期待する行動のコストを引き下げる。
- 金銭的負のインセンティブ……競合する行動のコストを増加させる。
- 非金銭的インセンティブ………期待する行動の知覚価値を高める。
- 非金銭的負のインセンティブ……競合する行動の知覚価値を減少させる。

担当者は、さまざまな要因に基づいて、これらの戦術の中から適切な選択を行わなければならない。要因の中には、資源（たとえば、補助金つきクーポン）、実行可能性（クリーニング店が環境に優しい操業をしているかどうかの検査）、考えられる一般市民の反応（ビニール袋への課税）、予想されるターゲット・オーディエンスの反応（運転時に手を使わずに操作できる携帯電話）、見込まれる競争相手の反応（米国郵政公社が翌日配達郵便物の料金を下げた場合のフェデックスの反応）といったものが含まれる。

まとめ

以上の例が示すように、価格戦略と戦術（金銭的および非金銭的）はマーケティング・ミックスにとって不可欠で、有益なツールである。このツールは、シートベルトの着用率や就学率、買い物袋の反復使用率を高め、ペットの登録や環境に優しい製品の購買促進、消滅の瀬戸際にあった

1 ▶ EnviroStar：有害廃棄物の削減やリサイクルに努める企業を星の数で評価する制度。ワシントン州キング郡が1995年にこの制度を創設し、今では60以上の都市に広まっている。主な対象は、クリーニング店、自動車修理工場、歯科医。

過疎地の人口の増加、荒廃した危険な建物の一掃に効果があった。また、従業員の無断欠勤やゴミの投げ捨て、自動車と歩行者の事故を減少させる役にも立っている。

マーケティング担当者あるいはマーケティング的な考え方をする人が、必ずしもゴミの投げ捨てに対する罰金や専用のナンバープレートの価格などに関する政策立案の責任を負うものではないが、彼らは意思決定を支援する助言者として貢献するだろう。ターゲット・オーディエンスがこれから行おうとする交換にどのような価値を認めるかを知るために、公共機関はマーケティング担当者の知見を頼るべきである。彼らは、ターゲット・オーディエンスを説得するのに何が有効か、何が有効でないかを知っている。たとえそれを直接知らなくても、答えを見つけだすための方法と、何を参考にすればよいかを知っている。

彼らは、望ましい交換をより容易に実現するために、市民が何を障壁と考え、何をベネフィットと見ているか、また注力するべきインセンティブと負のインセンティブが何かを知っている専門家である。「価格設定」の場に彼らを関与させる必要がある。マーケティング担当者でなくとも、少なくともその場ではマーケティング的な考え方をしなければならない。

chapter 5

流通チャネルを最適化する

三年以上も前に、初めてネパールに着いたとき、会う人ごとに「コンドームはどこでも手に入りますよ」と言われた。それなら、ＨＩＶ／エイズの防止と家族計画を目的とするコンドームの普及のために、なぜ私がネパールに招かれたのか不思議に思った。

しかし、いざ町へ出てみると、コンドームを扱う店は少なく、きわめて稀なことがわかった。また、感染リスクの高い歓楽街では、さらに入手しにくいことも発見した。

ネパールでは、二十五年前から政府や一般小売店がコンドームの宣伝と流通を手がけてきた。だが、コンドームはすぐ手に入るという公の認識と、民間部門での流通の実態との間にズレがあるのではないか。こうした疑問から、政府にコンドーム販売店の調査をしてもらった。

結果は驚くべきものだった。コンドームを扱っている販売店の七七％は、一度もコンドームを売ったことがなかった。この発見が「チャンス」を引き寄せた。

――スティーブン・Ｗ・ハニーマン（国際人口サービス、ネパール支部代表）

あなたが、次のようなニーズや欲求を持っているとしよう。市民の立場で、この質問に自由に答えていただきたい。

- パスポートを受け取るのは、どこがよいか。更新の場合はどうか。
- 図書館の本はどのようにして返すのがよいか。
- 子供の担任の先生と話すのは、いつが都合よいか。
- 郵便局のロビーの見た目は、どのような雰囲気がよいか。
- 税務署で待たされても許容できる時間はどれくらいか。

さて、公共部門の担当者の立場に戻ろう。あなたの部門が市民と何らかの接点を持つことになったとしたら、あなたはそれを市民に対してどのようなレベルで提供するだろうか。市民が求めるレベル、すなわち日常の買い物や外食、銀行、旅行などで経験するようなレベルで提供するように努めるだろうか。それとも、公共部門は別だとか、市民は公共部門に対して民間と同じレベルを期待していないはずだとか、民間部門の真似をしたら軽薄だと思われるなどと考えるだろうか。

その答えは、あなたの所属部門の目的と目標によって変わってくるだろう。いずれにしても、接点が便利になることによって行動に影響が出てくることは間違いない。ただしそう決断するためには、市民に便宜をはかることで増えるコストより、市民がそれで得る利便性のほうが大きいことを厳密に分析する必要がある。次の事例を読めば、厳密な分析をする価値は十分あると納得するだろう。

注目事例

ネパールのＨＩＶ／エイズ問題

課題

二〇〇二年、ネパールのコンドームの流通制度は多くの問題を抱えていた。ＨＩＶ／エイズ患者は六万人と推定されていたが、コンドームの使用をはじめとする現代的な家族計画に対するニーズはほとんど満たされていなかった。さらに、八年近く続いた内戦で、地方は疲弊していた。

二十五年前に始まったコンドームの宣伝と流通の主な目的は家族計画で、しかもほとんど広がりを見せなかった。ＨＩＶ／エイズと性感染症を防ぐ目的でのコンドームの宣伝は、ほとんど行われなかった。コンドームは、主に避妊目的で使われるものとされてきたために、リスクの高い性行為で知られる「歓楽街」ではコンドームの入手が容易ではなかった。

ここで、サリタという女性の話を聞いてみよう。その話は、ネパールの何千人という女性が実際に経験していることで、目新しいものではない。サリタは、夫と二人の兄弟を内戦で亡くし、危険を覚悟で幼い息子を連れて村を離れ、より良い生活を求めてカトマンズにやってきた。すぐにダンス・レストランでの仕事が見つかった。セックスの代償として現金やプレゼントをくれるお客が何人かいたが、彼女は自分が売春婦だとは思わなかった。「私はお友だちになった、ちゃんとした人としかセックスはしません」と彼女は言う。

サリタだけでなく、同じような境遇の女性も大きな障害にぶつかった。「最初にカトマンズに着いたとき、夜遅くや私の働いていたレストランの近くではコンドームが買えませんでした。でも、地元の薬局では買いたくなかった。その店で働いている男性を知っていたので、恥ずかしかったのです。それに、コンドームを持っているのを警官やボーイフレンドに見つかったら、売春婦だと思われてしまいます」

戦略

サリタのような女性にとって、コンドームが身近で手に入りやすいものになるかどうかは文字どおり死活問題である。ただ「供給する」だけでなく、いつ、どこででも手に入れやすくすることを主眼とした、新しい流通チャネルの構築が急務になった。そのため、中央政府は国際人口サービス・ネパール支部と協力し、消費者にコンドームを届ける仕事の新しく活力あふれるパートナーとして、民間部門を頼ることにした。

多くの国と同じようにネパールでも、政府の保健施設でコンドームを無料で配布していたが、問題は施設の数が少ないことだった。既存の流通チャネルの弱みを検討した国際人口サービス・

ネパール支部は政府のために、リスクの高いターゲット・グループに手を差し伸べるべく、革新的な戦略を立案した。

民間部門の事業者団体、労働組合、非政府機関（NGO）、それに従業員を直接の相手にしてコンドームのマーケティングを始めた会社との新しい協力体制が生まれた。この体制によって各団体は収益をあげるようになると同時に、そのメンバーや従業員を性感染症から守り、彼らにきちんとした家族計画を立てさせることができるようになった。

新しい流通チャネルも生まれた。たとえば、通常お菓子や乾麺を売っていた、回転の速い消費財を売る会社がターゲット・グループへのチャネルになった。この会社は便利な場所に新しい売店を開くことで、全土にコンドームを行き渡らせることになった。深夜営業の施設（ダンス・レストラン、個室レストラン、パブ、カラオケ、マッサージ・パーラー）とつながりのあるNGOは、HIV／エイズの予防に重点を置いたコンドームの売店をリスクの高い出会いの場所の近くに開くこととし、マスメディアは市場にコンドームのニュースを流すことにした（**図1**）。

新しい分野への進出を目指して、全国的な販売網を持つ民間部門の会社がコンドームの限られた流通チャネルの穴を埋めはじめ、新たに三万軒の販売店が既存のネットワークに加わった。そして、普段はファストフードしか扱っていなかった

図1
深夜風俗店の従業員がよく出入りする酒場で売られているナンバー・ワン・コンドーム（酒ビン棚の間の壁に、宣伝ポスターが貼ってある）

会社を初めてコンドームの流通に起用したことで効率が急激に改善し、ターゲットを定めた効果的な販売活動ができるようになり、目覚ましいコストの削減が可能になった(**図2**)。

成果

二〇〇三年以降の数年で、コンドームの流通は劇的に改善した。社会的な見地から市場に出されたコンドーム(つまり、一般大衆の健康というベネフィットのために補助金つきの価格で販売業者に売られたコンドーム)は初年度に四三%、二年目には三四%増加した。それ以前の三年間の伸び率が平均八%であったのとは対照的である。補助金つきのコンドームの市場は、いまや年間一一〇〇万個から二二〇〇万個に倍増した。

風俗店の女性従業員のようにHIV/エイズにかかるリスクの高い人に対して、より効率的、効果的にコンドームを流通できるようになった。今では、サリタは以前と同じレベルのリスクにさらされているとは感じていない。「コンドームは私が働いているダンス・レストランの中でも、外のタバコ屋でも手に入るので、好きなときに、好きな場所で買うこと

図2 正面のカウンターでナンバー・ワン・コンドームを売っているコンビニ。
店先と陳列ケースに「旗状の広告」が目立つように飾ってある。

ができます。深夜でも買えるので、一日中お財布に入れて持ち運ぶ必要もありません」。その場で買えるので、自分のコンドームを持ってくるボーイフレンドの数も増えた。(1)

流通チャネル（Place）……第三のP

簡単に言うと、「流通チャネル」は商品を届けるために使う手段であり、市民がその商品に接する手段である。マーケティング・ミックスの中では、これはPlaceのPであり、担当者が直面する最も重要な意思決定の一つと考えられている。その選択は、市民の反応に多大な影響を与える。

- プログラムへの「参加」（心肺蘇生のトレーニングをいつ、どこで提供するか）
- サービスの「利用」（地域センターの環境）
- 法令の「順守」（ゴミ箱とリサイクル容器を市の公園のどこに置くか）
- 製品の「販売」（大学の分校をどこに置くか）
- 「利用者満足」（空港のセキュリティ・チェックを通過するために、旅行客はどれくらい早めに空港に着いていなければならないか）

公共機関の流通チャネルの選択は、そのコストにも大きな影響を与える。きちんと管理し、バランスをとらなければならない。次の節では、公共部門の担当者が直面する、チャネルに関する多くの意思決定について検討する。これによって、チャネルの構成要素についての視野を広げてもらいたい。後半では、このプロセスに厳密さと安定感を加味するために、意思決定の基準について説明する。

■チャネルの決定

流通チャネルの決定は、製品がいつ、どこで、どのように引き渡され、利用されるかを左右する。物理的な場所（飛行場の搭乗口）やウェブサイト（サイトのアクセスが容易なこと）、あるいは電話（待たされる時間）はもちろん、その場所を取り巻く「雰囲気」も、チャネルの決定に影響する。顧客の立場から見れば、チャネルの決定は、製品を手に入れるのにどれくらいの時間と労力を必要とするのか、どれくらいの喜びがあるのかを左右する。

流通チャネルの意思決定は市民に影響を及ぼすだけでなく、他の機関や人々に対する長期間のコミットメントを伴うことが多い（心肺蘇生の研修会開催に関する公的機関と赤十字社との提携関係）。したがって、チャネルの決定は、今日だけでなく、明日のマーケティング環境も視野に入れて慎重に行わなければならない。

▼市民がどこで、どのようにプログラムやサービスを利用するかについての決定

私たちは利便性を重視した世の中に生きている。時間の価値を重要視する人が多く、少しでも

時間を節約して、家族や友人、好きな余暇の活動に向けたいと思っている。プログラムやサービスを受ける場所と方法には、過去の流通チャネルで支配的であった従来型の選択肢もあるが、ますます成長の速度を速めている、より新しい形のチャネルがある。

物理的な場所……これはプログラムとサービスを対面の形で直接に提供している機関にとってはおなじみのチャネルである。公立学校、消防署、投票所、遊園地、大学の分校、地域診療所、郵便局、港湾などをどこに立地させるかという意思決定である。意思決定の中心となるのは場所である。

たとえば、ミネソタ州ミネアポリス・セントポールがパーク・アンド・ライド[1]のために注いだ苦心のほどを見てみよう。二〇〇五年現在、同市は、「どの地下鉄の駅にも無料駐車場がある」とウェブサイトで誇らしげに宣伝している。実際に、独立型の駐車場だけでなく、ショッピングモール、市役所、大型小売業のターゲット社の店舗の駐車場、さらにルーテル派教会をはじめとするさまざまな場所の駐車場まで、合計一三〇カ所を超える場所がリストアップされている。そのリストには駐車場の住所のほかに、そこまで行くバスの路線番号、駐車に関するアドバイス、自転車置き場の有無までが記されている。(2)

電話……マーケティング担当者が流通チャネルとして電話を選択する際に最も関心を持つのは、市民が「注文」(地域センターの体操クラスへの参加)や「対話」(市民サービス[2]でのやりとり)、「サービス

1▶駅の近くに車を駐車して、電車に乗り換えて勤務先などに行くこと。

2▶citizen service：一般に、行政が市民に対して行政サービスに対する満足度を電話などで調査すること。

の受給」（救急サービス９１１）をするのに、電話を使用する可能性が非常に高いことである。再び市民の立場に立ってみよう。電話は顧客との接点として重宝するが、仕事がうまくいったり、だめになったりするように、公共機関のイメージアップにつながることもあれば、反感を買う場合もある。電話は便利な手段であるが、顧客に好印象を与えることができるという確信がなければ、電話を使うという意思決定は避けたほうがよい。

手軽に利用できることから、禁煙電話相談は広く普及した。人種、性別、年齢を問わず、誰でも電話で相談に乗ってもらえる。顔を合わせたくないので、電話で相談したいという喫煙者の強い要望にも適っている。さらに最も重要なことは、実際に禁煙に役立っていることである。無料電話であること、応対するのが「生身の」カウンセラーであること、早朝から深夜まで年中無休で利用できることなど、便利な点が多い。

ファックス……この機械の、他には見られない独自な機能を見直してみる必要がある。ウィスコンシン州では、革新的で効率的で実証的な禁煙プログラムが新たな手段として加わった。これが「禁煙のためのファックス・プログラム」である。

タバコをやめたいという喫煙患者が医療施設で見つかったとき、この患者は禁煙電話相談所に名前と電話番号、署名した同意書をファックスで送信するよう勧められる。州がスポンサーになっている電話相談所はカウンセリングを始める前に、患者に最初の電話をかける。英語が不自由か、まったく話せない人は登録用紙に記入すれば通訳を頼むことができる。要するに、「最初

に電話をかける」という喫煙者のハードルをなくし、電話相談所のカウンセラーから電話するのである。(3)

郵便……電話と同じように、多くの市民が非常に便利な手段だと考えており、公共機関にとってもコスト効率が良い。一九九八年、オレゴン州の住民がすべての選挙で郵便投票を行う条例を可決したのがその証拠である。

投票用紙が登録有権者へ郵送され、その後、郡選挙管理委員会へ返送される。便利さが受けて、統計的にも効果があることがわかった。二〇〇四年の総選挙のとき、全国の有権者の平均投票率が六四％であったのに対して、オレゴン州の投票率は七四％だった(4)。行政側のコスト削減効果も検討に値する。連邦選挙委員会の「選挙管理のイノベーション（その11）……全面的郵便投票」という小冊子には、次のような記載がある。

「投票所係員が不要。係員の募集活動も不要。通知の発送が不要。説明会の開催が不要。選挙当日の器具、備品の配置、回収が不要。出勤を予定している係員が突然欠勤する心配なし。係員への賃金小切手の作成と郵送が不要。その源泉徴収書の発送が不要。交代要員を選挙日当日の明け方から待機させておく必要なし。賃貸も含め、投票場所、電話、水道、電気の確保が不要。足場のよい場所の調査と準備が不要。投票機械や器具の準備、設置が不要で、破損の心配がないので緊急修理が不要。どこで投票したらよいか混乱している市民への対策が不要」(5)

移動施設……移動施設は、一般に市民の家庭、職場、学校、ショッピング街の近くに来てくれるので、市民にとって非常に便利な流通チャネルである。地味ではあるが、これは公共機関の財政政策としても効果がある。

ニュージーランドの中央地区保健局は、サービスの利用度を高めるだけでなく、恒久施設数の削減とコスト節減の方策として、移動歯科診療所を活用することを考えた。十五カ所の学校の歯科診療室が閉鎖されたとき、子供たちは予約をとり、保護者に診療所まで送ってもらうという不便を強いられた。二〇〇四年、二台の診療車の購入が決まり、十五カ所の学校での治療サービスを再開することができた。診療車には、学校を訪問するとき、あるいは住宅地を通り過ぎるときに人目につくように「歯の健康を守ろう」というメッセージが塗装されている。この二台の新しい診療車で、年間四〇〇〇人の子供が治療を受けるものと予想されている。(6)

ドライブスルー……ハンバーガーを注文したり、銀行預金をしたり、処方箋薬を受け取ったり、葬儀場[1]でお参りをしたり、結婚したり――このすべてを車のシートに座ったままで済ますことができるのがドライブスルーだが、これは公共部門ではかなり新しい方法である。

この動きに追随している図書館がある。たとえば、メリーランド州ハーフォード郡にあるベルエア地域図書館にはファストフード・レストランとよく似た、ドライブスルーのレーンがある。図書館が開くのは午前十時だが、このドライブスルーでは午前八時から、本を返したり、延滞料を払ったり、事前予約した本を受け取ったりすることができる。一九九八年にこのサービスを

1 ▶ 米国には自動車に乗ったままで、記帳からテレビモニターに映される遺体との対面までができる葬儀場があり、人気を呼んでいる。

始めたとき、最初の一カ月の利用者は六七〇人だったが、二年後には四三〇〇人にのぼり、窓口は午後八時まで延長された。(7)

インターネット……政府の事業とサービスに関する情報をインターネットで見ることは、今時珍しいことではない。これは、マーケティング用語ではコミュニケーション・チャネルとしてのウェブサイトという。しかし、本章では「流通手段」としての、つまり市民が実際にサービスを受け、製品を注文し、対話などを行う方法としてのウェブサイトについて述べる。

これを「e-ガバナンス」と呼ぶ人もおり、公共部門の生産性と成果にプラスの影響を与えつつある。その例は次のように、続々と芽を出している。「一列に《インライン》並ぶ」代わりに「オンライン」でのペットの新規登録や更新。禁煙の助けを得るための、行政がスポンサーのチャットルームへの参加。税務申告書の提出。キャンプ地の予約。医療保険カードの書き換え。重要な記録、出版物、資料の注文。カープール（車の相乗り制度）のパートナーの有無のチェックなどである。

二〇〇五年八月、ノースカロライナ・トライアングル・トランジット・オーソリティは、乗客がバスやシャトル便のチケットを二十四時間、三六五日いつでも買えるオンライン「店舗」の開設を発表した(8)。このオンライン販売システムでは、主要なクレジットカードがすべて使える。発券・取扱い手数料は、一取引あたり一ドルである。

映像配信……この流通チャネルは、コストを削減し、市民の満足度を高める可能性があるばかりか、活動の範囲を広げることができる（市民への情報提供のために、州内のいろいろな場所で開かれているタウンミーティングをビデオでつなぐ）。

カリフォルニア州オレンジ郡の矯正局は、刑務所に面会用のビデオ会議システムを設置した。ここは三八〇〇人の囚人を収容する、全米で十五番目の規模の刑務所である（二〇〇三年現在）。刑務所幹部によると、ビデオによる面会センターを設けた理由は単純である。刑務所内に禁制品が持ち込まれる機会を少なくしたかったのだ。ビデオでは人間的な触れ合いは期待できないが、禁制品の持ち込みという現実的な問題を防止するため、一九九九年に直接面会制度を廃止した。

その結果、面会センターの雰囲気は利用者にとってはるかに快適なものとなり、とても便利になったので、面会者が増えた。面会センターは独立の建物で、拘置房からも近く、訪問者にとっては刑務所内のどの場所よりも居心地の良いところになった。二〇〇三年のセンターへの平均訪問者数は平日で六〇〇人、週末には一〇〇〇人になった(9)。

宅配・家庭訪問……サービスを市民の家の戸口まで届けることは、たいていの公共機関には難しい話だろう。しかし、それをすることで事情がまったく変わってくるケースがいくつかある。たとえば、保健所の保健師や児童養護施設などのケースワーカーは、しばしば実際の家庭環境を見る必要がある。公益事業の中には、家庭のエネルギー使用状況の検査や造園相談など、現場でしかできないサービスもある。

郵政公社は、何十年にもわたって差出し郵便を顧客の自宅で受け取るサービスを行っているが、この「ピックアップ・オン・デマンド」サービスは比較的新しいものである。これは、特に市内配達専門郵便局が、管轄する地域の企業やホームオフィスをターゲットにしたもので、オンラインで申し込み、十二ドル五十セントの手数料を支払えば、その数に制限なく、ほとんどの場合申し込みから二時間以内に差出し郵便を受け取りにきてくれるサービスである。また、六日前までに予約すれば、指定した日に集配人がやってきてくれる。

顧客が買い物したり、食事したり、よく出入りする場所……プログラムやサービスを顧客のところまで届けるという精神を活かすためには（顧客に自分のところへ来てくれと言う代わりに）、コンビニ店でインフルエンザの予防注射をするとか、街角で注射針交換プログラム[1]を行うとか、ガソリンスタンドでゴミ袋を配るとか、ターゲット・オーディエンスがよく訪れる場所を考えるという方法がある。この場合、こうしたチャネルはコミュニケーション手段の選択肢ではなくて、それ以上のもの、つまりプログラム、製品、サービスの流通チャネルと考えるのである。

二〇〇四年一月二日付のシカゴ・トリビューン紙の見出しは次のとおりである。「短時間ですむＨＩＶ／エイズ検査をリスクの大きい人が集まる場所で実施……シアトル保健局の職員はゲイクラブに出かけて、採血し、二十分で検査結果を出すという積極的な方法でＨＩＶ／エイズとの戦いに挑む」。この記事では、シアトル市とキング郡の保健局が、公衆浴場やゲイクラブで、すぐに結果の出るＨＩＶ／エイズ検査を始めたことを伝えている。

1▶ドラッグ使用者を対象に、古い注射針を無料で新しい注射針に交換するプログラム。

当時この方法は、米国で最も積極的な検査の一つと考えられた。健康相談員が公衆浴場に行って、通常の検査を勧めるというのはそれほど珍しい話ではなかった。しかし、この場合、検査を勧められた人は診療所の予約をとり、結果が出るのを少なくとも一週間待たなければならないのが普通だったため、こうした対応を取る人は少なかった。

この新しい取り組みを始めるにあたり、ナイトクラブで遊んでいる客が突然HIV陽性だと告げられて、きちんと対応できるのかという疑問の声が出た。だが、保健局の職員は答えを用意していた。被験者に結果を伝えるために相談員が待機しているし、酔っ払ったり、興奮していたり、情緒的に不安定な人の検査は断っている、というものだ。

当初、性風俗店の経営者はこの検査で顧客が逃げてしまわないかと心配した。しかし、一年半後の二〇〇五年八月、あるクラブがウェブサイトで「毎週金曜日の午後十時から午前二時までは、短時間で結果が出る検査が受けられる」という広告を大々的に掲載した。これが、その後の事情をよく物語っているだろう。(10)

キオスク端末・自動販売機……八〇年代に銀行は、店頭のATMがそれまでの店構えと対面サービスに取って代わると同時に、顧客の満足度も知覚価値も高くなったことに気づいた。結局、銀行は、顧客に場所の便宜、時間の延長（二十四時間、三六五日）、処理時間の短縮を提供したのだ。

顧客だけでなく、公共機関も自分たちの組織にとって同じようなベネフィットが期待できることを発見した。ワシントン特別区の地下鉄の乗客は、自動販売機で乗車（磁気）カードを買うことができる。

市民の利用時間に関する意思決定

流通チャネルを計画する際には、「窓口が開いている（あるいは、開いていない）」時間と曜日が市民の参加度と満足度だけでなく、公共機関のコストにもどう影響するかを検討しなければならない。

ユタ州は、新しく建物を建てたり、コールセンターを設置することなく、一日二十四時間、週七日のサービスを行う方法を発見した。同州ではこれを「24／7ライブヘルプ」と名づけ、パソコンのライブヘルプ・ボタンをクリックするだけで、顧客サービス担当者と「直接チャット」できると宣伝している。

「チャットルーム」の顧客サービス担当者は、ユタ州で企業を設立する方法から就職、あるいは天候や道路建設プロジェクトの現状にいたるまで、市民のさまざまな質問に答えている。担当者が他の顧客の相手をしていてチャットに応じられないときには、担当者にEメールを送るダイアログ・ボックスが用意されている。(11)

週末無休の対応は、ある種の公共機関にとっては真剣に検討すべき課題であろう。二〇〇五年九月、ワシントン州は、日曜日の正午から午後五時まで営業する公営酒類販売店の採算性を判断する二年間の実証実験を実施した。

この実験のために二十カ所の公営酒類販売店が選ばれた。この目的は、現在の販売レベル、人口密度、ショッピングセンターとの距離、日曜日に営業している他の販売店との距離に基づいて、日曜日に最大でどの程度の売上が見込まれるかを評価することにあった。この実験プログラムで得られる売上は九五五万ドル（一一億四六〇〇万円）、純益は三七〇万ドル（四億四四〇〇万円）と予想され、純益の二五％は保健と疾病予防施策のために使われる予定となっている。

新たに販売店を増やすかどうかを判断するために、担当者は予想される売上と経費を比較しなければならない。また、日曜日の販売によって、この二十軒の実験店の近くの酒店がマイナスの影響を受けるかどうかも測定しなければならないだろう。(12)

▼待ち時間に関する意思決定

利便性をコントロールするもう一つの変数は、顧客がさまざまな形で経験する「待ち時間」である。

これは、顧客がある施設に到着して実際にサービスを受けるまでの時間（税関で列を作って待っている時間）、また、サービスを申し込んでから、実際にサービスを受けるまでの間に経過した時間（追徴課税に関する情報を頼んで、その答えが返ってくるまでの時間）、電話での問い合わせに対して、望む回答が出てくるまでに待たされる時間などである。

次に紹介するのは、香港移民局が、同局のサービスを求めてくる顧客の待ち時間を短縮するためにとった改善策である。この改善策は、移民局のコスト軽減とサービス利用率の増加といった付随的な目的もあったと思われる。(13)

- 二〇〇三年、落馬洲《ロクマーチュウ》越境地点での待ち時間を短縮するために、入国審査カウンターの数を二十八から五十に増やし、また入国者が列を作る場所を拡大した。
- 交通と物流の中心地としての香港の地位をさらに発展させるために、また海運業界における競争力を維持するために、香港に入港または出港する船舶のさまざまな手続きを一ヵ所で処理する「ワンストップ」オフィスを設置した。この活動の一環として、二〇〇〇年に電子メールと電子デジタル署名を使った外航船の到着前入港審査の申請を受け付けることにした。さらに、到着前入港審査をすませた船舶は、停泊して入国審査を待つことなく、直接埠頭またはターミナルに進むことができるようになった。
- 移民局の主な事務所に、入国を待つ人にいつ審査が行われるかを知らせる待機情報システムが備えられた。待っている人にはコンピュータによる受付け札が発行され、そこには審査の予定時間が印刷されている。待機状況の最新情報は、待合ホールのディスプレーに表示される。

最後に、現実の待ち時間だけでなく、「感覚の上での待ち時間」を管理する方法も考えていただきたい。ディズニーランドへ行けば、「感覚の上での待ち時間」を操る達人芸が随所で見られることに気づくだろう。直線でなくジグザグに並ばせることで列が短く見える。待っている間に娯楽を提供して気を逸らせ、立っている時間を短く感じさせる。

同じような意味で、顧客に予想待ち時間を教えておくのも良いだろう。待ち時間は想像するほど長くは感じないものだ。どれだけ待たされるかがわからなければ、あきらめて帰ってしまうかもしれないが、わかっていれば待ってもらえる可能性が大きい。その際に重要なのは、正確さを期すことである。顧客の満足度は、期待度との相関性が大きいので、期待を持たせたのであれば、それに応えなければならない。

▼環境に関する意思決定

流通チャネルの「見た目」と「感じ」に関する意思決定もマーケティングの課題である。マーケティングは、人の行動にいかに影響を及ぼすかということで成り立っている。清潔、快適、美観などの要因（あるいは、その欠如）が、顧客の意思決定に影響を及ぼすことがある。次のような条件があれば、特に環境に注意を向けざるをえない。

バス、地下鉄、フェリー乗り場、空港、街路、公園、学校、図書館、地域センター、博物館などのように、顧客がその場にかなり長く留まる場所は、短時間に出入りするだけの場所よりも環境が重要になってくる。反対に、公益事業の顧客のサービス窓口、郵便局、免許証発給所、警察署などでは、環境はそれほど重要ではないだろう。

しかし、通勤する人が自分の（清潔な）車で職場へ行ったり、読書好きな人がバーンズ・アンド・ノーブル[1]へ行って、コーヒーを片手にクッションの柔らかい椅子に座り込んだり、運動を始める人が地域センターのエアロビクス教室ではなく、おしゃれなアスレチック・クラブに入会したりというように、強力な競合が存在する場合は、環境についてもっと真剣に考えなければならない。

1▶ 米国の書店。売り物の本を店内のソファーに座って読むことができるし、コーヒーも飲める。読んだ本は置きっぱなしにしてもよいというユニークな営業をしている。

チャネル決定の基準

さて、今や流通チャネルの多くの選択肢と構成要素があなたの前にあって、意思決定を待っている。それらが、公共機関に対する経済的価値と顧客に対する利便性の価値にどのように影響するかを慎重に判断しなければならない。これは両天秤のバランスを取るような作業であるが、とにかく利便性のレベルを最適なものにすることが肝心だ。行き過ぎれば費用対効果を減少させてしまうし、足りなければ機会損失となる。

公共機関に対する経済的価値の評価

新しい事業のために、あるいは現行の事業を改善するために流通チャネルを選ぶにあたり、ビジネスの世界での基本的な質問に答えてみよう。それは、これまで検討されたアイデアを整理し、チャネル候補を絞り込む上で役立つはずだ。

まず、そのアイデアで、公共機関のサービスの「提供コストの削減」ができるだろうか？　職員の減員、施設で使用する物品の削減、その他の運営費を切り詰めることによってコストが削減できるか。郵便局内に雑貨の売店を設置したり、運転免許証の更新をオンライン化したりするのはその一例だろう。

次に、そのアイデアで、公共機関または関連機関の「その他のコストの削減」ができるだろうか。たとえば、あなたが自治体の禁煙プログラムの担当者で、議会から、禁煙電話相談のサービス時間を午後八時から深夜まで延長する是非について検討を依頼されたとしよう。また、他の自治体では一年前に深夜まで延長していたと仮定しよう。

おそらく、あなたは**表1**に掲げたような情報をそこから収集したいと思うだろう。通話数はどれだけ増えたか。それは何％増にあたるか。この時間帯にかけてくる人の年齢は何歳くらいか、またその他の人口動態的特徴はどうか。

その情報に基づいて、新たにどれくらいの市民が電話をかけてくるかを予想（だいたいでよい）する。そしてこれまでの経験から、このうちどれくらいが完全禁煙に成功しそうかを予想する。

数字が予想できれば、次は、禁煙に踏み切った人一人あたりのコスト節減効果を計算する。あなたの自治体では、喫煙者の生涯を通じて支出する州の医療関連予算は年平均どれくらいか。次に節減総額を計算し、その額から人件費、電話、宣伝、その他の費用など、一日四時間の延長にかかる費用の年間合計額を差し引く。**表1**に示したのは仮想のシナリオに基づく数字である。現実には、各種のシナリオや変数、想定に基づいて節減額を予想する、もっと精緻な財政モデルを使用することになるだろう。

表1　禁煙電話相談の時間延長によって見込まれる経費節減の仮説

現在の禁煙電話相談への年間通話数	2万回
午後8時から午前零時までの延長による通話の予想増加率（%）	10%
新規通話者数	2000人
上記のうち「永久に」禁煙すると予想される通話者の比率（%）	20%
禁煙すると予想される市民の数	400人
禁煙者1人あたりの関連コスト（自治体予算）の平均年間節減額	3000ドル（36万円）
節減コストの年間総額（400人×3000ドル）	120万ドル（1億4400万円）
時間延長に関わる年間コスト	20万ドル（2400万円）
正味コスト節減額	100万ドル（1億2000万円）
投資収益率（ROI　20万ドルに対して100万ドル）	500%

では話をもとに戻して、次の質問に行こう。

そのアイデアは、製品の販売や参加者の増加を通して、公共機関の「収入を増やす」ことにつながるか。そして、その収入増によって、流通チャネルの新設や改善に要したコストを全部、あるいは一部をまかなうことができるか。

たとえば、パーク・アンド・ライドの駐車場やバスの停留所をもっと便利な場所に移したり、バスの運行スケジュールを改善したりすることで、乗客を増やし、駐車場の空きスペースを埋めることができるか。地域センターの雰囲気を変え、駐車スペースを増やすことで、研修の場を探している企業などに会場を貸し出すビジネスが増えるか。地下鉄の壁の落書きを消せば、安全で便利だと感じる人が増え、タクシーに乗る必要性が薄れるかもしれない。

▼市民への利便性という価値の評価

今度は視点を変えて、アイデアに対する市民の反応を予想してみよう。前述したように、ビジネスの上では価値の評価をすることも多いが、その際、「潜在的」という言葉の使い方には注意が必要だ。

市民の反応が積極的であれば、「潜在的」な経済的利益（コストの減少、収入の増加）にも影響する。したがって、市民の反応を評価しなければならない。

流通チャネルの改善や利便性を高めることによって、実際に「製品販売数の増加や参加者の増加」が実現できるのか。コストを十分にまかなえるのか。どうすればそれがわかるのか。

これを測定するテクニックがいくつかある。詳細は第11章で述べるので、ここでは簡単に触れておこう。

まず、他の公共機関（地球上のどこの公共機関であっても）が同じようなアイデアを採用したときの事例・経験を見つけることである。そもそも、公共機関で仕事をすることのメリットのひとつが、同じような機関にこの手の質問をできることだ。民間部門ではそうはいかない。たとえば、銀行のマーケティング部長が競合他社の部長に電話をして、新しいオンライン・バンキングの利用状況を尋ねるわけにはいかない。

もし事例が見つかって、それが今まで試されたことがない新しいアイデアであれば、導入試験をして、その結果からコスト・ベネフィットを分析すればよい。前述の図書館の例では、ドライブスルー制度を一ヵ所でテストし、その結果を見て州内の他の図書館にも広げた。市民の反応を予想するもう一つの戦略は、意識調査を行い、そのアイデアを市民にぶつけて、その関心の度合いと購入・参加の可能性を測定することである。

次の質問に移ろう。そのアイデアは「市民の法令順守意識を高める」ものだろうか。

トラックの積載貨物計量所に、走行しながら投げ入れられるゴミ箱を設置したらどうだろうか。ゴミの回収や環境整備費用の節減を通じて、設置コストをまかなうことができるか。オンラインで申請書の作成・送付ができれば、また検査官が平日の執務時間だけでなく週末も「現場訪問」すれば、建築許可の交付件数が増えるだろうか。

次は、そのアイデアで「市民の満足度を高める」ことができるだろうか。Eメールで教師に質問したり、宿題をオンライン上で見ることができるような便利なシステムを立ち上げれば、保護者は次の学期からの授業料値上げに賛成票を投じてくれるだろうか。

流通チャネルの選択肢に優先順位をつける

この章の表題にあるとおり、目標は流通チャネルの最適化である。**図3**は、このときに働くバランス作用を図示したもので、あなたの選択肢を四つのマスの中から選ぶのに役立つだろう。

上段右（優先度「高」のアイデア）は市民の利便性の価値を高めるだけでなく、公共機関の経済的利益を最大限に増やす可能性のある、最も魅力的なアイデアである。反対に、下段左のアイデアは、経済的利益と利便性の価値が最低（優先度「低」のアイデア）と予想されるために、検討の対象外とすべきである。残るのは、将来検討することになるかもしれないアイデア（優先度「中」のアイデア）である。これは、経済性の面でも、

図3 チャネル選択の優先順位とアイデアの改善

公共機関に対する経済的価値 ＼ 市民に対する利便性の価値	低	高
高	優先度「中」 ● コストの削減か、正味収入の増加、またはその両方 ● 期待する市民の行動や満足度を低下させるか、影響を与えない 例：バス定期券代金の口座自動引き落とし	優先度「高」 ● コストの削減か、正味収入の増加、またはその両方 ● 期待する市民の行動や満足度を高める 例：オンラインによるバス定期券販売
低	優先度「低」 ● コストの増加か、正味収入の現状維持、またはその両方。コストが無駄になる ● 期待する市民の行動や満足度を低下させるか、影響を与えない 例：バス定期券売場の改装	優先度「中」 ● コストの増加か、正味収入の現状維持、またはその両方 ● 期待する市民の行動や満足度を高める 例：スタッフ配置による24時間／365日のバス定期券販売

市民の行動や満足度においても可能性が秘められているので魅力が感じられる。しかし問題は、現状ではどちらも最優先とは考えられないことである。したがって、棚上げにしておくべきだろう。

まとめ

流通チャネルは、市民に製品を届けるために選んだ、あるいは選ぶことができる手段である。これはメッセージや情報の伝達に関するものではなく、製品そのものを届ける手段である。

このチャネルを管理するときに、市民がいつ、どこで、どのようにして製品を入手するか、その経験が快適なものか、そうではないかについて、いくつもの意思決定を迫られる。

流通チャネルの選択肢には、物理的な場所、電話、ファックス、郵便、移動施設、ドライブスルー、インターネット、映像配給、宅配・家庭訪問、市民が買い物したり、食事したり、よく出入りする場所、キオスク端末、自動販売機などがある。さらに、業務取扱いの時間と曜日の影響、市民の待ち時間、環境などについても意思決定をしなければならない。市民がその場で長い時間を過ごさなければならないとき、他にも行く場所の選択肢を持っているときには、この決定は特に重要である。

こうした意思決定には、製品、価格、流通チャネル、プロモーションという四つのマーケティング・ツールが必要である。これによって、マーケティング担当者は、市民の反応レベルを公共機関の期待値にまで高めるために何が必要か（あるいは必要でないか）という洞察ができるのである。公共機関が目標として設定した予想参加率、購買レベル、法令の順守度、満足度を達成するために状況を監視し、管理するのに役立つのはマーケティングの視点である。

この市場分析を、流通チャネルの新設または改善のアイデアが持つ経済的意味合いと結びつければ、市民にとっての価値だけでなく、公共機関に対する経済的利益を増加させるという点も含めた、最も有望なアイデアを優先して選択し、実践活動に活かすことができる。

chapter 6

ブランドを創造する

エネルギーの効率的利用が叫ばれる時代が、ついに来たのだ。今や、エネルギー価格は史上最高値となり、安価な時代は終わろうとしている。消費者も企業も、さまざまな便益を求めて、エネルギー効率化のための投資を増やしつつある。エネルギーを節約することは、金銭を節約し、環境に優しく、家族により良い将来をもたらし、社会的責任を果たすことにもなる。エナジースター®[1]はブランドとして成功した。効率的なテクノロジーの実践と普及を促進するブランドとして広く浸透したからである。それは、私たちの地道な活動の価値を認めてくれた消費者と産業界のおかげである。とはいえ、人々や時代が求めているものは、一夜にして成り立つものではない。それは産業界のパートナーとの、忍耐強く、ひたむきな取り組みと、周到に練られたプログラム、さらに休みなく進化していったブランド・コミュニケーション戦略の賜物である。

――ジル・エーベルソン（エナジースター®、コミュニケーション・マネジャー）

1▶ エナジースター（ENERGYSTAR）：日本での組織は「国際エネルギースタープログラム」。
http://www.eccj.or.jp/

次の質問はテストではない。頭の体操である。まず、次の単語を見て、まっ先に思い浮かぶ言葉、イメージ、感情を書き出していただきたい。

- 内国歳入庁
- 国立公文書館
- 労働産業局
- 米国大統領選挙
- スモーキーベア[1]
- シンガポール
- カナダ
- ラスベガス
- パリ
- ハーレム[2]
- あなたの街の警察署
- あなたの街の図書館
- あなたの学区の教育長[3]

ここで第二の質問をする。あなたの頭に浮かんだものは、好意的なものだったか、漠然としたものか、否定的なものか。そして、それは誰の責任なのか。「責任」という言葉を「対処する権限」と解釈すれば、質問にあげた組織、機関、キャンペーンシンボル、都市、国、職員のうち、誰が「強いブランド力を維持・管理しているのか」「弱いブランドをテコ入れしようとしているのか」「望ましくないブランドを変えようとしているのか」を特定することができる。

この章では、公共機関がプログラムの望ましいブランド・イメージを作り出し、維持するためには何をすべきかについて考えていく。これを読めば、「責任」を遂行するためにマーケティングがいかに重要な役割を果たすかが理解できるだろう。

1▶ Smokey Bear：1944年に生まれたクマのキャラクター。森林火災防止キャンペーンのシンボルで、米国では知らない者はいないほど有名である。

2▶Harlem：ニューヨーク市のマンハッタン島にあるアフリカ系米国人やドミニカ人、ヒスパニックが多く住む地区。

3▶ 日本と同様に教育委員会より任命されるが、教師やスタッフの採用・解雇・評価など、日本より一般的に裁量範囲が広い。

注目事例

エナジースター®――「地球を守る」ブランド

一九九二年、環境保護庁は、自らの手でエナジースターというプログラムを創設した。そして、九九年以降、エネルギー省と提携して、エネルギー効率のよい製品を全国に普及させようと努めてきた。エナジースターのラベルが貼られた最初の製品はコンピュータとモニタで、ノート型パソコンに使われていた節電テクノロジーを搭載していた。今では、家庭や職場で使われる四十以上の製品カテゴリーで採用されている。また、新築・中古住宅、商業用・産業用建築物を対象とする補完的なプログラムもある。この事例は、住宅市場におけるエナジースターの活動に焦点を当てたものである。強力なブランド戦略が、政府と産業界の最も成功した協力関係を築くのに、重要な役割を果たした。

課題

エナジースターのラベルを貼った製品を、消費者が買い求めるような気運がまだ生まれていなかった頃、環境保護庁はメーカーに対して省エネ製品を製造し、そのラベルを使うように働きかけを強める必要性を痛感していた。自社規格を備えている製造業者は、その基準を満たした製品にエナジースターのロゴを使用するよう促された。コンピュータへのラベル貼付が定着すると、この成功に力を得た環境保護庁は他の分野のメーカーと協力し、コンピュータ以外のオフィス用機器、冷暖房器具、家電製品、新築住宅、電子製品など、多岐にわたる製品にこのプログラムを適用していった。

エナジースターの次の課題は、どのように消費者に省エネ製品に関心を持たせ、これを買わせるかであった。調査によると、消費者は製品のエネルギー消費についてほとんど知識を持っていなかった。また、家庭で消費したエネルギーが大気汚染や温室効果ガス排出の原因になっていることにほとんど気づいていなかった。この調査結果をブランド教育とメッセージの根底に置いて、環境保護庁は消費者を相手にしたブランド・コミュニケーションに乗り出した。

戦略

一九九六年、主なターゲット・オーディエンスとして、環境に関心があり、光熱費を節約したい消費者に的を絞ることから企画が始まった。大学卒で平均以上の所得がある二十五～五十四歳の人で、光熱費がかさむ地域（季節によって非常に暑いか、寒い地域）に住む人にターゲットを絞った。

ほとんどの人は家庭でのエネルギー消費と大気汚染の関係を理解していないという仮説に基づいて、キーとなるメッセージが準備された。また、ターゲット・オーディエンスは環境保護に貢献したいと思っているという前提に立ち、次のブランドのスローガンが生み出された。

「エナジースター・ラベルの製品を買えば、節約しつつ環境保護にも貢献できます」

ブランド・パーソナリティ[1]には、「聡明で、信頼でき、簡単で、重要でありながら、親しみやすい」という特徴が定められた。ブランドの信頼性の構築も、この活動の重要な側面である。

1▶ ブランドから連想される個性。

2▶ マスコミの記者をニュース現場に招待する取材旅行。

消費者にエナジースター・ラベルを信頼してもらうためには、それが信頼できる理由、つまり環境保護庁のお墨付きがあることを知ってもらう必要があった。

ブランドの立ち上げは、各製品市場へのメディアツアー[2]を中心に展開された。ツアーでは、広報担当者が「ご存知ですか」と題したタブロイド判の広報紙（「あなたの家庭は、あなたの車よりも空気を汚染していることをご存知ですか」という内容）を配り、地元の消費者がエナジースター・ラベルの製品による家計の節約について説明をした。環境保護庁は「公共広告[3]（PSA）」制度に基づいてテレビ番組やパンフレットを作成し、メッセージが最大の効果を発揮するよう努めた。さらに、地方の公共サービス事業者、小売店、製造業者などが、消費者教育や返金制度、店頭でのプロモーションなどを通じてプログラムの普及に一役買った。その他の民間企業も、ビデオレンタル業のブロックバスター社が店先でビデオを放映したり、マクドナルドがコップと紙袋に印刷したり、Yahoo!がオンライン・メッセージで流したりするなどの方法でブランド・メッセージを売り込んだ。こうして、一年半のうちに、エナジースター・ラベルの全国での認知度はゼロから二七％に跳ね上がった。

その後も数年にわたって、環境保護庁は、新しいPSAキャンペーンや対メディア活動、教育資料、全米の小売店を対象としたプロモーション活動、消費者向けウェブサイト[4]、通話料無料のホットラインを通じて、総合的なブランド・コミュニケーションを続けた（**図1**、次頁）。「照明を替えて、世界を変えよう」キャンペーンのような全米向けの製品プロモーションは、エナジースター・ブランドの確立に貢献した。「照明を替えよう」キャンペーンでは、環境保護庁

3▶PSA：Public Service Announcement：公共機関がその使命、プログラム、サービスについて情報提供を行う広報活動。米国連邦コミュニケーション委員会は、かつてテレビ局やラジオ局に一定の放送時間枠をPSAに提供するよう求めたことがあった。

4▶www.energystar.gov

とエネルギー庁、提携先の公益事業会社、全米に販売網を持つ小売業者が一体となって、省エネルギー型の照明についての啓蒙活動を行った。このプロモーション活動は、ソーシャル・マーケティングのモデルを使って、消費者に自分のできる範囲で省エネを実践してもらうよう説得するかたわら、比較的リスクの少ない方法でエナジースター・ブランドを使ってみるよう提案したのである（**図2**）。

　今後のブランド戦略は、引き続きブランドの認識を高めていくと同時に、ブランドが環境に及ぼすベネフィット、およびエナジースター製品とサービスの範囲に対する理解度を高めることに

図1　エナジースターのPSAポスター

図2　環境保護庁とエネルギー省の提携によるキャンペーン

よってさらに進化するだろう。また、エナジースターに賛同する消費者が、このブランドを友人や家族に勧めるような伝道者になってもらえるように注力していくだろう。

成果

エナジースターの今日までの成果は次のとおりである。

- 国民の六四％以上がエナジースター・ラベルを知っている。認知度は公益事業活動への積極的な参加者が多い地域ほど高い。
- 全世帯の三〇％が、過去に意識してエナジースター適格製品を購入している。
- 消費者によるエナジースター適格製品の購入額は一五億ドル（一八〇〇億円）を超える。
- エナジースターの対象製品は四十カテゴリー、三万二〇〇〇モデルにのぼり、提携する製造業者は一四〇〇社を超える。
- 提携小売業者は三〇〇社を超え、その店舗総数は二万一〇〇〇店以上である。
- 地方の建設業者がエナジースター基準に基づいて建設した新築住宅は、全体の二〇％以上を占めている。
- エナジースター基準に基づく商業ビルは二〇〇〇棟を超す。
- 二〇〇四年だけで、エナジースターのおかげで二四〇〇万戸の家庭の使用電力に見あうエネルギーを節約し、自動車二〇〇〇万台分に相当する温室効果ガスの排出を防止した。この節減効果は一〇〇億ドル（一兆二〇〇〇億円）にのぼる。

公共部門におけるブランディング

民間部門では、**ブランド**とブランディングという言葉は耳新しいものではなく、むしろ古めかしい感じすら与える。この言葉がポジショニング[1]に関する論文、特にアル・ライズとジャック・トラウトの論文をきっかけに一挙に広まったのは一九七〇年代であった。この二人は、ポジショニングは製品から始めるが、製品に対して行うものではないという大胆な主張によって、広告の世界に火を点けた。「ポジショニングは見込み客の心に対して行うものである。すなわち、製品を見込み客の心の中に置くのだ」(1)。これには「希望する場所に」という言葉をつけ加えておくのがよいだろう。

公共機関も、見込み客の心の中にある希望の場所を確保するためにブランディング戦略を利用すべきである（最初の3Pに関する意思決定と遂行方法も、ポジショニングと同様に貢献する）。このプロセスは、望ましいブランド・アイデンティティ（どのように見られたいか）に関する意思決定を行い、次にブランド・イメージ（実際にどのように見られているか）が狙いどおりになるよう管理することに移行する。

公共部門でも、同僚から「我々にも、もっと良いブランド・イメージが必要だ」というような発言を聞いたことがあるだろう。満面の笑みを浮かべて、よくぞこの話題を持ち出してくれたと喜び、活発な議論に意欲を燃やす人もいるだろう。あるいは、疑わしそうに眉をひそめ、

1▶ ポジショニング：自社のブランドや製品・サービスを、市場での他社との競争の中で、相対的にどこに位置づけするか、もしくは顧客に位置づけてもらうかの戦略。「安いが品質は良い」「デザインは良いが信頼性がいまひとつ」など、ポジショニングを構成する軸は多数あるが、ターゲットとする顧客に訴求できる必要がある。

「まるで大企業のようなことを言ってる。またブランド病が再発したようだ」(2)と思う人もいるだろう。なかには、ぽかんとした顔をして「ブランディングというのは牛にするものじゃないの」と言う勇敢な人もいるだろう。◀2

将来、この種の会話について行けるように、この章ではまずブランディング用語の定義を行い、次にブランド・アイデンティティに関する意思決定で頻繁に使われる要素について説明する。

ブランディングの定義

ブランディングに関する用語は、広告やマーケティング専門家だけでなく、研究者の間でもごく普通に使われている。**図3**（次頁）は、最もよく使われる用語に簡潔な説明を付して一覧表にしたもので、簡単な手引きとして使ってほしい。

ブランド・エレメント

ブランド・エレメントは、そのブランドを特定し、差別化するのに役立つ道具である。そのほとんどは登録商標化できるもので、名称、キャッチフレーズ、ロゴマーク（図形的な要素）、キャラクター、音楽、記号、包装などである。一貫して使われれば、色でさえもエレメントとなる。次の例のように、このエレメントが本当に優れたものであれば、その知覚価値はさらに高まり、他人の使用を規制し、事業の成功に不可欠なものになるだろう。

2▶「ブランディング」の原義は、「牛に所有者を示す焼き印を入れる」という意味で、「ブランドを設定する」という意味が派生した。

図3 ブランディングの手引き

ブランディングの手引き

ブランドとは、製品の製造業者あるいは販売業者を特定するための名称、用語、記号、シンボル、図案（あるいは、それらの組み合わせ）で、その製品の範囲は、有形の財、サービス、組織、場所、人またはアイデアである。[3]

ブランド・アイデンティティとは、あなた（製造業者）が、そのブランドについて消費者にどのように考え、感じ、行動してもらいたいかである。

ブランド・イメージとは、消費者が実際にどう考え、感じ、ブランドに対し敬意を払った行動をするかである。

ブランド・エッセンスとは、そのブランドによってターゲット・オーディエンスに思い出してもらいたい中心となるアイデアである。

ブランディングとは、意図したブランド・アイデンティティを開発するプロセスである。

ブランド認知とは、どれだけの消費者がそのブランドを見分けることが可能かという度合いである。

ブランド・プロミスとは、そのブランドが消費者に対してどのようなベネフィットを提供するか、マーケティング担当者として思い描くことである。[4]

ブランド・ロイヤルティとは、消費者が好んで、ある製品群の中から常に同じブランドを選択し買う度合いのことを言う。

ブランド・エクイティとは、ブランド・ロイヤルティや知名度、五感で感じる品質の高さ、ブランド連想の強さのほか、特許、登録商標、販売チャネルなどの資産に基づくブランドの価値である。[5]

ブランド・エレメントとは、そのブランドを特定し、差別化することに役立つ登録商標化できる要素である。[6]

ブランド・ミックスまたはポートフォリオとは、ある企業が特定分野の買い手に提供するすべてのブランド、およびブランドの品揃えの組み合わせである。[7]

ブランド・コンタクトとは、そのブランドによって顧客や見込み客が体験した、何らかの情報（口コミなど）を生み出すような経験によって決まる。[8]

ブランド・パフォーマンスとは、その製品またはサービスが、機能に対する顧客のニーズをどれだけ満たすことができるかである。[9]

ブランド拡張とは、ある成功したブランドを使って、新しいカテゴリーの新製品または改良品を売り出すことである。

コ・ブランディングとは、複数企業が同一製品に対して定着したブランド名を使うこと、あるいは同一の方法で共同のマーケティングを行うことである。[10]

米国の森林保護官であると同時に、世界で最も認知度の高い想像上のキャラクターの一つが、スモーキーベアだ。レンジャーの帽子をかぶり、ジーンズ姿にベルトを締め、シャベルを担いだスモーキーベアは、一九四四年に登場してから、森林火災防止のシンボルとして親しまれてきた（**図4**）。「あなただけが森林火災を防止できる」というスローガンが最初に使われたのは一九四七年だったが、原野火災が増加しているのに対応して、二〇〇一年には「あなただけが林野火災を防止できる」に変更された（**図5**）。

一九五二年までには、スモーキーベアのシンボルは産業界の興味を引きはじめ、ついに議会は、スモーキーを国有財産から外して農務長官の管理下におく法案を可決した。さらに、七三年の改正により、商業用に使用する場合のライセンスの発行が認められ、手数料と商標使用料

図4 1948年のポスター

図5 2005年の画像とスローガン

は森林火災防止のプロモーションのために使われることが定められた。過去数十年にわたって、何百という商品にこのライセンスが発給され、それらの商品の一部は公式ウェブサイト「スモーキーベア・コム」[1]の「博物館」に展示されている。八四年には四十回目の誕生日を祝う式典が開かれ、スモーキーは単独で切手の肖像に選ばれた最初の動物という名誉を授けられた。八七年の「全米スモーキーの日」には、米国とカナダのメジャーリーグ全球団が主催するスモーキー・スポーツ大会が開催された。九〇年代の十年間は、五十歳の誕生日が全米で華やかに祝われるなどスモーキーが再流行し、活性化した時期だった。二〇〇四年には「六十年間の不寝番」というテーマで六十歳の節目が祝われた。

こうした奮闘のすべてが林野火災の防止に効果があったのだろうか。農務省によれば、一九四一年には不注意による林野火災の被害は一二〇〇万ヘクタール以上であったが、九〇年の被害は四〇万ヘクタール未満であった。[11]

ブランドの機能

定義によれば、ブランドの主な機能は、製品を作ったり売ったりしているのは誰かがすぐにわかることである。ここでいう「製品」とは広い意味を持ち、有形の財、サービス、組織、人、場所、アイデアを含む概念である。公共機関とあなたにとって最大の関心は、どんなメリットがあるかだ。

公共機関とそのプログラムにとって、強力なブランド・イメージは、いくつかのマーケティングの目的を達成するのに役立つ。ブランドが持つ特徴、精神、個性に対して認知度が高まり、理解

1▶SmokeyBear.com

が深まれば、「利用度」はまったく違ってくる（あなたの街を素晴らしい観光地と考えるようになる）。ブランド・イメージの認知度と信頼性が高ければ、市民がそのプログラムに「参加」する可能性は大きくなる（近隣の防犯グループへの参加）。また、市民が納得して法律や指針に「従う」ようになる（ゴミの始末をきちんとする）。

強力なブランドは、市民と公共機関の双方にメリットをもたらす。市民が求めるものを見つけたり、市民が迅速に、確信をもって意思決定をする手伝いをすることで、彼らのニーズを満たすことができるのだ。次にその実例を紹介する。

農務省は、国産品か輸入品かを問わず、「有機」というラベルを貼った食品が守らなければならない基準を定めている。有機農産物や食肉、鶏卵、乳製品など、有機食材で作られた食品の購入に関心のある消費者は、農務省の有機シールを探せばよい。このシールは**図6**のように、野菜や果物、陳列棚、包装ラベルのステッカーの上に表示されている。

図6　4段階のラベルを貼ったコーンフレークの箱の見本

左から、有機食材が100%のコーンフレーク、有機食材が95〜100%のコーンフレーク、有機食材が70〜95%のコーンフレーク。有機食材が70%以下のコーンフレーク。メーカーは、箱の情報欄に有機食材を具体的に記載してもよいが、箱の前面に有機という表示をしてはいけない。(12)

ブランド・アイデンティティを生み出す

強力なブランド・イメージを生み出すために、次の六つの手順を踏むことをお勧めしたい。簡単な質問に答えていけば、ブランド・イメージを完成させるための手順を理解できる。最初の五つの手順は、「若者の体力増強」の例で説明する。ブランディングを幅広く理解するために、六番目の手順は「ゴミの投げ捨てを減らす」という例を紹介しよう。

STEP 1

ブランドの目的を定める

ブランドを使って支援しようとするマーケティングの目的は何か。

目的としては、市民に「あなたの組織を支援してもらう」「プログラムに参加してもらう」「サービスを利用してもらう」「指針や法規を守るように働きかける」などが大半を占めるだろう。

ここで事例として取り上げるのは、「**VERB**™、**それがあなたのやることだ**」である。これは、保健福祉省傘下の疾病予防管理センターが、〈九～十三歳の児童〉に毎日体を動かそうと呼びかける目的で始めた全国的・多文化的なソーシャル・マーケティング・キャンペーンである。(13)

STEP 2

ブランドのターゲット・オーディエンスを特定する

ブランドを使って働きかけようとする主なターゲット・オーディエンスは誰か。

現実には多くの市民がそのブランドを認知するだろうが、最も働きかけたい具体的なグループに絞って企画を練らなければならない。

VERB™の主なターゲット・オーディエンスは〈九〜十三歳の児童〉だが、さらに重要なのは、その他の学齢期の児童（このキャンペーンのことを知っているはずだ）や両親、インフルエンサー（発言力が大きく影響力のある人。たとえば、先生、若者たちのリーダー、保健体育の専門家、小児科医、ヘルスケアサービスの提供者、スポーツ・コーチ）などである。

STEP 3 望ましいブランド・アイデンティティを明確にする

ターゲット・オーディエンスがそのブランドを見聞きしたとき、何を考え、感じてもらいたいか。

ターゲット・オーディエンスにどのように反応してもらいたいか、具体的に想像してみよう。この作業は簡単で、次の文章の［　］内に言葉を入れればよい。

> ターゲット・オーディエンスにこのブランドを［　　　　］と見てもらいたい。

VERBプログラムの企画者は、フォーマティブ・リサーチ[1]やその他の事前調査に基づいて、〈九〜十三歳の児童〉に「規則正しい運動は、格好がよくて面白いものだ」と考えてもらいたいとの結論に達した。そのため、「体操」「試合」「競技」「運動」などの言葉は、キャンペーン資料にほとんど使われていない。

1▶ 一般市民向けのキャンペーンやプログラムを開発するときに行う事前調査。ニーズの把握と実施方法の妥当性を高めるために行う（詳細は、第11章を参照）。

STEP 4 ブランド・プロミスを考案する

どんなベネフィットがあるかを、ターゲット・オーディエンスにいかに印象づけるか。

〈九～十三歳の児童〉に対するブランド・プロミスは、フォーマティブ・リサーチの結果に基づいて、VERBに参加すれば「すてきな賞品がもらえたり」「素晴らしい約束をしてもらえたり」「何か面白いことが起きる」というものであった（**図7**）。両親と成人のインフルエンサーのために考え出された第一のベネフィットとしては、現代の子供は運動に費やす時間が少なく、椅子に座ったままで過ごす時間が長いとして、体を動かすことが小児肥満症の減少に役立つという点が強調された。米国では、運動不足の結果、若年性肥満者の数が増えつづけており、肥満によって糖尿病、高血圧症、睡眠時無呼吸症、胆嚢病になるリスクが増えるという調査結果がある。

STEP 5 ブランド・ポジショニングは、競合相手との関係で決める

そのブランドは、競合相手よりも、どんな点で優れているのか。

図7　ブランド・プロミスを強調しているケンタッキー州レキシントンで使われたキャンペーン資料

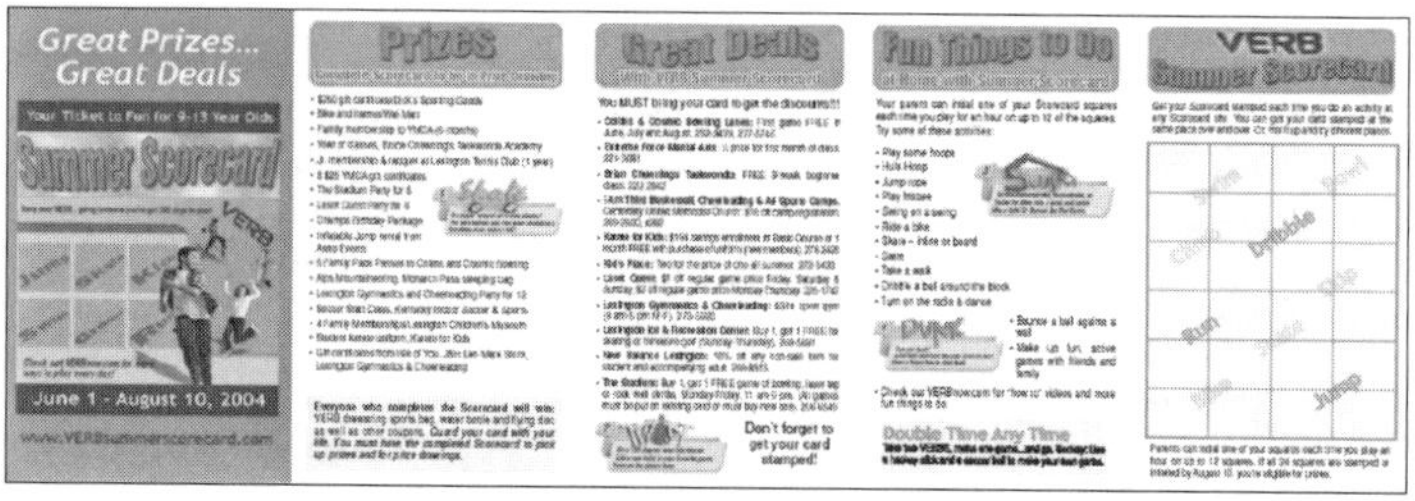

まず、ここで直接的・間接的な競争相手を特定する必要がある。公共機関が提供するプログラムやサービスに対して、市民が持っている選択肢をあげてみる（郵政公社に対するユナイテッド・パーセル・サービス社。野菜と果物を食べようという「ファイブ・ア・デイ」[1]のキャンペーンに対するフレンチフライ）。次いで、こちらのブランドの独自性を掘り下げる。競合相手が提供できないものは何か。あなたのほうがより優れている点はどこか。

VERBは、一般的な運動に関するブランドとは明らかに相違がある。「それがあなたのやることだ」というスローガンが言外に語っているように、子供たちはさまざまなことに興味を持っているし、得意とすることも異なっているので、彼らが実際に行うことができる運動（VERB＝動詞）にはいろいろな種類がある。VERBは、子供たちに想像力を使うよう促している。パンフレットには、歩く、跳ぶ、走る、飛び込む、プレーする、体をよじる、跳ねる、宙返りする、回る、体を揺らす、鬼ごっこをする、ジョギングする、投げる、たたきつける、捕まえる、踊る、泳ぐ、片足跳びをする、蹴る、ドリブルする、登る、スケートをする、ボーリングをする、自転車に乗る、ストレッチする……あるいはそれらを組み合わせるなど、自分が好きなことを決めてよいと書かれている。決めるのは、子供たちなのだ（**図8**）。

図8　子供たちに「好きなVERB（動詞）を選ぶ」よう勧めている

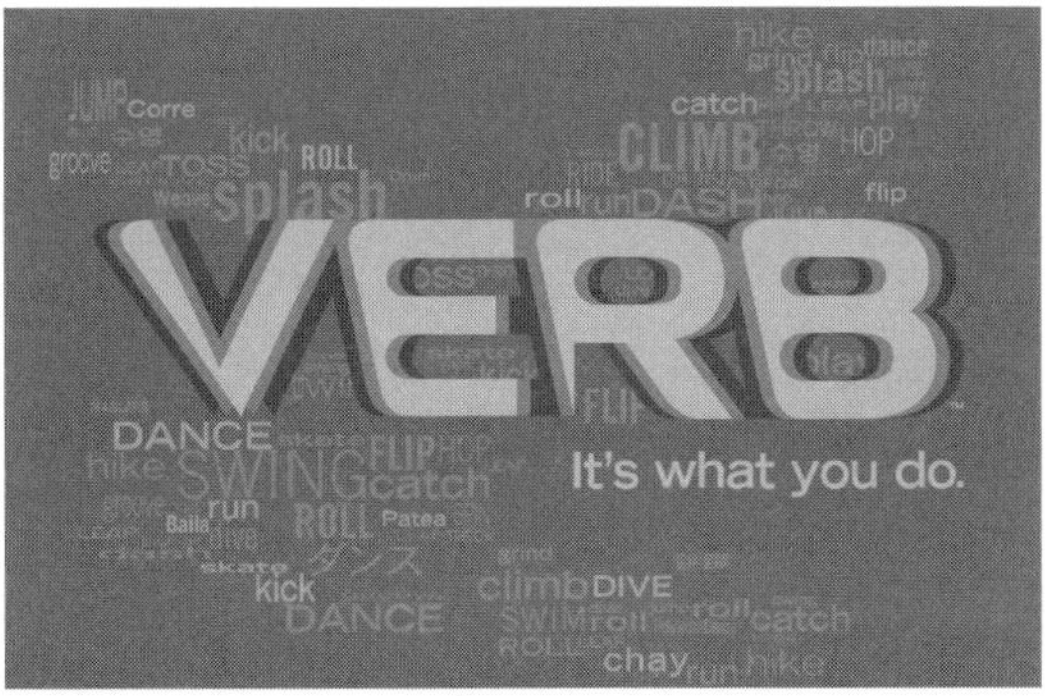

1▶ 1日5皿分以上の野菜や果物を食べようというスローガンをかかげる食育プログラム。

STEP 6

ブランド・エレメントを選ぶ

ブランドにはどんな名前をつけ、どんなスローガンやロゴ、色を使うか。

キャラクター、音楽、看板、包装など、重要なブランド・エレメントには一貫性のあるものを使うべきだろうか。ブランド・エレメントを選ぶときにも、これまでのステップと同じように慎重な取り組みが必要だ。コトラーとケラーは、ブランド・エレメントを選ぶ際の指針となる六つの重要な要因を特定している。これは、その選択肢がターゲット・オーディエンスとの関係で理想的なものかどうかを左右する要因であり、さまざまな選択肢を評価する上で役に立つ。[14]

覚えやすいこと……ブランド・エレメントは思い出しやすく、見分けがつきやすいことが重要である。「クリック・イット・オア・チケット」や「アンバー・アラート」のように短く、記憶しやすい名前や言いまわしのほうがよい。またシンボルについても、リサイクルに使われているような記憶されやすいものがよい（**図9**）。

意味があること……ブランド・エレメントは何らかの情報を伝え、ターゲット・オーディエンスが「参加」するかどうかを判断するのに役立つような、何らかの意味を持たせることが理想的だ。「近隣防犯」や「麻薬防止の両親の会」のような、固有の意味があり、含蓄のある

図9
リサイクルのシンボル

意味が備わっている名前がよい。

感じが良いこと……そのブランド・エレメントには、視覚的にも、言語的にも美的感覚に訴える力があるか。Tシャツのデザインにしたり、車や家の中に飾りたいと思わせるようなものだろうか。あなたの街の「ゴミの投げ捨て防止」のスローガンはどうか。

横展開ができること……検討中のブランド・エレメントは、同じ種類の、あるいは違う種類の新しい製品を導入するときにも使えるか。たとえば、リサイクルのシンボルでは、さまざまなバージョンが、ガラス製品や段ボールにも使われている（**図10**）。

順応性があること……そのブランド・エレメントは将来にも適用でき、また時代に即して変更できるか。これは、スモーキーベアのように、キャラクターがブランドの中心的なエレメントである場合には特に重要である。

保護できること……そのブランド・エレメントは法律上保護できるか、あるいは非常に一般的なもので「誰でも」使用できるものか。容易にコピーされたり不適切に使用されたりしてしまわないか。慎重すぎると思われるかもしれないが、名前を登録商標にして、クリネックス、ゼロックス、ジェロ[1]のように一般名詞にならないようにすることが重要である。

図10
リサイクルのシンボルを特定のものに広げて使用している

1▶Jell-O：フルーツゼリーの素

ブランド・エレメントを活用した理想的なキャンペーンといえるのは、いささか押し付けがましい表現ではあるが、「テキサスを汚さないで®」[1]というテキサス州交通局がスポンサーとなったゴミ防止キャンペーンである。「テキサスを汚さないで」の公式ウェブサイトに掲載された説明を読めば、望ましいブランド・イメージの意味がわかるだろう。

「キャンデーの包み紙や飲み物のカンを落とさないよう市民に訴えるちょっとした文句が、独り歩きして、野火のように広がり、人々の声を集めて瞬く間に世界中に知られるスローガンになったことを不思議に思うかもしれない。その理由は、スローガンとキャンペーン広告がテキサス人の精神をうまく捉えたからだ。『テキサスを汚さないで』は、すべてを言い尽くしている。このコピーは実に大胆で、核心をつき、誇りに満ちている。よそ者が大ぼらと言うものを我々テキサス人は誇りと呼んでいる……結局、それはほらではなく真実なのだ。我々は自分たちの州を愛しているのだ。世界中にそのことを知ってもらいたい」(15)

このスローガンの認知度がテキサス州民の九五%に達したという成功の要因は、テキサス人の精神を反映したキャンペーン・エレメントの選定にある(16)。キャンペーン・ロゴの色は州旗の色（赤、白、青）と同じで、道路のセンターラインを図案化した星のシンボルも、州旗の星と結びついている（**図11**）。

図11　ゴミの投げ捨て防止スローガン（左）とテキサス州旗（右）

1▶ "Don't mess with Texas®"

ブランドが人々の目につきやすいように、キャンペーンではテレビ、ラジオ、屋外広告、道路脇の看板などの伝統的なチャネルと、毎年行われる全州あげての特別イベント「テキサスを汚さないで、ゴミを片付けよう」をはじめとするさまざまな方法が利用された。さらに、ユニークな方法も利用された。キャンペーン用の歌をうたったカントリー・ミュージシャンのウイリー・ネルソンなどの有名人が動員されたほか、ウェブサイトでは関連商品として、バンパーに貼るステッカー、コーヒーカップ、野球帽などが紹介された（図12、13）。

最も大事なことは、このブランドが、ゴミの投げ捨てを減少させるという州政府の目的に貢献したことである。このキャンペーンを開始してから十年後、テキサス州の道路上のゴミは五二％減少した。二〇〇五年、テキサス州交通局は、このスローガンとロゴの無断使用の取り締まりを始めたが、これはブランド力が高まったことの一つの表れだろう。

図12　テキサス州の住民に無料で配られた「テキサスを汚さないで」のバンパーに貼るステッカー

図13　「テキサスを汚さないで」のロゴをつけた商品の売上の一部は、このキャンペーンの運動資金に使われている

■ブランド・イメージを維持する

ブランド・エレメントの選定とそのデザインが決まれば、ブランディングの仕事は第二段階に入る。それは、ブランド・アイデンティティを世に送り出し、意図したブランド・イメージを実現し、成果を確認するための管理を行うことである。普及を促すためには情熱が必要であり、行き届いた配慮をするためには忍耐が要求される。

▼ブランド・エレメントの使用法に関するガイドラインの作成

作成した強力なブランドを、同僚やマーケティング担当役員が使いたいと言ってくるのは良いニュースである。一方、彼らがちょっとした創造性を発揮して、注意しなければならないのは、悪いニュースである（たとえば、水難防止活動の担当者が、救命胴衣をつけた水着姿のスモーキーベアと「溺死を救えるのはこの胴衣だけ！」というスローガンを考えだしたときのことを想像してほしい）。

まず、組織内でのブランディングの仕事が待っている。すべてのブランド・エレメントについて、一貫性のある使い方をするために、簡単なものでよいので、様式に関するマニュアルを作るのが効果的だ。これは、デザイン標準マニュアルとか、ブランド・アイデンティティ・ガイドラインと呼ばれ、そのブランドを活用して何かを製作したり、展示する人にその方法を教えるものである。彼らにやる気を起こさせるのもマニュアルの役目だ。

スモーキーベアも、このようなマニュアルで守られている。そこには、図柄からロゴの配置の仕方、公衆の面前に出るときの衣装の作り方にいたるまで、スモーキーのビジュアルに関するあらゆる点について一定の基準が定められている（たとえば、スモーキーの衣装で人前に出たときは口を利いてはいけないし、出演前も、出演中もアルコールやドラッグを服用してはいけない）。パントン・マッチングシステム[1]の色見本帳による使用色の指定、フォントの形と大きさをはじめとするロゴとキャッチフレーズの配置の仕方、火災防止に関係のない目的での使用制限、さらにこのマニュアルを順守することの重要性などが盛り込まれている。これらの基準がスモーキーベアの強さを支えているのである。(17)

ブランドの接触点の管理

組織内で行うべき仕事がもう一つ残っている。ブランドを構築するのは（あるいは崩壊させるのは）プロモーションの場だけではない。顧客は、公共機関の職員やパートナー組織の人との対話、インターネットや電話口での体験、公共施設でのやりとり、プログラムやサービスを利用しているときの印象や人間関係など、広範な接点を通じてブランドの存在を知るようになる。

たとえば、香港空港は国際旅客の扱いで世界第五位の空港であるが、「国際的なレベルのインフラを備えた、物理的・文化的ハブ」という公式ブランディングをさらに強化するために、ブランド接点の管理を実施している。この望ましいイメージを旅客に植え付けるために、さまざまな手段が講じられている。たとえば、「使いやすいフライト発着確認システムをインターネットで提供」「陸上・海上交通による空港までのアクセス手段」「到着旅客と珠江デルタ地域[2]の四八〇〇万人の住民のためのスムーズな乗り継ぎ接続」「搭乗手続きに要する時間の短縮」「売店、

1 ▶ PMS：Pantone Matching System：印刷・デザイン業界で、色の選択・指定に世界共通で使える色見本として幅広く利用されている米国パントン社の色見本帳

2 ▶ 珠江の河口に位置する香港・マカオ・広州を結ぶ中国南部の人口密集地帯。

飲食店、インターネット・ラウンジ、子供の遊び場など、搭乗待ちの時間に利用できるサービス」などである。このブランド・プロミスを考えれば、将来の開発プロジェクトとして、空港隣接地域に「アジア国際博覧会の展示会場」「空港ホテル」「九ホールのゴルフ場」まで計画されているのは驚くに値しない。(18)

▼適度に人目につくようにすること

新しいブランドを立ち上げるときには、ブランド・エレメントを適度に露出させ、市民の心の中にそのブランドを定着させることが非常に重要である。ブランドを活性化する場合も同じだ。

この考え方を理解しているのがアトランタ市である。二〇〇五年二月、「ブランド・アトランタ・キャンペーン」という活動が立ち上げられた。目的は、アトランタのために新しいブランディング戦略とマーケティング計画を立てることにあった。市長を長とする「ブランド・アトランタ・グループ」は、キャンペーンの資金として四五〇万ドル（五億四〇〇〇万円）を見込み、半年後には一九〇万ドル（二億二八〇〇万円）が集まった。さらに一〇〇〇万ドル（一二億円）必要だという人もいる。アトランタが二〇〇三年にブランディングに使った費用は三二〇万ドル（三億八四〇〇万円）だったが、同規模の都市であるオーランドやニューオリンズ、ニューヨーク、シカゴは平均で九〇〇万ドル（一〇億八〇〇〇万円）使ったと推定される。ちなみに、ブランディングではリーダー格と言われるラスベガスが使った額は五一〇〇万ドル（六一億二〇〇〇万円）だった(19)。アトランタでは、熱狂的な雰囲気を盛り上げ、あわせてキャンペーンの募金を促すために大掛かりなイベントが企画された。その手始めはスローガンとロゴを公表する「ブロックパーティ[1]」でのコンサートと、市内の九十の博物館、画廊、劇場、その他の文化施設の三日間の無料開放だった。(20)

ブランド・ポジションのモニタリング

ブランドが所期のポジションを占め、そこに定着していることを確認するためには、モニタリングが必要である。これにはさまざまなテクニックを使うが（詳細は第12章で述べる）、ブランド・イメージの評価を、活動の前と後で比較できるような調査方法があれば理想的だ。また、成功の可否を評価する基準を決めるためには、望ましいと考えるイメージをはっきりと特定しておくことが重要だ。

アテネで開かれた二〇〇四年の夏季オリンピックの後、ギリシャの新しいアイデンティティが世論調査によって明らかになった。ギリシャは今や「安全な旅行先」であり、「近代的なヨーロッパの国」と見なされ、米国人に最も人気のある観光地としてイタリアに次ぐ第二位にあげられている。この世論調査は、主要な五つの国で数千人の市民を対象に行った無作為抽出による電話調査の結果である。回答者数は、アメリカ（一〇〇一人）、イギリス（五一九人）、スペイン（五〇二人）、ドイツ（五〇七人）、フランス（五〇二人）であった。(21)

長期にわたって維持する

公共部門であろうと民間部門であろうと、優れたブランドの歴史をたどってみれば、その経緯

1▶町内の一部を歩行者天国にして行う野外パーティ。

図14　犯罪防止犬マクグラッフは、「犯罪に立ち向かおう」と呼びかけている(23)

は必ずしも優れた才能や独創性だけに依るものではないと気づくだろう。ブランドの成功をもたらしたのは、それを生んだ組織が「長年にわたって」地道に取り組んできた努力の結果だろう。また、その成功の陰には、困難な状況の中でも情熱を失わず、前向きに取り組み、常に新しい形を模索してきた人たちの存在を忘れてはならない。さらに、優れたブランドが「古株になる」ことは、市場にとって必ずしも「忘れ去られた友人」ではないことを理解していた賢人たちがいたに違いない。

さもなければ、二〇〇五年九月二十六日にナスダック店頭株式市場の取引終了の鐘を鳴らすという栄誉に輝いたのが二十五歳の老犬であったこととの説明がつかない。もちろん、これはただの犬ではない。それは犯罪防止犬マクグラッフ®[1]で、彼はその日、二十五歳の誕生日を迎えたのだ(**図14**)。彼は米国人に「犯罪に立ち向かおう」と呼びかけ、その方法を教えるために使われたブランドで、ほとんどの大人がこのブランドを知っている。さらに、このブランドを理解できる子供の五人のうち四人が、親しみがある、信頼できる、頭が良い、面倒見がよい、役に立つ、と考えている。(22)

市民に犯罪防止を呼びかけ、その方法を普及させるために全国的なキャンペーンを実施するという発想が最初に生まれたのは一九七八年のことだった。司法省がこの計画に

1 ▶ McGruff the Crime Dog®

賛同し、ＦＢＩ、国際警察長協会、全米保安官協会、労働総同盟産別会議などもこれにならった。広告代理店のサーチ・アンド・サーチ社の自発的な協力を得て、この強力な公共サービス広告を制作したのは、同じくこの趣旨に賛同した公共広告協議会（アド・カウンシル）であった。そして、民間の非営利組織である全米犯罪防止協会が、このキャンペーンの運営を担当することになった。この活動には、さまざまな公共機関だけでなく、企業や私立財団、さらには個人からも寄付が寄せられた。これは、史上最も成功した公共サービス・キャンペーンの一つであり、最近では司法省の資金援助によって行われた「消費者の個人情報保護のための実践的対策を支援する活動」と並び称されるべきものである。

ブランドの活性化と見直し

市民の嗜好の変化、新たな競争相手の出現、最新の研究の成果、新しいテクノロジーの出現、マーケティング環境の新しい展開などは、ブランドの将来に影響を及ぼす可能性がある。次第に衰えていくブランドの宿命を逆転させるためには、植物にたとえると、ブランドの根元まで掘り下げて、まだ生命力があることを確かめ、腐った部分は切り捨て、たっぷりと栄養を与えることが必要である。しかし、活性化のチャンスがほとんどなければ、新たなブランド・エクイティの源泉となりそうなものを探し、新たに誕生させる時期だろう。いずれの方法をとるにせよ、ブランドの返り咲きを期待するには革命的な変化を起こす必要がある。最初にしなければならないことは、ブランド・エクイティの源泉を理解することだ。ブランド・イメージが衰えてきたのか、独自性が薄れてきたのか。それとも、ブランドと結びついた製品の性能、サービスの質、提携先、広報担当者などの関係でマイナスのイメージを持たれるようになったのか。ここで、今までと同じポジショニングを続けるか、新たなポジショニングを作りあげるかの意思決定が必要になる。天秤の片方に、純粋に「基本に戻って」既存のブランドを再活性化するという目標を置き、もう片方には一から新たに生み出すという目標を置いて、明確な意思決定を遂行するのである。二つの事例で、この問題を検討しよう。(24)

▼ブランドの活性化

薬物乱用防止教育プログラム[1]は、警察官が学校の教室で薬物の乱用を防止するためのメッセージを伝える制度で、米国の学区の七五%で採用され、全世界で二六〇〇万人の青少年がそのメッセージを聞いている。プログラムの影響について疑問を呈したり、批判を浴びせる研究が出現してきたこともあり、また、絶え間なく進化を続ける連邦政府の薬物防止プログラムの要求に対応しようとする先生や学校管理者を支援するためもあって、このプログラムに修正が施された。

「きちんと整列した生徒の前で、警察官が演壇に立って講義をするという古いスタイルは一掃された。新たな薬物乱用防止教育の

図15　活性化した薬物乱用防止教育プログラムの普及活動(27)

1 ▶ D.A.R.E.：Drug Abuse Resistance Education

警察官は『コーチ』役になるように訓練されており、仲間からの薬物使用の圧力に屈しないよう、研究によってその有効性が実証されている戦略を生徒たちに伝授している（図15）。二〇〇四年に薬物乱用防止教育のクラスを受けた生徒は、薬物がいかに精神活動、情緒、身体活動に悪影響を与えるかについての具体的な証拠を見せられた結果、驚くべき想像力を発揮して内容を理解するようになった。模擬裁判の実習によって、薬物使用と暴力が社会的・法律的にどういう結果をもたらすかという知識が家庭にまで広がった」(25)

このブランドの新しいプロミスは、ある運営責任者の言葉によく反映されている。

「効果的で、多様で、信頼性が高く、より多くの人により多くのことを物語る」(26)

新たなブランドの創出

アル・ライズとジャック・トラウトは、著書『ポジショニング』の中で、二人がジャマイカを第一級の観光地として認知させるポジショニング・プロジェクトに関わった、極めて興味深いエピソードを紹介している。

当時の首相は、投資に最適の島というポジショニングに最も興味があったようだが、ライズとトラウトは、最初は観光に的を絞るべきだと主張した。観光客の多くは大企業で働いており、彼らがジャマイカに良い印象を持って帰国すれば、投資の振興にもなるというのがその理由だった。彼らの最初の仕事は、見込み客がどんなイメージを持っていて、そのうちのどの点がジャマイカへの旅行に結びつくかを考えることだった。彼らは「人気《ひとけ》のないビーチ、涼しい山頂、のどかな牧草地、広々とした平原、川、急流、滝、池、美味しい水、ジャングルのような内陸部を持った、カリブ海に浮かぶ大きな緑の島」というのがジャマイカの特徴を捉えた「エッセンスのような言葉」だと考えた。そこで、答えがすぐわかる質問をしてみた。「これらのキーワードに聞き覚えがありませんか。太平洋にある非常に人気の高い旅行先を思い出しませんか」

お察しのとおり、彼らはジャマイカのポジショニングを最終的に「カリブ海のハワイ」とするよう提案した。これはジャマイカを、他の競合するカリブ海の旅行先と明確に差別化すると同時に、ヨーロッパからの観光客に太平洋より近場の目的地を選ばせる有力な理由づけになった。(28)

まとめ

この章では、まずブランディングに関するさまざまな定義を学んだ。重要なことは、ブランドはある製品の製造業者や販売業者を特定するものであり、ブランド・アイデンティティは消費者にそのブランドをどのように見てもらいたいかを意味し、ブランド・イメージはそれが実際にどのように見えるかということだ。意図するかどうかに関係なく、ブランド・イメージは形成されるものなのだ。この現実から学ぶべき重要なことは、ブランド・イメージとして、自分が意図し、熟考を重ねたものを持ってほしいということである。これを達成するためには、六つの手順がある。

1　ブランドの目的を定める
2　ブランドのターゲット・オーディエンスを特定する
3　望ましいブランド・アイデンティティを明確にする
4　ブランド・プロミスを考案する
5　ブランド・ポジショニングは、競合相手との関係で決める
6　ブランド・エレメントを選ぶ

また、望ましいブランド・イメージを維持するための方策についても学んだ。ブランド・エレメントの利用に関するガイドラインを作成し、ブランドと顧客の接点を管理し、適度に人目につくようにし、その進展状況をモニタリングし、それが良いものであれば長期間そのブランドをしっかりと維持するのである。

ブランドの効力が薄れつつあることに気づいたときは、その兆候を無視してはいけない。活性化できるか、あるいは、もう一度最初から創り直すかを判断しなければならない。どちらの場合も、革命的な変更が必要である。

chapter 7

効果的なコミュニケーションを行う

私たちのチームは、二〇〇三～〇五年のあいだ臓器提供問題打開協力機構を率いてきた。そのときの経験から、国家的規模の重要問題でも、自分たちの力で大きな変化を起こせることを学んだ。私たちはコミュニケーションの原理を仕事に活用し、年間四〇〇万ドル（四億八〇〇〇万円）に満たない予算で、短期間のうちに仕事をやり遂げた。

変化を起こす秘訣とは何か。「世界を変えたければ、あなた自身が変わらなければならない」とガンジーは言っている。この言葉こそ、私たちがやり遂げたことを端的に表している。

――デニス・ワグナー（米国保健・福祉省、保健資源サービス庁、臓器移植部　臓器提供問題打開協力機構
ソーシャル・マーケティング・リーダー兼ディレクター）

前章までにマーケティングとは単にコミュニケーションを扱うだけのものではないこと、そして、コミュニケーションとは市民に情報を伝え、影響を及ぼし、サービスを提供するためのツールの一つにすぎないことがわかっていただけたと思う。だからといって、コミュニケーションが果たす重要な役割を過少評価してはならない。それは望ましいポジショニングとブランド・アイデンティティをしかるべき場所に、釘を打ちつけて固定する、いわば金槌の役割を果たすツールである。

公共部門におけるマーケティング・コミュニケーションが適切なものかどうかを判断する際に直面する問題は、最初の三つのPに比べれば少ないだろう。その代わりに、次のような疑問を感じることが多いかもしれない。

- 飲酒運転防止キャンペーンでの「酔っ払って運転したら、捕まるよ（Drive Hammered. Get Nailed）」というような、気の利いたスローガンはどうやって考えるのか。
- どんな場合に我々の機関のロゴを大きく、人目につくように描き、どんな場合に小さく描くのがよいのだろうか。
- スモーキーベアのようなマスコットが大活躍し、他のものがくだらなく見えるのはなぜだろうか。
- 我々の機関のトップは、PSA[1]が必要だと言っている。「みんな熟睡している（People Sound

1 ▶ PSAは、本章の「コミュニケーション・チャネルを選ぶ」の節で触れている。公共サービスの広告〈Public Service Announcement〉のこと。無料でテレビ広告を打てるが、深夜に流れることも多いことを皮肉っている。

Asleep)」の略だと聞いたことがあるが、本当だろうか。これが本当なら、我々はどうしたらよいのだろうか。

●我々がこれまでに発行したパンフレットなど誰も読んでいないことは、皆が知っている。それなのに「パンフレットを作る必要がある」という聞き慣れたせりふを耳にしたとき、どう返事すればよいのだろうか。

この章では、こうした疑問について検討したい。まず注目事例では、意欲的な目標を達成し、人命を救うためには、効果的なコミュニケーションを継続することが重要だという例を紹介しよう。

注目事例

臓器の提供を増やす

課題

臓器の提供とその移植は人命を救う。それも多くの人命を。臓器の提供を受けた人は文字どおり死の瀬戸際から脱け出して、不自由のない日常生活に戻れることが多い。マラソンをする人すらいる。二〇〇四年、米国で実施された臓器移植の件数は二万七〇〇〇件であった。

しかし、需要はさらに多い。二〇〇五年十一月現在、米国では九万人以上の人が臓器の提供を待っている。そして、臓器を待ちながら亡くなる人が一日に十七人もいるのだ。

このような状態は改善しなければならない。臓器を提供できる人とその家族全員が同意する件数がもっと増え、その臓器が適格なものであれば、亡くなる人と待機者リストに載る人数を減少させることができるだろう。

二〇〇三年四月、保健福祉省のトミー・トンプソン長官のリーダーシップのもとに意欲的な数値目標が掲げられた。それは、臓器移植のベストプラクティス（成功事例）を全米最大級の病院に周知することで、そこでの臓器提供率を七五％以上にし、あわせて米国全体での平均提供率を約四九％にするというものであった。

目標実現に向けての問題はコミュニケーションにあった。どうすれば、大病院と何百という臓器調達機関の医療関係者が協力し、成功事例を速やかに学び、実行に移せるかが、大きな課題となったのである。

戦略

戦略の中心になったのは、「協力機構」という方法だった。協力機構とは、簡単に言うと、実効が証明された方法に基づいて、組織の業績を飛躍的に発展させるための手法である。これは、好成績をあげている組織の事例を、他の組織がすぐに取り入れることができるように、明快な、説得力のある形で体系的に公開する。「みんなで教え合い、みんなで学ぶ」という取り組み方法である。

保健福祉サービス協力機構は、米国の有名な医療コンサルティング会社であるルーイン・

グループと提携し、大規模な臓器提供病院とその指定臓器調達機関を調査して、高い臓器提供率をあげている成功事例の収集と体系化に乗りだした。こうした事例は「変化を作りだすパッケージ」としてアイデア集にまとめられ、提供率七五％の目標を設定している病院と調達機関に配布された。

ターゲット・オーディエンス

目標は全米最大級の病院（臓器提供者〈ドナー〉の大半はここから出てくる）からの臓器提供率を増やすことであったため、ターゲット・オーディエンスは、看護師、集中治療専門医、救急救命室の外科医、神経科医、病院経営者、看護師長、外傷外科医、牧師、提供コーディネーター、ソーシャルワーカー、および臓器提供に関係するその他の病院関係者や臓器調達機関と設定し、これらのオーディエンスに合わせて戦略が練られた。

最終的には、全米最大級の二二六病院、および五十八の臓器調達機関のうちの五十機関が正式に七五％の目標を設定し、協力機構に職員を派遣することとなった。

メッセージ

協力機構の業務を推進させるために準備されたメッセージには、変化、実践、成果、コミットメントが強調されていた。たとえば、次のようなものがあった。

●「すべてのシステムは、所定の結果が得られるように完璧に設計されている。結果に満足できない場合はシステムを改善しなければならない」——ドン・バーウィック（医師）

●「思慮深く献身的な少人数の市民から成るグループが世界を変えることができるのは疑う余地がない。実際に世界を変えたのは、そうしたグループだけだ」
——マーガレット・ミード（人類学者）

●「焦点を絞るときには、その対象に近づくことだ。問題に焦点を絞れば、その問題に近づく。同じように臓器提供の目標に焦点を絞れば、その目標に近づく」
——ダグ・クルーグ[1]（経営コンサルタント）

臓器提供を受ける人やドナーの家族から寄せられたメッセージの中には、迅速な変化を熱望する声もあった。特に鮮烈なメッセージは、肺移植を待ちながら死んでいった少女の両親からのものだった。このメッセージはビデオに収録され、臓器提供と移植関係者の間で広く利用されており、病院と臓器調達機関の関係者に学習、変革、改善をさらに迅速に進めなければならないことを改めて認識させた。

▼メッセンジャー

協力機構は、トップダウンとボトムアップの同時並行的なメッセンジャー戦略を重視した。臓器提供と移植のすべての関係者は、政府や臓器提供・移植関係団体の最高レベルの指導者

1▶*Enlightened Leadership*（Fireside, 1994）の著者。

たちが協力機構の目標と戦略を支持していることを知っていた。これらの指導者たちは、保健福祉省長官とともに目標の達成に向けた活動全般について先頭に立つ決意を固めていた。

▼コミュニケーション・チャネル

協力機構が利用したチャネルの中で最もめざましい効果をあげたのは数分のビデオ映像で、そこには好成績をあげた団体や協力機構の実践活動の模様が収録されていた。

このビデオは大きなベネフィットをもたらした。ビデオには、献身的に活動する人々の生き生きとした姿が収められており、病院と調達チームのメンバーは何を真似し、何を取り入れればよいのかを容易に理解できた。他にも、成果をあげた人たちを主役として登場させ、彼らが表彰されるシーンと、各界の指導者、ドナーの家族、臓器の提供を受けた人、待機している人からの勇気と感動を与えるような発言が収録され、実践活動の普及に貢献した。また、協力機構に出向したスタッフ全員にポータブルＤＶＤプレーヤーが支給されたため、もとの職場のメンバーや集中治療室の看護師仲間、救急救命室の医師、臓器提供コーディネーターたちにもそのビデオを見せることができた。

成功事例が増えたおかげで参加希望者が急増したために、保健福祉省は学習会の模様を衛星放送で流すことに踏み切った。それ以外のチャネルも動員され、出版物、イベント、参加団体トップ指導者の年次会合、協力機構による自動メール配信サービス、協力機構のウェブサイト、二カ月に一度の全国協力機構会議の招集（参加者は三〇〇人を超すことが多い）などが活用された。

成果

協力機構の活動によって臓器提供が増えた結果、活動開始から一年九カ月で移植手術の数が三〇〇〇件以上増加した。

二〇〇四年には臓器提供数が前年比一〇・八％増という異例の伸びを示し、二〇〇五年の伸び率はこれをさらに上回るものと見られている。

協力機構という初めての試みが成功し、今後もその活動の成長が期待されることから、指導者たちは、数十年後には年間の移植数が現在の倍になる可能性があると考えている。(1)

プロモーション（Promotion）……第四のP

「マーケティング・コミュニケーション」は、ターゲットとなる市場に望ましい行動を伝え、教育し、時には説得するために使われる。**プロモーション**という言葉は、特に「説得力のあるコミュニケーション」という意味で使われる。これが第四の「**P**」である。これは、ターゲット・オーディエンスにあなた自身とあなたが提供できるものを伝え、あなたが約束するベネフィットを信じさせ、相手に行動する意欲を起こさせるためのツールである。このコミュニケーションは、あなたのブランドを代表する声であり、他の三つのP（製品、価格、流通チャネル）を総合的に判断した結果から求められた提供物にスポットライトを当てるように意図されたものである。あなたのマーケティングの成功の可否は、このツールが支持されるかどうかにかかっている。ターゲット・オーディエンスの意見と反応は、あなたの発想の源泉であり、あなたにとって最も重要なものである。

コミュニケーションの開発プロセスは、メッセージの内容を決めることから始まる。その中には、メッセージのスタイルやトーン（基調）の決定も含まれる。次いで、誰がこのメッセージを伝えるのか、少なくとも誰に伝えたいのかを決定する。コミュニケーション・チャネルの選択はメッセージの内容とその体裁によって左右されるため、それが済んでからになる。

コミュニケーションの構成要素を以下に列挙する。各内容の詳細と例については本章の後半で説明する。

- 「メッセージ」とは、伝えたいことの内容である。ターゲット・オーディエンスが知りたいことは何か、どういう行動を取ってもらいたいかを考えることで発想が湧いてくる。
- 「メッセンジャー（伝達役）」は、メッセージを伝えるために使うスポークスマン（広報担当者）、スポンサー、パートナー、俳優などである。その製品あるいはコミュニケーションの背後に存在する「売り手」または「提供者」が誰かをターゲット・オーディエンスに知ってもらうことも、メッセンジャーを決定する要因の一つである。
- 「コミュニケーション・チャネル」とは、プロモーションのために作成したメッセージを登場させる場である。これを流通チャネルと混同しないよう注意が必要である。前にも述べたように、流通チャネルとは、顧客が実際に製品を購入したり、サービスを受けたり、プログラムに参加したりする場所と時点である。

前述のように、コミュニケーションについての意思決定は、マーケティングの目的、ターゲット市場、望ましいブランド・アイデンティティ、製品、価格、流通チャネルに関してすでに行われた判断に基づいて行うものである。これが後の評価、予算、実施計画に影響を及ぼす（なお、第13章では、コミュニケーションの構成要素を順番に使って、代表的な実施計画の作成方法を説明する）。

メッセージを作成する

マーケティング・コミュニケーションの中核となるメッセージを作成するにあたり、その出発点を決める三つの質問がある。コミュニケーションの結果としてターゲット・オーディエンスに「何を知らせたいか」「何を信じてもらいたいか」「何をしてもらいたいか」を箇条書きでもよいので書きとめておこう。そうすれば、実際にコミュニケーションの企画を担当する人の役に立つだけでなく、あなたの意図したメッセージが明確に伝わるだろう。

何を知らせたいか

メッセージ作成段階で核となる要素は情報である。それらは「情報の詳細」（祝日によるゴミ収集日の変更）、市民に注意を喚起したい「事実」（医療保険の補償範囲の改正案が市民に及ぼす影響）、市民が見逃したかもしれないその他すべての重要な「ニュース」（台風の接近による避難の必要性）などである。

一九八〇年代、エイズの知識を普及させることが多くの国の政府にとって課題となったが、二十五年以上経った今でも、この事情はあまり変わっていない。二〇〇四年、ネパールの辺鄙《へんぴ》な村に住むティカ・シュレスタとその家族は、ラジオ以外にマスメディアに接する手段がなかった。彼らがエイズのことを初めて知ったのは、カトマンズに住む兄弟からの手紙の封筒に貼ってあった「エイズからあなたと家族を守ろう」という切手に書かれたメッセージを見たときのことだった。ちょっとした好奇心から、彼は村の保健ボランティアを訪ね、エイズの説明を聞いた。彼は今や、エイズの感染経路と感染防止の方法を十分に理解し、この知識を他の人にも伝えたいと考えている。マスメディアに接する機会のない、僻地に住む住民への普及手段として、ネパール政府郵政省は、この山岳国家の隅々までメッセージが行きわたるように、六カ月の間すべての国内郵便と国際郵便の外側にこのステッカーを貼りつけた。それにより、この国の人口の半数に及ぶ一四〇〇万人が、この郵便ステッカーを見たと推定されている。(2)

何を信じてもらいたいか

これは「何を知らせたいか」とはニュアンスが異なる。ターゲット・オーディエンスに知ってもらいたい事実や情報のことを言っているのではなく、提供物について「信じて」もらいたいこと、「感じて」もらいたいことを指している。言うまでもなく、提供物とはコミュニケーションの中核となる組織または人、プログラム、活動などである。この問いに対する答えを導き出す源の一つは、ブランド・プロミス、つまりターゲット・オーディエンスに信じてもらいたいベネフィットである。

もう一つはブランド・アイデンティティで、これは頭の中に描いてもらいたいイメージ、考え、雰囲気などである。

労働安全衛生局は、労働省の傘下にあって職場での負傷と疾病を減少させる責任を負い、時には直接介入を行う行政機関である。この労働安全衛生局に対して多くの企業が抱く先入観を変えさせることは、非常に困難であるに違いない。雇用主、特に新しい雇用主がこの名前に対して抱くイメージは、監査人、国境巡視隊、税関検査官、ひいては酒場の用心棒に対するそれと同じようなものだろう。しかし、労働安全衛生局のウェブサイトに掲載されている局長のメッセージは、労働安全衛生局自身がどのように見られたいかをはっきりと伝えている。このメッセージは、「介入」という言葉を「相談」に、「法令順守」を「防止」に、「執行」を「協力」に置き換えることを意図しているようである。同局のサービスを利用し、その基準に従うことのベネフィットが重視されていることは、労働安全衛生局担当の労働省次官が二〇〇四年に行った次の演説の中からも読みとることができる。

「人的資源および強固な安全と衛生の管理システムを重視することで、三つのメリットが生まれます。一番目に、人命が救われます。二番目に、経費を節減し費用対効果を最大化できます。三番目に、職場が安全であれば、そこで働く労働者の勤労意欲も高まり、質の高い製品とサービスを生み出す生産性の高い職場になります」(3)

何をしてもらいたいか

マーケティングの世界において、情報を伝え、知覚を変えるだけでは説得力のあるコミュニケーションとは言えない。個人や企業に影響を及ぼして、実際に何かしらのアクションを起こさせなければならない。公共部門では、こうした必要性に迫られる例は無数にある。

建築許可を取得するためには、申請書を正しく書かなければならない。
緊急番号911への電話は、緊急時にのみ利用しなければならない。
職場の安全基準を順守しなければならない。
災害の前に避難しなければならない。
臓器提供者になるために署名しよう。
アースデイ[1]には樹木を植えよう。
学校をやめてはいけない。
消防署での一般市民向け安全訓練に参加しよう。
平和部隊に志願しよう。
子供と麻薬について話しあおう。
私たちの町を訪ねてください。

この種の呼びかけが、具体的な行動や行為にフォーカスしていることに注意してもらいたい。

1▶Earth Day：1970年に米国のG・ネルソン上院議員が、4月22日を「地球の日」であると宣言しスタートした。環境問題を考える日（www.earthday.jp）。

こうした行動が公共機関の成功に、つまりプログラムとサービスの利用、参加率、法令順守という使命や目標の達成に、いかに重要かを考えてもらいたい。また同時に、行動を促すメッセージが市民に対してどれだけのベネフィットをもたらすかについての配慮も忘れてはならない。

たとえば、国土安全保障省が国民に求めるのは「常に備えよ」であり、恐れるということではない。同省は、家庭と企業に次の四つの行為についての協力を特に求めている。

1 応急用品一式を備えておくこと。
2 緊急時に備えて行動計画を立てておくこと。
3 これから発生しそうなことについて、常に情報を絶やさないこと。
4 地域社会の防災活動に協力すること（**図1**）。

このメッセージは、国民に対するサービスの説明

図1 ready.govのウェブサイト（http://www.ready.gov/index.html）

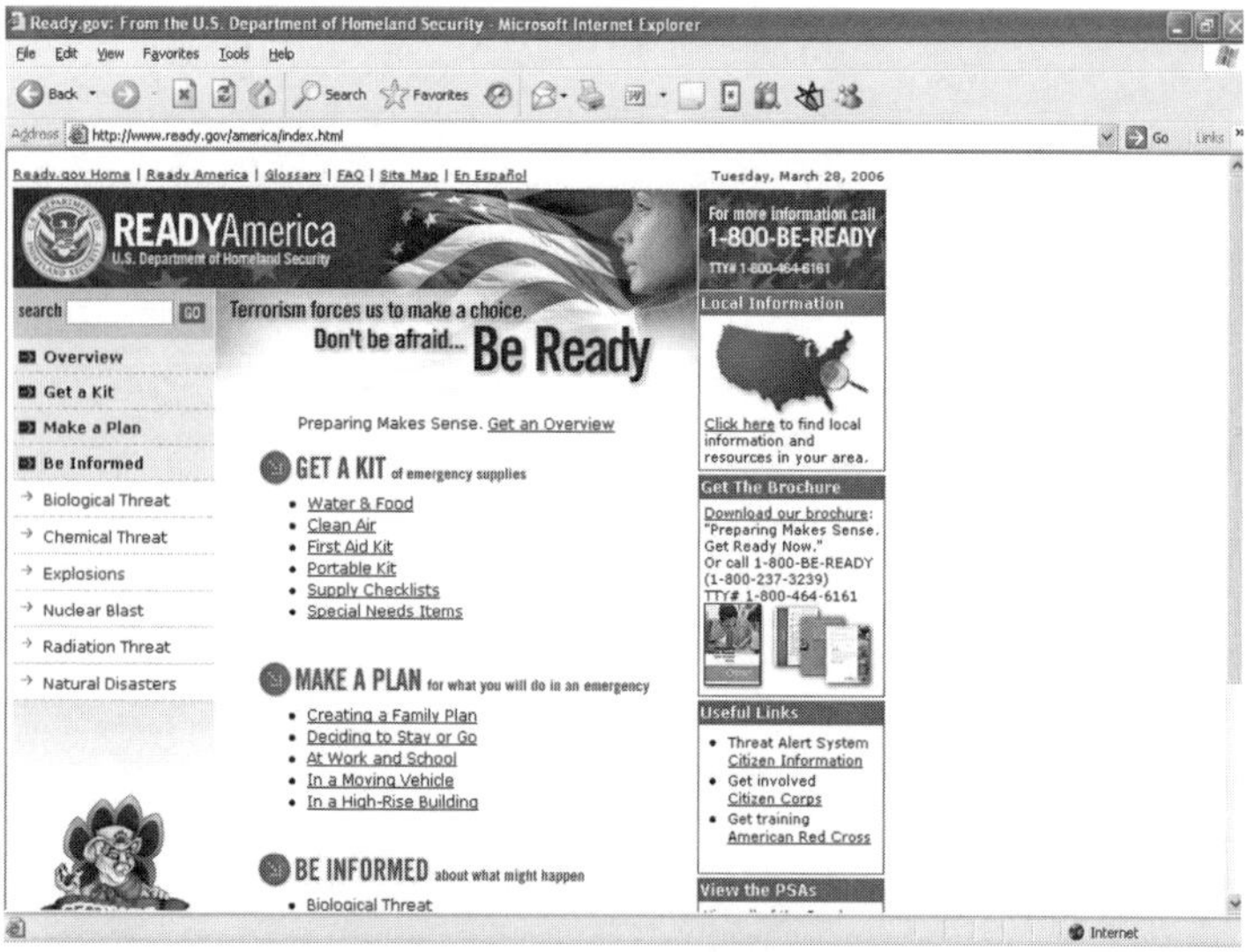

パンフレットに印刷され、ウェブサイトにも掲載されている。そして、応急用品として必要な物や、連絡を取りあう家族と友人の範囲を決めておくなど、行動計画の立て方、地域社会での救助活動の訓練に参加する方法などについても詳細な説明がある。ウェブサイトの次のような文句が同省の基本姿勢を表している。「何が起きるか、あるいは、あなた個人がどういう状況に置かれるかを予想することはできない。今すぐできることは、あなたと、あなたの愛する人たちのために準備することである」(4)

効果的なメッセージのキーポイント

ここでは効果的なメッセージの作り方について、いくつかのアドバイスをしておく。メッセージの土台は、ターゲット・オーディエンスに「何を知らせたいか、何を信じてもらいたいか、何をしてもらいたいか」という問いに対する答えである。たいていの場合、効果的なメッセージは、この答えの中から、肥沃な大地から芽が吹き出すように生まれてくる。具体的なスローガンや見出し、その他の重要なメッセージを作成するときに注意すべきことは、簡潔さと顧客のベネフィットである。さらに、メッセージは短ければ覚えてもらいやすく、ブランドのスタイルやトーン(基調)を上手く表現することで生き生きとしたイメージを作り出すことができれば、その価値は高い。

簡潔さを保つ

ライズとトラウトは、メッセージの簡潔さと明確さについて、こうアドバイスしている。

「コミュニケーションの世界では、多すぎれば本質が見えなくなる。経済的・社会的問題に関する膨大な数のコミュニケーションが溢れているので、市民に到達するメッセージはほんの一部分にすぎない。しかも、それが必ずしも最も重要なものとは限らないため、意図したメッセージが正しく伝わるとは限らない」(5)

連邦取引委員会は、迷惑な勧誘電話を拒否できる「電話お断り（Do Not Call）」リストへの登録を呼びかけているが、その簡単なメッセージは確実に市民に届いているようだ（**図2**）。このリストは二〇〇三年十月十一日から有効になったが、二〇〇五年十二月、ニューヨークの調査会社である、ハリス・インタラクティブ社のアンケート調査では、成人の七六%がこのリスト[1]に登録していた。(6)

市民のベネフィットに的を絞る

第3章で「製品の核」について学んだが、それは、製品を買って消費する際に消費者が期待し、求めるベネフィットであった。有効なメッセージ

図2

連邦取引委員会の「電話お断り」リストへの登録呼びかけのロゴ

1▶勧誘電話を望まない人は、このリストに自分の電話番号を登録する。登録は専用ホームページや電話から無料でできる。電話勧誘業者はそのリストを購入し、自社の電話帳からその番号を削除する。その番号に勧誘電話をかけると罰金が科せられる。

とは、提供物の特徴（運動）よりもベネフィット（健康）を強調するものである。カナダの役人が、「カナダ保健省（ヘルス・カナダ）」「カナダ環境省（エンバイロメント・カナダ）」「カナダ緊急対策センター（パブリックセフティー・アンド・エマージェンシー・プリペアードネス・カナダ）」「社会開発省（ソーシャル・ディベロプメント・カナダ）」「女性の地位庁（ステータス・オブ・ウィメン・カナダ）」という省庁の名前を考えだしたのは、それが頭の中にあったのかもしれない。

では、有効なメッセージの効果を実証してみよう。あなたが車を運転しているとき、**図3**のような二つの看板を見たとする。守ろうという気になるのは、どちらの看板だろうか。またその理由は何だろうか。

▼生き生きとしたイメージが湧く言葉を使う

ブランドやスローガン、その他メッセージの核となる部分は、受け手の頭の中に、ある種のイメージを作りだす。コミュニケーション担当者の仕事は、そのイメージを計画的に、強く記憶に残るものにすることである。その秘訣は、そのコミュニケーションに込めたいイメージを引き起こす言葉を選ぶことであり、一般に、生き生きとしたイメージをかき立てるものほど効果的である。

図3 速度制限を伝えるための2つの異なった方法

「制限速度25」

「子供たちの安全のために、どうか25マイルで慎重な運転をお願いします」

次の二つのスローガンから浮かぶイメージの違いを考えてみてほしい。

1「飲んで運転したら、あなたの負け（Drink &Drive. You Lose.）」

2「酔っ払って運転したら、捕まるよ（Drive Hammered. Get Nailed.）」

1のスローガンを使っている州は多いが、これは「いかなる違反も許さない」というメッセージで、付き合い程度に酒を飲む人をターゲットにしたもののようである。そういう意図であれば、期待どおりの効果はあるだろう。しかし、酔っ払って運転しかねない人がターゲットであれば、2のほうがよいだろう。違反常習者に向けた明確な、生き生きとしたイメージを湧かせる警告だからである（**図4**）。

▼**覚えやすくする**

これは当然と思われるかもしれないが、触れておく必要が

図4 酔っ払い運転者に向けたワシントン州のメッセージ

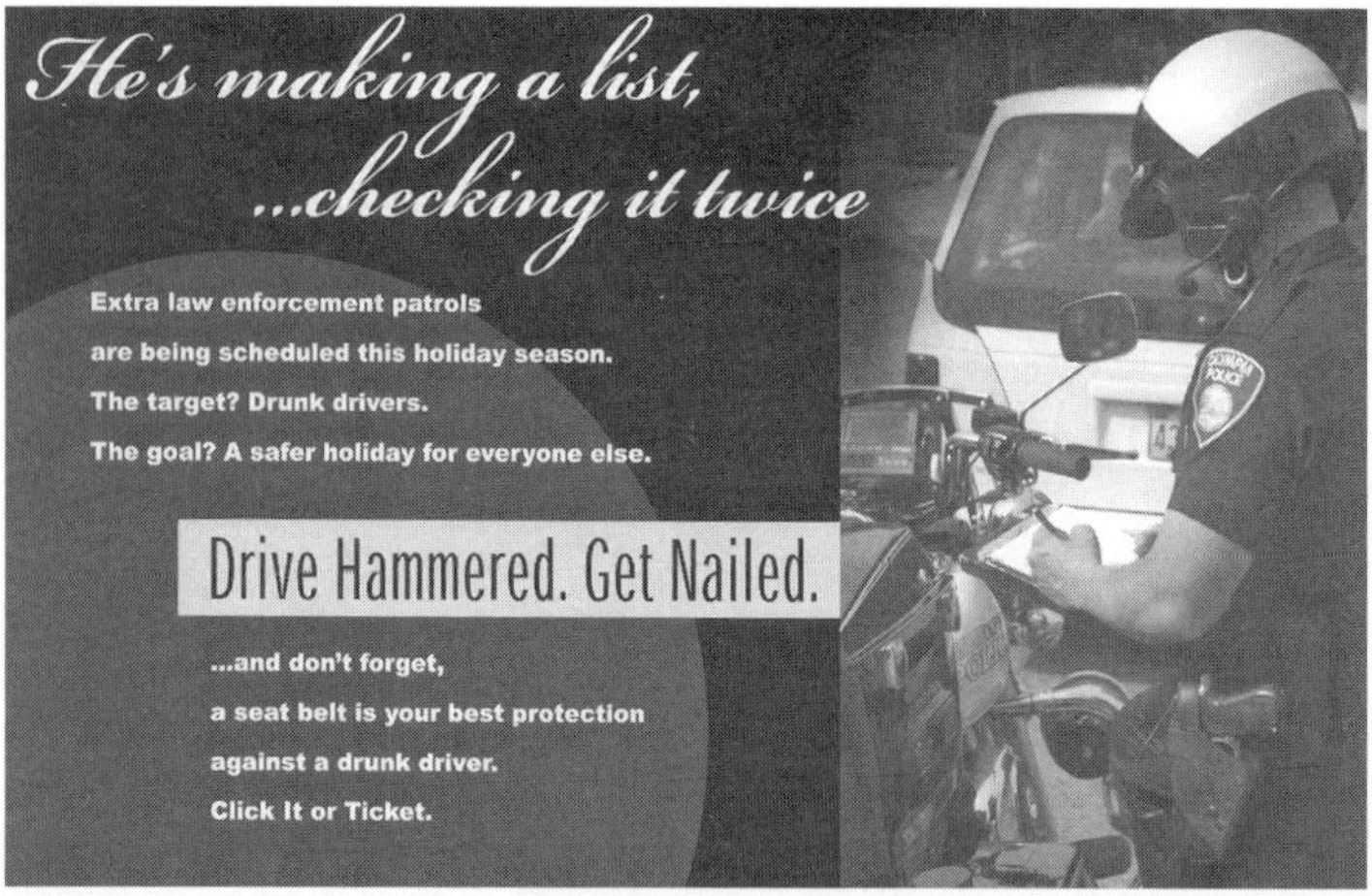

あるだろう。看板やパンフレット、ポスター、ウェブサイト、誘導してくれる職員、サービスの案内書などが身近にない状態で、人が意思決定を行う、あるいは行動を起こす際に、忘れないでいてくれるようなスローガンやメッセージを誰しも作りたいと思うだろう。望ましい行為が、公共機関にとっても市民にとってもベネフィットがあり、またコストがからむものである場合には、特に重要である。

電話帳がなくても「緊急番号911」は市民に覚えておいてもらいたい。運転する人には「サイレンとライトに気づいたら右へ寄れ」という文句を覚えてもらって、緊急車両を速やかに通過させてほしい。税金申告書の締め切りは「四月十五日」だということを忘れないでほしい。歩行者には踏み切りで「立ち止まり、左右を見わたし、聞き耳を立て」てもらいたいし、ハイカーには「道を外れない」でほしい。手荷物検査場に並ぶ搭乗客にはX線検査機の手前で「ポケットから小銭と鍵を出し」てほしいし、ペットの飼い主には「糞の始末」をしてほしい。高層ビルで働く人たちには火災のときは階段を使い、一列に並んで「前の人の肩に手をかける」ことを忘れないでほしいし、住宅の住人には「毎月の最初の週に庭のゴミ出し」をしてほしい。

スタイルとトーンをブランドに合わせる

効果的なメッセージを作成するときのチェックポイントとして、ブランドの特徴を忘れてはならない。メッセージやスローガンの作成もこの段階にさしかかると、ブランド・アイデンティティも固まり、作成に携わった人たちもそれを理解しているだろう。このアイデンティティを武器として使うことで、コミュニケーションとブランドをうまく関連づけることができる。それによってメッセージを覚えられやすくすることができ、望ましいブランド・イメージの印象を強くすることができる。

ブランドの特徴を表現する言葉が、このお膳立てをしてくれる。この言葉は、前にも述べたように「ターゲット・オーディエンスにこのブランドを「　　」と見てもらいたい」という文句の「　」内を埋めることで見つけられる。「聡明で、知性に富む」と見てもらいたい公共機関やプログラム（たとえば、図書館）は、「暖かみがあって、親しめる」と見られたいもの（地域センター）とは異なったスタイルとトーンのコミュニケーションが必要だろう。「強力で、客観的」と見られたい公共機関（警察）は、「頼りがいがあって、大事にしてくれる」と考えてもらいたいところ（地域診療所）とは違ったメッセージとスローガンを考えるべきだろう。また、「責任感が強く、信頼できる」と見られたい公共機関（電力事業）は、「教育的で、冒険の機会が満ち溢れている」と見られたいところ（国立公園）とは違った特徴やベネフィットにスポットライトを当てる必要がある。**図5**の掲示スタイルとトーンから判断して、この駅長は乗客に地下鉄をどう見てもらいたいと考えているのだろうか。

図5
ニューヨークの地下鉄駅の掲示。「どうか駅では走らないでください。（あなたの無限のエネルギーと生命力には敬意を表しますが）」

メッセンジャーを選ぶ

たいていの場合、メッセンジャーあるいはメッセージの発信元は、組織そのものである。受け手である顧客のほうは、看板や印刷物、その他の広報手段に表示された機関の名前やロゴで誰がメッセンジャーであるかを知る。しかし、それでもメッセンジャーに関して一考する余地は残っている。スポークスマンを起用するか、起用するなら誰にするか。マスコットを使うのか。コミュニケーションを単独で実施するか、パートナーを加えて共同で実施するか、などである。こうした意思決定は、コミュニケーションに重要な意味を持つ。なぜなら、他の人よりも注目を集め、記憶されやすく、影響力のある人を選んだ場合、顧客セグメントによってはメッセージの影響度が変わってくるからだ。

メッセンジャーを選ぶときには三つの重要な要素がある。メッセンジャーが、「専門家と認識されていること」「信頼性があること」「感じが良いこと」である(7)。これらの要素はスポークスマンやマスコット、パートナーを選ぶときだけでなく、単独でやる場合も当てはめてみる必要がある。「専門家」とは、専門的な知識を持っているとターゲット・オーディエンスが認める人であり、「信頼性」は、客観的で正直だと受けとめられることである。たとえば、友人は見知らぬ人やセールスマンよりも信頼されるし、お金をもらわないで製品を推奨する人のほうが、報酬を受け取って勧める人よりも信頼度は高い。また「感じが良い」というのは、メッセンジャーに人を引きつける力があることで、率直さ、ユーモアのセンス、自然で飾らない性格がその魅力の源泉であることが多い。最も望ましい人材は、この三つの要素を兼ね備えた人である。これは、次に述べるスポークスマンの選択肢を検討するときにも考慮すべき資質である。(8)

スポークスマンを起用する

スポークスマンは、自分の所属機関から選んでもよいし（たとえば、未成年者にアルコールを飲ませることの危険性をラジオのスポット広告で警告する州検事総長）、他の政府機関に頼んでもよい（国土安全保障省からの依頼で、緊急事態への準備を呼びかける公共広告に出演するニューヨーク市警の警察官）。もちろん、外部から招いてもよい（地域社会のイベントに出演して、新設されたリサイクル・センターへの協力を呼びかける子供のグループ）。

二〇〇五年、日本で、冷房温度を上げてエネルギーの節約を呼びかける全国的なキャンペーンが行われた。勤労者に夏の間ネクタイを外し、上着を脱ぐよう呼びかけることが眼目だった。多くの米国人には問題にならないだろうが、伝統と慣行が重視される日本では、この呼びかけに応じることは難しいと見られた。そこで、この因習を打破させるために、半袖シャツにノーネクタイ姿の小泉純一郎首相の写真が新聞広告に掲載された。首相は、各大臣にも模範を示すよう強く要請したと報じられた。この行動にはかなりの効果があったようで、報道によれば、東京の主な百貨店における五月の男物の半袖シャツの売れ行きは、前年に比べて一七%も伸びたという。(9)

単独で実施する

これは選択肢の中で最も伝統的なもので、その公共機関が単独でコミュニケーションの発信元になるケースである。最も一般的なコミュニケーションのやり方（たとえば、便箋、パンフレット、申請用紙、看板、ウェブサイト）を見れば、目につくのは一つの機関の名前かロゴだけだろう。ほとんどの場合はそれでよいのだろうが、前述の三つの要素を使ってテストしてみる価値はありそうだ。この件について、その機関は「専門家」と認められているか。「信頼できる」情報源か。そのコミュニケーションやプログラム、活動との関係で「好ましい、親しまれる」イメージを持っているか、などである。

たとえば、国防総省が二十四時間放送の専用テレビ局を設置したという発表に対する反応はさまざまであった。この局は、国防関係のニュース、同省幹部とのインタビュー、兵士たちの日常生活や仕事に関するドキュメンタリーなどを放送しているが、二〇〇五年四月のクリスチャン・サイエンス・モニター紙は次のように報じている。

「ニュース番組のキャスターとレポーターは、ネクタイとスーツ姿ではなく、軍服を着ている。コマーシャルは、洗濯石けんや食器セットではなく、軍隊のPRだ。しかし、その他の点では、一周年記念という節目を迎えた『ペンタゴン・チャンネル』のスタイルと音声は、CNNやC-SPAN[1]に非常によく似ている。この国防総省のテレビ局を運営している人たちにとって、まさにそれが狙いなのだろう。批判者にとっては、まさにそれが問題なのだろう」(10)

1▶米国の非営利の政治専門ケーブルテレビ局。

パートナーを参加させる

問題によっては、コミュニケーションの目的を達するために支援を必要とする場合があり、時には外部の手を借りなければならない場合もある。

たとえば、その分野について、もっと専門的な知識を持った人が必要になるケースだ。保健所は、小児予防接種に関する情報源として小児科学会の意見を引用し、受動喫煙に関する危険については肺ガン協会の意見を引用している。

また、その公共機関の動機や意図について、ターゲット・オーディエンスが疑惑を抱く可能性がある場合、それを避けるためにパートナーが必要になることもあるだろう。湖や小川の水辺に建つ住宅からの排水が水質汚染の原因となっている場合、地元の釣りクラブをコミュニケーションのパートナーにするのは良いアイデアかもしれない。汚染の原因は企業であって個人ではないとか、行政機関が「弱い者いじめ」をしているのではないかという住宅所有者の誤解を、釣りクラブをパートナーとすることで解きほぐすことができるだろう。

さらに、パートナーが好ましい雰囲気を盛りあげてくれる場合がある。赤十字社が救援活動に参加すると、救援の手を差しのべるだけではなく、善意も捧げてくれるような気がして、活動に暖かみが加わるのはその一例だろう。

キャラクターやマスコットを生み出す

特に、ターゲット・オーディエンスが子供の場合、キャラクターやマスコットにメッセージを伝えさせると注意を引きやすく、覚えてもらいやすくなる。公共機関やプログラムに「感じが良い」という要素を少し加味する必要がある場合には有効な選択肢となる。

スモーキーベアが六十年以上も愛され、また防犯犬マクグラッフが二十五年以上も愛され、その言葉に耳を傾けてもらったのはなぜだろうか。何と言っても、テディベアに対するごく自然な愛と、人類の最も忠実なよき友人である犬に対する親近感を彷彿とさせる素晴らしいマスコットを選んだことと関係があるのは確かだろう。また、熊と森林、犬と家庭の警備というイメージしやすい計算された結びつきも、長く愛される理由の一つだろう。またその成功は、上位の公共機関がおざなりな対応をしないで、その衣装や名前、性格の維持に努め、画像使用の基準を守り、他の関係者が利用するときの衣装、ロゴ、素材の選択を容易にするなど、キャラクターやマスコットを長く生かすためにあらゆる手を尽くした結果であることも忘れてはならない。

コミュニケーション・チャネルを選ぶ

メッセージとメッセンジャーが決まれば、次はコミュニケーション・チャネルの選定という難しい仕事が待っている。ここで厄介なのは、選択肢が非常に多く、しかもその一つひとつにさまざまな長所と短所があることだ。また、使いたいチャネルが経費の関係で使えなかったり、承認されなかったりする。まず、主なコミュニケーション・チャネルと具体的な媒体を、**図6**（次頁）にまとめた。各項目を簡単に見ていこう。

プロモーション用の小物

衣料品	実用品
Tシャツ	キーホルダー
野球帽	懐中電灯
おむつ	冷蔵庫用マグネット
エプロン	ドリンク用ボトル
消耗品	ゴミ袋
コーヒー・スリーブ[1]	ペン・鉛筆
コースター（コップ敷き）とナプキン	しおり
バッジ	ブックカバー
刺青風のシール	メモ用紙
風船	トートバッグ
ステッカー	マスコット
フォーチュンクッキー（おみくじ入りクッキー）	小物入れ

看板と展示

道路標識
政府所有不動産または政府規制不動産上の標識と看板

パーソナル・コミュニケーション・チャネル

面談・説明	口コミ
ワークショップ、セミナー、講習会	ウェブサイトのメッセージ

有力なメディア

パブリックアート	漫画
歌	トランプやその他のゲーム
映画、テレビ、ラジオ番組の台本	

（出典： Kotler, Roberto, & Lee, *Social Marketing: Improving the Quality of Life*, Thousand Oaks, CA: Sage, 2002より翻案）

1▶ 熱いコーヒーカップにはめて持てるようにする輪状の紙製品。

図6 代表的なコミュニケーション・チャネルと媒体

広告

放送	屋外広告
テレビ	広告掲示板
ラジオ	バスの車内広告
インターネット：バナー広告	バス停の広告
印刷物	地下鉄
新聞	タクシー
雑誌	バス・タクシーの車体広告
	スポーツ・イベント
インターネット上の広告・ウェブサイト	売店
チケット・領収書の裏の広告	トイレ
劇場での静止画／動画による広告	空港の広告掲示板と看板

広報

テレビやラジオのドラマ	特集ページ
新聞・雑誌の記事	ビデオ

イベント

地域集会	見本市
展示会・展覧会	旅行

ダイレクトマーケティング

郵便	テレマーケティング（電話）
インターネット／Eメール	カタログ

印刷物

申請用紙	ポスター
パンフレット	封筒の印刷メッセージ
ニュースレター	小冊子
ちらし	ステッカー
カレンダー	ドアハンガー

（右ページへ続く）

■コミュニケーション・チャネルの特性

広告の正式な定義は、「特定スポンサーの費用負担によって行われる、アイデア、商品、サービスの属人的でないプレゼンテーションとプロモーションのすべての形態」である(11)。公共部門では、無料の広告もこの範疇に入れてよいだろう。一般に公共サービスの広告[1]（ＰＳＡ）には、無料の放送時間が設定されているからだ。ＰＳＡの注目すべき利点はもちろんコストだが、その反面、新聞や雑誌のどこに掲載されるのか、放送メディアではいつ放送されるのかといったことがほとんどコントロールできないという欠点もある。前述したように、ＰＳＡは「みんな熟睡している（People Sound Asleep)」の略ではないかと思われるのはこういう理由による。

広告を長期にわたって行えば、組織に対する望ましいイメージを定着させることができ、短期の広告は迅速な反応を得ることができる。広告は、マーケティング担当者が多数の顧客に頻繁に接触でき、最も広範に行きわたるコミュニケーション・ツールだと考えられている（もちろん、予算が許せばの話だが）。また大半の広告媒体は、テレビやラジオ、ホームページのように、視覚に訴え、音声や動きによる表現の機会を提供している。

二〇〇三年、平和部隊[2]はＰＳＡによる新たなキャンペーンを導入し、その一年半後にＰＳＡによる屋外広告を始めた。このキャンペーンには、

図7　寄贈された掲示板や交通機関の広告板に貼られた平和部隊の公共サービスの広告(12)

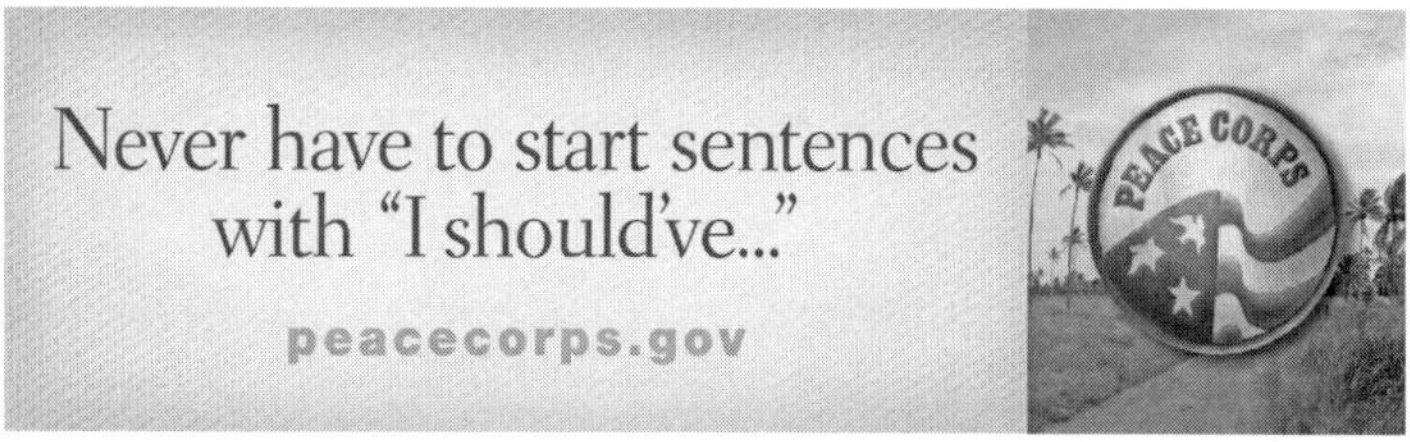

1▶ PSA：Public Service Announcement

2▶ Peace Corps：日本の海外青年協力隊と同様のボランティア組織

新しいキャッチフレーズ「生きがいを見つけよう。あなたはどこまでやれるか？」と、ワッペンの形をした新しいロゴが用意された（**図7**）。平和部隊は、このキャンペーンに関心を示したメディアを通じてPSAを行っている。また、さまざまな大きさのポスターと屋外広告を掲示したり、ラジオとテレビで数秒のスポット広告を流したりしている。

広報（パブリック・リレーションズ）が他と異なるのは、それが無料のパブリシティ[3]だからである。このコミュニケーション・チャネルは、非常に強力な手段の一つで、信憑性が高く、受け手である顧客から信頼されることが多い。特に、広告やセールスマンを敬遠する人の警戒心を解く力があると考える人もいる。広報には、広告と同じように物事を劇的に表現できるという潜在能力がある。パブリシティを手に入れるためには、さまざまな戦術が使われる。プレスリリース（新聞発表）、記者会見のときの配布資料、記者会見の招待状の作成とそのフォロー、メディアのインタビューや写真撮影に応じる旨の通知などである。

たとえば、二〇〇四年にシアトル近郊のスノーホーミシュ・カウンティ・パブリック・ユーティリティ・ディストリクトという名の電力会社は、エンロン社[4]が西部諸州の料金支払者から違法に十億ドル（一二〇〇億円）以上の利益を吸い上げたという財務書類と録音テープを発表して、世間の注目を集めた。この会社は、その証拠をエンロンとのエネルギー契約をめぐる訴訟の材料に使ったのだが、それによってCBSイブニング・ニュースのトップニュースをはじめとする無数のニュース記事、ネットワーク局とケーブル・ニュース・チャンネル上でのレポートやニューヨーク・タイムズ、

3▶ メディアにニュースとして取り上げられるような情報の発信・公開。
4▶ 米国の大手総合エネルギー企業。2000年度の売上は全米第7位を誇ったが、巨額の不正取引と粉飾決算が明るみに出て、2001年12月に破綻に追い込まれた。

USAトゥデイ、ウォールストリート・ジャーナルなど各紙の記事で取り上げられた。このパブリシティは、ワシントン州知事、国会議員、西部諸州の検事総長を動かし、エンロンに対する行政上の検査を早めるよう連邦監督機関に圧力をかけることになった。最終的に、連邦エネルギー規制委員会はエンロンに対する検査の範囲を広げ、その結果、この電力会社は一億ドル（一二〇億円）を超える費用の削減を達成した。(13)

イベントは、公共機関が主催するもの（公共機関内の見学ツアー）だけでなく、一般市民が大勢集まる機会（展示会など）を利用するものもある。そこで行う活動は、機器を展示するブースの開設から地域集会での陳列棚の設置、子供向けのコンテストなどさまざまだ。また、このチャネルには、いくつかの利点がある。ターゲット・オーディエンスとの交流が深まるので、質問を受けたり、ターゲット・オーディエンスに意見を聞けたりする。公共機関の職員にとっては直接体験と実践の機会であり、市民との強い絆を作ることができる。

たとえば、シカゴ警察では、巡回区域での集会を開いている。市内の比較的狭い地域を担当する警官が巡回チームを構成し、どの区域でも月に一度、巡回チームと一般市民との集会を開き、青年グループや暴走族のような集団からも代表者が出席している。二〇〇四年現在、月平均二五〇回の集会が開かれ、警官は前の集会以降の活動を市民に報告し、新しい問題が話し合われる。参加者は季節によって異なるが、夏であれば一区域で平均三十三人、全区域で月平均六七〇〇人の市民が集まる。特筆すべきは、犯罪の多い地域ほど出席者が多いことだ。ノースウェスタン大学の政治学のウェスリー・スコーガン教授によると、この種のイベントは「一般市民の警察に対する信頼感を強め、犯罪発生率を著しく減少させている。その大部分は、貧しいアフリカ系米国人の居住区での減少である」と述べている。(14)

ダイレクトマーケティングは、特定の個人に対して何らかの反応を求めたり、何らかの対話を始めようとする意図を持ったコミュニケーションである。主な手段は、ダイレクトメール（たとえば、水道料金の請求書に、流水量の少ないトイレのパンフレットを封入）、テレマーケティング（停電の電話通知）、カタログ（省エネ機器）、インターネット・マーケティング（道路の補修工事と、その完成予定の掲載）である。利点は、相手に合わせてメッセージを作ったり、最新の情報を提供できたり、相手の反応を引き出せたりすることだ。

毎年、アースデイの祭典のときだけに行われるウェブサイト上の活動がある。そこには、家庭（たとえば、節水方法）、教室（教師に対する子供へのゲームの指導法）、職場（ビルの緑化）、地域社会（近くで開かれるイベントの案内やボランティア活動への参加方法）で起こせる行動のアイデアが掲載されている（**図8**、次頁）。郵便番号を入力すれば、その地域のアースデイの天気予報をチェックすることもできる。この活動のパートナーとして、グーグルも当日の行動に参加しており、二〇〇五年には、グーグルはトップページを樹木とリスと小鳥で飾った。

印刷物は、公共部門が最もよく使うコミュニケーション・チャネルだろう。公共部門のマーケ

図8 ウェブサイトでの「アースデイの祭典」の宣伝

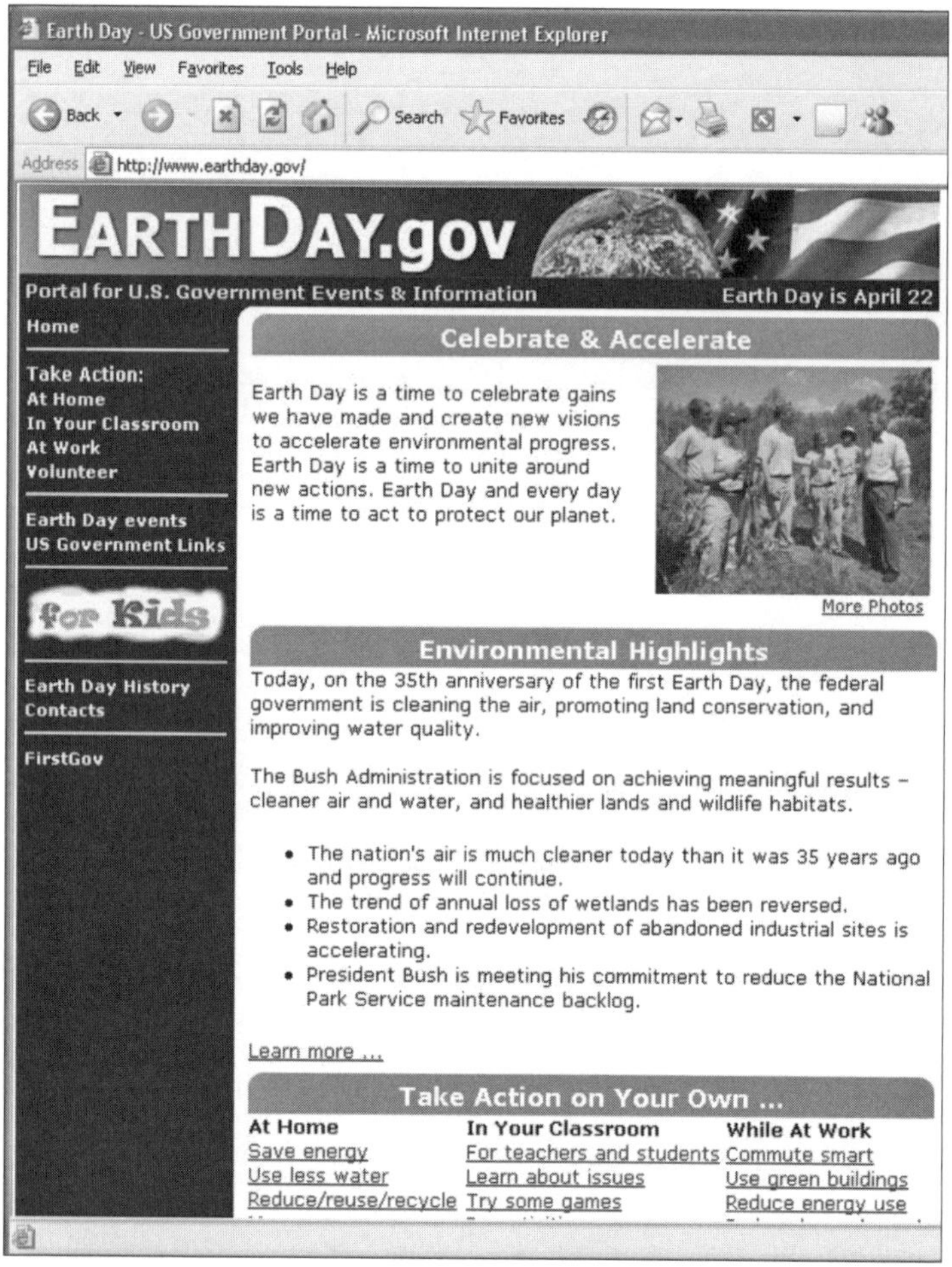

ティングというと、印刷物を思い浮かべる人が多い。申請用紙、パンフレット、ちらし、ポスター、ニュースレター、小冊子、カレンダーなど、その選択肢もおなじみのものだ。

たとえば、パブリックワークス・マガジン誌が二〇〇五年四月に公共機関に対して行ったアンケート調査の結果、マーケティングに印刷物を使うと答えた回答者のうち、七三%がパンフレット、六〇%がニュースレター、二九%がドアハンガー、二三%がカレンダーを使ったことがわかった。また同誌は、インディアナポリス市役所が、「公共工事局の活動紹介パンフレット」「電子ニュースレター」「水道料金請求書に同封する各種プロモーション資料」「洪水対策や冬の天候、オゾンの知識、排水管の取り外し、排水ポンプなどのトピック別のパンフレット」など、ありとあらゆる種類の印刷物を発行していると伝えている。(15)

申請用紙やその他の書式は、厳密にはプロモーションのツールではないが、望ましいブランド・イメージの形成を手伝ってくれる重要なコミュニケーション手段と考えてよいだろう。役に立ち、身近な感じがする公共機関だと思われたいのであれば、書式は簡潔明瞭なほうがよい。ボランティア活動への参加を促したい公共機関は、最短時間で記入できる登録用紙を準備すべきだろう。ブランド・アイデンティティに関する宣言文を作成しておけば、よい指針として参照に役立つだろう。さらに、ターゲット・オーディエンスからの評判も高まるだろう。

プロモーション用の小物は、カテゴリーとしては一風変わったものに見えるかもしれないが、冷蔵庫用のマグネットのような実用的なものから、風船のように実用性のないものなど種々雑多である。マーケティングの世界では親しみを込めて「がらくた」と呼ぶこともある。少なくともこうした小物があると、キャンペーンやプログラム・メッセージの立ち上げに役立つ。戦略的に考えて、より実用的で長持ちするようなものを作れば、メッセージを思い出させるきっかけになるし、認知度を高めることも可能となる。

テネシー峡谷開発公社は、「グリーンパワー・スイッチ®」[1]プログラムに参加する企業に、窓に貼るステッカーを配っている。これは、その企業が再生可能エネルギー資源を使用していることを顧客に知らせる効果があるので、優れた広報手段として知られている（**図9**）。参加企業は、よりクリーンな資源で作られた電力に少し高い料金を支払わなければならないが、環境保護の姿勢を明確にすることで、競合他社との差別化を行い、環境倫理に目覚めた顧客に訴える上で役立つと考えている。[16]

看板という手段を公共部門が持っていることは、民間部門の羨望の的である。道路や空港、郵便局、学校、図書館、公園、地域センターなど、非常に目につきやすい場所で、市民とコミュニケーションできるからだ。多数の市民に頻繁に、継続的に、しかも安いコストで接することができるこのような手段を、民間部門が手に入れることは難しい。ウィキペディア[2]に掲載されている次の例は、効果的な看板が持つ力のほどを教えてくれる。

一九六七年九月三日、日曜日の午前五時、スウェーデンで車の交通が左側通行

図9

再生可能エネルギー源を使用する企業に配られるウィンドウ・ステッカー

1 ▶ Green Power Switch®：企業に対して、太陽光、風力、水力などの再生可能な自然のエネルギーから作られた、いわゆるグリーン電力の使用を普及するプログラム。

2 ▶ Wikipedia：インターネット上の無料百科事典

から右側通行へ変更になった。これは「Hデイ」と呼ばれた。Hは、スウェーデン語で右側通行を意味する「Hogertrafik」の頭文字である。右側通行の論拠は明白だ。スウェーデンの隣国は、ノルウェーをはじめすべて右側通行である。ほとんどのスウェーデン人が左ハンドルの車に乗っている。したがって、左側通行だと片側一車線の高速道路を走っているときに正面衝突が起きやすい。人口も車も少ないにもかかわらず、スウェーデンではこの種の事故が多かった。しかし、それでもこの変更は市民の間では不評だった。このとき、通行帯の変更を知らせると同時に、その周知を明確かつ迅速に行うという重大な役割を担ったのが看板だった（**図10**）。看板がその役目を果たしたことは明白だ。「Hデイ翌日（月曜日）の交通事故は一二五件で、それ以前の月曜日の事故は一三〇〜一九八件だった」。また、この変更にともなう死亡事故は起きていない。(17)

パーソナル・コミュニケーション・チャネルは、複数の人が直接対面形式で、あるいは一人対聴衆という形で行うコミュニケーションで、電話やEメールを利用する場合もある。これは個人的影響が非常に大きいチャネルで、なかでも口コミの影響は強力だ。バーソン・マーステラ社[3]とローパー・スターチ・ワールドワイド社[4]の共同調査によれば、一人の影響力のある人の口コミは、平均すると二人の購買姿勢に影響する傾向があるという。さらに、インターネットを経由した場合は八人に増える。

図10
ドライバーに右側通行への変更を知らせるスウェーデンの標識

3▶ 米国のマーケティング・リサーチ会社。
4▶ 米国を本拠とするコミュニケーション・コンサルティング会社。

したがって、「ウェブコミ」は、購買に影響を与える重要な手段の一つとして、立派に「口コミ」の仲間入りができる(18)。また、マーケティング担当者が注目している比較的新しいチャネルに「バズ・マーケティング」がある。この戦略は、満足を味わった一人の顧客に着目し、その人の影響力を他の見込み客に及ぼそうというものである。ある顧客に異常なまでにプラスの経験をさせれば、その人は「忙しく飛び回って、文字どおり無料でブランドの宣伝をしてくれるマーケティングの代理人」の役を引き受けてくれる(19)。説得力のあるコミュニケーションという点では、次の例が参考になる。

二〇〇五年九月、ハリケーン・カトリーナがメキシコ湾から米国東海岸に接近してきたとき、バージニア州の当局者は一風変わった方法を使って市民に避難を促した。救助隊員は、ニューオーリンズと同じように戸別訪問をして避難を呼びかけたが、住民が避難を拒否したときはマジックペンを渡し、万一の場合に備えて体のどこかに社会保障番号を書いておくように頼んだのだ。「非情なやり方だが、効き目はあった」と、ある当局者は報道記者に語った(20)。ニューオーリンズでもこの簡単な戦略を使っていたら、数百人の命を救えたのではないかと考えている人もいる。

有力なメディアは、使われることは一番少ないが、最も強力なチャネルである。映画、テレビ、ラジオ、音楽、そして四コマ漫画でさえも、市民に多大な影響を与える。プラスの意味でもマイナスの意味でも、社会に変化を与える実に有益な手段である。たとえば、セックスや麻薬に対する過去のメディアの不用意で扇情的な姿勢が、今日の、特に若者の問題に大きく関わっている(21)。

アンドリーセンとコトラーは、プラスの影響についての例を紹介している。

「二十一世紀の最初の数年、ＮＢＣのテレビドラマ「ザ・ホワイトハウス」[1]は、重要な公共政策の問題について視聴者を教育するという大きな役割を果たした。多くの批評家は、この番組が他の公の議論やメディア報道よりも今日の問題（テロリズムの本質、国勢調査におけるサンプリング問題）について多くのことを伝えたと信じている。（批評家は、この番組は「連邦政府の指導者はモラルがなく、自己保身的なエゴイストだ」という一般の認識を打ち消す偉業をなしとげたと言っている。広報の予期せぬ大成功である）」(22)

映画やテレビを前向きな変化を起こす手段として利用することは、それほど難しいことではない。手紙やＥメールで、あるいは直接訪問して、放送局や映画会社にその問題に関心を持たせればよい。たとえば、何年ものあいだ映画やテレビドラマの中で、警察官も含めた誰もが、運転するときにシートベルトを締めるシーンはなかった。しかし、いったん自らの不注意に気づくと、多くの映画監督は、シートベルトを締めるシーンを当然のように取り入れるようになった(23)。何らかのメディアにごく自然な形で、ブランド製品やサービス（たとえば、スモーキーベア）のシーンを挿入する戦略を考えるのも一つの方法だ。これはプロダクト・プレースメントと呼ばれる手法である。

■コミュニケーション・チャネルの選び方

メッセージを伝える場所と時点には、無数の選択肢が考えられる。成功するためには、コミュニケーションの目的と目標の達成に対して最も効果的で、当然のことながら予算の範囲内で、

1▶原題：The West Wing

ターゲット・オーディエンスにぴったりと合った方法を選ぶ必要がある。ただしその際には、強力でありながらあまり騒々しくないチャネルを慎重に選ぶこと、またチャネルだけに囚われず総合的な取り組みを考えることが必要である。

▼コミュニケーションの目的と目標を支援する

第13章で学ぶことになるが、正式なマーケティング計画を立てるときには、ターゲット・オーディエンスに対して何を知らせ、何を信じてもらい、どんな行動を促したいかという意味での、コミュニケーションの目的を明確にしておく必要がある。その計画には、何人の、あるいは何パーセントのターゲット・オーディエンスを説得するかという数値目標を盛り込むべきである。具体的な計画が、メディア・チャネルの選択のみならず、その時期や頻度を判断する指針として役に立つ。たとえば、ある州政府が、投票時に正式な身分証明書を必要とする、新しい投票規則を十八歳以上の成人の八〇%に知らせ（到達度）、六週間のキャンペーン期間中、少なくとも九回は、このメッセージに接してもらいたい（頻度）と考えたとする。そうなると企画担当者は、この意欲的な到達度と頻度の目標に基づいて、どのテレビ局またはラジオ局を選ぶかを決めることができる。

▼予算を割り当てる

到達度を高め、頻度を増やし、影響力を強めるなら、予算も高額にならざるをえない。実際に、メディア戦略もそれと関連する予算も、決められたキャンペーン目標（到達度は投票予定者の八〇%）に基づいて決まる。実際のところ計画が最も大きな影響を受けるのは予算と調達可能な資金源だ。目標達成のためのメディア計画で、当初予定した到達度と頻度のコストを計算してみると、現実に定められた予算をはるかに超えてしまうのはよくある話だ。そこで企画担当者は、最も効率的で効果的だと判断するメディアに優先順位をつけて資金を配分する必要がある。場合によってはキャンペーンの目標を修正したり（たとえば、到達度を投票予定者の六〇%とする）、キャンペーンの段階的実施（八〇%の目標は大都市圏に限定する）を考える必要が生じるだろう。(24)

ターゲット・オーディエンスの行動と特性にメディアを合わせる

コミュニケーション・チャネルを選ぶときに最も気をつけるべきことは、ターゲット市場の「プロファイル（人口動態的特性、心理学的特性、地理的特性、行動様式）」と「メディアの習性」だろう。ターゲット・オーディエンスに対する到達度、訴求力、影響力が最大となるように、具体的なメディアとタイミングを選ぶのである。最終的に、メッセージとメディアの「相性」によって影響度が決まる。たとえば、銃を安全な場所にしまっておこうというメッセージは、読者層は同じようなものだが、園芸雑誌よりも育児雑誌に掲載するほうがふさわしいだろう。(25)

騒々しくないチャネルを選ぶ

視聴者の側に立った場合、これまでのコミュニケーション・チャネル、特にテレビやラジオがやたらに騒々しく、雑然としているように感じることがある。雑誌や新聞、インターネット、郵便物でも情報が氾濫している。あなたも「このコマーシャルを見た覚えはあるが、何の製品だったか、どこがスポンサーだったか思い出せない」などとつぶやいて、これでメッセージの効果があるのかと首をかしげたことがあるだろう。そこで、同僚やコミュニケーションの専門家、ひいては顧客にも集まってもらい、記憶に残る、新しい伝達手段を発見するためにブレーンストーミングをしてみる価値はあるだろう。十年ほど前には、Tシャツや帽子、あるいは身体（刺青風のシール）にブランドをつけて堂々と歩き回ることなど誰も考えていなかったのではないだろうか。フォーチュンクッキー（おみくじ入りクッキー）の中に宣伝を入れることを思いついた人は、何と頭が良いのだろう！　あなたも何か妙案があるだろうか。

総合的な取り組みに努める

総合的なマーケティング・コミュニケーションとは、首尾一貫しており、内容が明確で、説得力に満ちたメッセージを作るための計画的な取り組みである。そのためには、すべてのマーケティング・コミュニケーション・チャネルにおけるコミュニケーションを総合的に検討して、慎重に調整する必要がある（**図11**）。

たとえば、新しい活動を公表する新聞発表のメッセージとダイレクトメールによるキャンペーンの内容が同一であり、パンフレットとウェブサイトの「体裁や雰囲気」が統一されているということである。そのためには、顧客がそのブランドに出会うすべての接点を考慮しておく必要がある。その一つ一つがメッセージを伝達する場所であり、好ましい、あるいは好ましからぬ印象

を与えるか、または無関心で終わってしまうことになるからである。(26)

組織のレベルに配慮し、組織全体のコミュニケーション活動を統括する責任を負うマーケティング・コミュニケーション担当責任者を置いている公共機関がある。コミュニケーションがより首尾一貫したものになり、最終的な影響力がより強くなれば、それだけ優れた結果が得られる。

一方、プログラムのレベルで考えると、組織全体の場合よりも範囲は狭まるが、その任務はまったく同じである。意図した通りのブランド・イメージを生むためには、それぞれのチャネルを通じて、提供物と首尾一貫したトーンとスタイルを盛り込んだメッセージで伝える努力が要求されるのである。

図11　マーケティング・コミュニケーションの統合

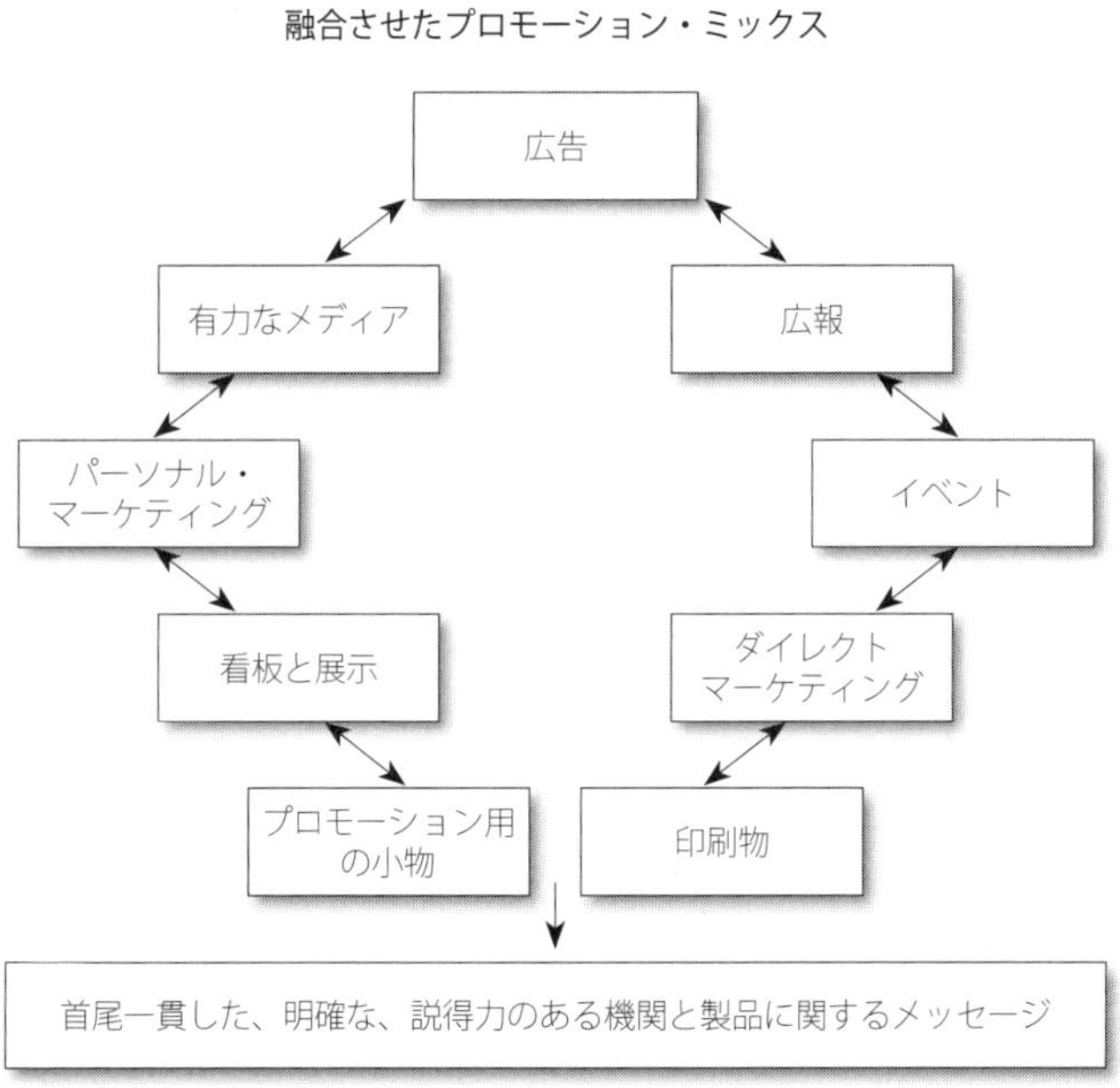

まとめ

マーケティング・ツールの第四の「P」であるプロモーションは、ターゲット・オーディエンスに提供物の内容を伝え、約束されたベネフィットが体験できることを信じてもらい、行動する意欲を起こしてもらうという意図を持った、説得のためのコミュニケーションである。

公共機関の提供物（製品、価格、流通チャネル）に関するマーケティング計画の立案段階で決められた意思決定に基づいて、ターゲット・オーディエンス独自のプロファイルと特性を考慮したコミュニケーション戦略が開発され、マーケティングの目的、目標、意図したブランド・アイデンティティを支援するような企画が作られる。

そのためには、メッセージ、メッセンジャー、コミュニケーション・チャネルという三つのコミュニケーション要素を検討しなければならない。

メッセージの作成は、コミュニケーションに接するターゲット・オーディエンスに何を知らせ、何を信じてもらい、何をしてもらいたいかを明確にすることから始まる。メッセージは簡潔にし、顧客のベネフィットを重視し、生き生きとしたイメージが浮かぶような言葉を選び、覚えやすく、ブランドにふさわしいスタイルとトーンを備えていることが望ましい。

メッセンジャーは、実際にメッセージを伝える人、あるいはターゲット・オーディエンスに対して、そのコミュニケーションの背後にいると信じてもらいたい人である。公共機関が単独のスポンサーとなる場合が多いが、スポークスマンを起用したり、有名人をパートナーにしたり、キャンペーンの中心的要素としてキャラクターやマスコットを使うという選択肢もある。メッセンジャーを決定するときには、専門家として認められること、信頼性があること、好感度が高いこと、という三つの影響力に関する要素を指針とすることを勧めたい。

コミュニケーション・チャネルは、メディア・タイプと呼ばれることもあるが、プロモーションのためのメッセージが姿を現す場所である。公共部門が使用するメディア・タイプの主なものは、広告、広報、イベント、ダイレクトマーケティング、印刷物、プロモーション用の小物、看板と展示、パーソナル・マーケティング、有力なメディアである。これらのチャネルの中にある複数の選択肢は、メディア手段と呼ばれている。コミュニケーションを成功させるための秘訣は、コミュニケーションの目的と目標に合ったメディア・タイプとメディア手段を選ぶことである。その際には、予算という現実に基づいて優先順位をつけること、ターゲット・オーディエンスの行動様式と特性にふさわしいものを選択することを忘れてはならない。さらに勧めたいのは、新たな、騒々しくない、整然としたチャネルを見つけることと、総合的なコミュニケーション戦略を考えることである。

最後に一言、付け加えておきたい。メッセージ戦略を確定するまで、メディア・チャネルや手段を選んではならない。伝える内容が明確でないのに、最善のメディアを選べるわけがないからだ。あくまで「パンフレットを作る必要がある」と言い張る人には、「切手」がエイズという言葉をネパール中に知らせたという話を教えてあげてはどうだろうか。

chapter 8

顧客満足度を高める

消防署の継続的な課題に、常に顧客のニーズを把握しておくことがある。急速に変化する未来に向けて、消防署が生き残れるかどうかは、組織のあり方とサービスの方法を絶えず改善する能力の有無にかかっている。変化の波が押し寄せる前に、自分の仕事の意義を問い直すことができる柔軟な精神の持ち主だけが成長し、繁栄するだろう。それができない人間は、残念ながら雇用市場という高速道路で車に轢かれた動物のように死骸を横たえることになるだろう。「私は消火のため（だけ）に雇われた」と頑固に言い張る者は、「轢かれた消防士」になるだろう。

――アラン・ブルナチーニ（フェニックス市消防署長）

この章のテーマは、「マーケティングの原理とテクニックをどのように使えば、顧客サービスを改善し、顧客満足を高めることができるのか」だ。公共部門の職員の多くが持つ、次のような考え方と問題点を率直に認識することから始めよう。

- 我々は、建設許可を発給する唯一の機関である。市民が快適な経験をするかどうかは、たいしたことではない。彼らは、必要があるときには我々のもとへ戻ってくる。
- 私はバスの運転手だが、地下鉄の売店のおばさんのように乗客に挨拶したり、笑いかけたりしなければならない理由がわからない。私の仕事は、事故を起こしたり、反則キップをもらったりせずに、次の停留所まで時間どおりに行くことで評価される。
- バーガーキングがお客に「お好きなようにお召し上がりください」と言ったり、ノードストローム百貨店が理由も聞かずに返品を受け取ったり、アマゾン・ドット・コムが次にログインしたときに新しい本を薦めるために顧客が買った本を記録したりするのは、理由のあることだ。販売を増やし、利益を増やし、競争相手を打ちのめすためだ。だが我々は、売上に基づいて予算をもらっているわけではない。利益をあげたくても、あげられないのだ。それに、競争相手もいない。
- 私の理解では、顧客満足というのは期待と成果の関数である。我々が期待を満たしてやれば、顧客は満足する。ほとんどの人は行政に大きな期待などしていないのだから、顧客満足などと騒ぎ立てることはない。

この章では、顧客の満足が高まればどれほど有意義なベネフィットが生じるかを検討したあとで、満足度を高めるための五つの実践活動について説明する。まず、感動的な事例を紹介しよう。

注目事例

フェニックス消防署「水のタンクを持った平和維持軍」(1)

フェニックス消防署の消防車に書かれたロゴが、「彼らが何者か」を物語っている。

「我々の家族が、あなたの家族を助ける」（**図1**）

同署のミッション・ステートメント（使命の宣言）は、英単語五つから成る簡単なものだが、「彼らが何をしているのか」を表している。

図1
「我々の家族が、あなたの家族を助ける」のスローガンをかかげたフェニックス消防署の消防車

「被害を防止せよ。生き残れ。親切であれ」[1]

同署のマニュアルと訓練資料は、「彼らの仕事の進め方」の指針となっている。

「反応は素早く。問題は解決せよ。自ら治療に当たれ」

同署のアラン・ブルナチーニ署長は、「なんのために彼らは仕事をするのか」を語っている。

「人々とペットと絵画のため」

課題

アラン・ブルナチーニは四歳のときにタイヤ販売店の大火事を見て、消防士になることを決意する。一九五八年にフェニックス消防署に入り、模範的な消防士となった。署内で最も重要なのは、素早く行動し、問題を解決することだった。当時、消防士は技術者で、顧客は犠牲者だった。七八年、彼は署長に昇任し、三十年近くその地位にある。米国における消防署長の平均任期がほぼ二年半だという事実からすれば、驚くほど長い在職期間である。

彼は、一九九〇年ごろ、その後の十五年間の同署の活動を方向付ける決定的な出来事が起こったと指摘している。それは、ある市民からの手紙を読んだことから始まった。その手紙を読んだ

1 ▶ “Prevent Harm. Survive. Be Nice”

彼は、署の業務システム、装備、テクニカルスキルのほとんどが文書化されていなかったことに気づく。その後、文書化という仕事を消防署の中核となる生産物と考えるようになった。しかし、当時はそんなことより、消防士同士が署内での処遇をめぐって怒鳴りあっているような状況だった。だが、彼らは署内で話し合い、さらなる生産物として「思いやり」が、新たな装備として「熱意」が必要だという結論に達したのだ。将来も消防署が発展しつづけるために、顧客サービスが次の重点分野であることは明白だった。ブルナチーニ署長は、サービス提供のあり方を決める主な要因が顧客のニーズや認識、感情だということを悟った。「結局、ビルや家屋に投票権はない。投票するのは人間なのだ」(2)

戦略

現在、ブルナチーニ署長は毎週のように講演を求められたり、対談に呼ばれたりして、全米の人たちにその大胆な顧客サービスの哲学を説いている。

第一に、消防署は市民との出会いすべてにおいて価値を高めなければならないというものである。彼はこれを、一般に言われる目標管理（Management by Objective）ではなくて、機会管理（Management by Opportunity）という意味でＭＢＯと呼んでいる。この哲学は次の事例によく反映されている（顧客の総称として「スミス氏」という言葉を使っていること、また現在形を使用していることに注意してほしい。いずれも意図的なものである。これは、フェニックスで毎日のように起きている物語だからだ）。

フェニックス消防署……サービスを超えるもの

午前一時三十分、フェニックスのある材木置き場で大火災が発生する。鎮火の後、所有者との折衝にあたるのは副署長である。彼は現場から携帯電話で所有者のスミス氏を呼びだし、状況を説明し、現場で話し合う約束を取りつける。スミス氏が到着すると、副署長は彼を立ち入り禁止区域内に招き入れて、いっしょに現場を一巡する。消火の手順を説明し、今後の復旧計画を話し合う。業務の大半は常連客からの電話注文だというスミス氏の説明を聞いた副署長は、署のコミュニケーション担当者の助けを借りて、午前八時から仮事務所に電話がかかってくるように計画を立てる。さらに、近所のモーテルを仮事務所に定め、携帯電話を置いて、スミス氏の業務用電話にかかってきた電話をこのモーテルに繋ぐよう手配する。

＊＊＊

自営のセメント工事請負業者のスミス氏が、八メートルほどの長さの私道にコンクリートを注ぎ込んでいるときに、心臓麻痺で倒れる。車で通りかかった人がそれを見て、救急番号911に電話をする。最新の初期救命治療が施された後、スミス氏は病院に送られる。現場に駆けつけた消防班長は現場の調査をして、摂氏三十二度の気温でセメント工事が半分やりかけという状態では、スミス氏の費用負担が相当増えるだろうと判断する。彼は、材料の再手配と工事のやり直しが必要で、それには二五〇〇〜三〇〇〇ドル（三十〜三十六万円）かかると推定する。班員と相談したところ、近所の消防支所に非番のときにセメント工事をしている消防士が二人いることがわかる。早速、彼らの助けを求めて、工事に取りかかると四十分で完成する。本部に戻った班長は病院に電話し、スミス氏の家族に、ピックアップ・トラックと機材は署内に保管してあり、「〈消防士という小人〉が工事を仕上げたので心配しないように」というメッセージを伝えるよう頼む。

☆☆☆

不注意なドライバーが赤信号での停止を怠ったために、六十七歳のスミス氏と愛犬のジェイクが衝突事故に巻き込まれる。現場に到着した救急隊員は直ちにスミス氏の応急治療にあたり、隊長が犬の世話をする。ジェイクとの信頼関係を確立した隊長は、犬に異常がないことを確認し、消防車の車内に収容する。スミス氏は意識があり、ひどく犬のことを心配している。隊員は、ジェイクは大丈夫だと保証し、スミス氏を最寄りの病院へ連れてゆく。一方、ジェイクは二キロほど先の獣医のもとへ連れて行かれる。犬に異常がないことを確認した隊長は、病院でスミス氏に付き添っている救急隊員に電話をして、獣医の名前、場所、電話番号を告げ、ジェイクが無事だとわかるように、スミス氏の医療記録にすべての情報を記載してもらうよう指示する。翌日、隊員は病院を再訪し、ジェイクが無事だという報告をスミス氏が受け取ったことを確認する。

顧客サービスの第二の哲学は、頭の回転が速く、有能な青年を募集して雇用し、あたかも顧客に接するように彼らを処遇し、望ましい行動の模範を示すことである。付加価値作戦は署員の質にかかっているのだ。彼らには、現場でサービスを提供する機会を見つけて、それに対応し、必要に応じて応援を要求できる権限を与えておかなければならない。また消防署員として何をすべきか、という判断を助けるのは一連の質問である。顧客にとって適切なことか。署にとって適切なことか。合法的、倫理的、かつ立派な行動か。安全か。それは消防署のレベルで判断してよいことか。説明責任を果たすことができる行動か。署の方針や価値観と齟齬はないか。この質問の答えがすべてイエスであれば、署長の許可は必要ない。直ちに行動に移るべし。

最後に、この顧客中心主義的なサービス提供のあり方を支えているのが従来の総合的品質管理である。たとえば、顧客が不満をもらしたときは、ただちにその人に接触して何が起きたのかを調べることが署の規則である。「へまをしでかした」のであれば、将来その失敗を繰り返さないように規則を変更したり、新しい規則を作成する。次に、その顧客のところを再訪して、二度と同じ過ちを繰り返さないように手段を講じたことを報告する。

成果

ブルナチーニ署長が最初に認めたのは、この十五年は苦労の連続だったということだ。一一〇年間の歴史を持つ軍隊風の管理スタイルを克服しなければならなかったし、増える経費に対する疑問や批判に対処し、膨れ上がるいっぽうの期待に応える必要があった。彼は批判に対して次のように答えている。

1　我々の仕事の成果を見てほしい。

● 公債を発行してその引き受けを断られたことはないし、人員や資金の提供を断られることはめったにない。

● 署員の満足度、無事故記録、在職期間は全米でも最高レベルである。

● 毎年約五十人の採用予定に対して三〇〇〇人近くの応募者がある。

他に質問は？

2　我々が最小のコストでベネフィットを増やすことができる（署内の余剰能力を使うことが多いが）ということを実証すれば、行政機関は湯水のように金を使うが見るべき成果がない、という世間の認識を変えることができるだろう。

3　スミス氏は六十年間も税金を払い続けている。病院から戻ってくるまで、愛犬を動物病院に預かってもらうくらいは当然ではないか。

公共部門における顧客サービス

顧客サービスと顧客満足のためのフェニックス消防署のような活動は、「ちょっとやりすぎ」ではないかと思われるかもしれない。公共部門担当者の中には、自分の機関でこうした取り組みを行うことが可能か（あるいは、行うべきか）どうかには懐疑的な人が多いだろう。他にも、市民に対して、顧客満足という基本的な前提が、そもそもそんなに重要なのかと疑問に感じる人もいるだろう。こういう人は、「顧客満足を高めることによって、我々の機関や部署の資金、予算、業務の効率化、成果、資源の配分にどんな影響が出てくるだろうか」と疑問を抱くにちがいない。予算や成果との間に明らかな相関関係が認められなければ、顧客満足を優先する意味を見つけることは難しいものだ。

また、なかには、民間部門のサービスの質が公共部門に比べてそれほど良いとは思わないとして、「それで何か問題があるのだろうか」と非常に基本的な異論を述べる人がいるかもしれない。環境保護庁主催の全米顧客サービス会議で、ガバメント・エグゼクティブ・マガジン誌の共同編集者アン・ローレントは、次のように述べている。

「顧客サービスの質は、民間部門でも公共部門でも変わるところはない。良いところもあれば、悪いところもある。ノードストローム百貨店があれば、シアーズもある。強いて違いがあるとすれば、公共部門に対する監視の目は厳しく、報告されるケースが多いということであろう」(3)

顧客満足を高めることによるベネフィット

議論を進めるために、「大半の行政機関は顧客サービス分野での改善余地があり、問題はその改善を実行するための資源配分が正当に行われているかどうかである」という前提に立つことにしょう。

歳入・収入を増やすことができる

市民がどの製品を買うか、どのプログラムやサービスを利用するかについて選択肢がある場合（たとえば、公民館がホテルや会議場と張り合って施設を会議や研修会に貸し出す場合）、顧客満足のレベルが公共機関の歳入・収入に影響することが多い。利用頻度が歳入・収入増につながり、「利用が多ければ多いほど良い」という場合は（たとえば、郵政公社の本業である製品やサービスはもちろん、UPSやフェデックスと競争するために実施している翌日配達保証をはじめとする付随的サービスも含めて）、特にその機関に与える顧客満足度の影響は大きい。

二つの変数の影響を受ける「公共交通機関」を例にとってみよう。その手強い競合相手の一つは「利便性」で、もう一つは私たちのほとんどがマイカーに対して抱く「恋愛感情」である。マイカーを諦めて、公共交通機関を利用するかどうかは、時刻表、経路、乗換え回数、時間の正確さ、運転手の態度、車内の清潔さ、乗客の質、停留所の位置、待合所やそのベンチの有無などに関する満足度と深い関係がある。提供物のこうした点に対して顧客がどのような体験をし、どのように感じるかによって、初回だけでなく、その後も継続して利用するかどうかが決まり、その機関の年間の歳入・収入に影響する。

■必要な資金の獲得に役立つ

二〇〇五年四月二十一日付のシアトル・タイムズ紙は、「十の市立校が廃校の瀬戸際に。財政赤字解消に大胆な施策」という見出しで人々の興味をかきたてた。記事は、市の教育委員会が財政赤字の増大と出生率の低下に加えて、私立校に通わせたい親の意向や郊外への転居などの理由による在校生の減少に直面していると報じていた。教育委員会の予算は在校生の数によって決まるので、委員会は支出を大幅に削減する必要に迫られ、運営費節減のために学校の統廃合を検討しているというのである。

　教育委員会のような機関は政府の補助金に頼っているが、この種の補助金の額が市民参加の状況に基づいて決まる場合には、顧客満足度の影響を受ける。たとえば、学校に対する満足度は、学級規模から通学バスの有無、その距離、理科の上級クラスの有無、父母や生徒の懸念に対する学校責任者や職員の対応の仕方にいたるまで、すべてのことに左右される。希望が満たされそうになければ、父母は私立校や、郊外または異なる学区の学校への転校を検討するだろう。

　もう一つ例をあげよう。「農産物の栄養学に関するプログラム《ファーマーズ・マーケット・ヌートリション》」は、プログラムの加入者である女性、乳児、幼児への新鮮で、未加工の、地場産の野菜や果物の摂取を増やすと同時に、農産物直売市場に対する認識とその活用を普及させるためのプログラムである。その資金は、連邦政府と地方自治体の拠出助成金《マッチング・ファンド》として支出される。このプログラムの有資格者には、農産物直売市場で未加工の果物、野菜、ハーブ類に限って交換できるクーポンが支給される。しかし、受益者が実際に市場に行ってクーポンを使うかどうかは、交通の便や駐車場の有無、農産物の選択の余地、現金でなくクーポンを出したときの農家の応対の仕方など、多くの変数によって左右される。クーポン利用率は集計、報告され、将来の予算配分の判断材料となるので、担当者はこのプログラムに対する受益者の満足度を高めて、クーポン利用率を増やす方法を検討せざるをえない。

業務の効率化につながる

顧客が幸福になれば、業務効率が良くなると言えるか。システムアプローチ[1]を用いれば、それが可能になる。顧客は、行列が短く、待ち時間が少なく、手間がかからないというような経験を通じて業務の効率化による恩恵を感じれば、それを評価するものである。公共機関でも業務の効率化が進めば、サービスの提供に要する資源が少なくてすむというメリットがある。顧客満足度向上による業務効率化の秘訣は、顧客のニーズ、好み、行動様式に基づいて、プロセスや手続きを設計し、評価し、調整することにある。またその秘訣は、将来にわたって顧客がより協力的になってくれるかどうかによって左右されるため、継続的なフィードバック（反応）と修正を加えていかなければならない。

「空港での保安検査の行列」の性質と、世界中の関係機関がこのプロセスの迅速化のためにどんな手を打ってきたかを考えてみよう。各機関は、顧客が感じる不便さや行動の動機を理解しようとそれぞれ独自の手法を使い、手続きの改良や修正を行ってきた。列の先頭でビニール袋を渡すのは、顧客が早目に小銭や鍵をポケットから出してくれることを期待しているからだ。銀行やディズニー・ワールドでやっているように、列の先頭で次の空いているチェックカウンターに

1▶ システムは、相互作用する要素の複合体である。その要素の1つだけを取り上げて個別に最適化しても、システム全体に悪影響を及ぼす場合がある。そこで各要素の相互作用に注目し、システム全体としての最適化を図って問題を解決しようとするアプローチ。

誘導するのは、そうすれば時間を短縮できるからである。一〇〇種類の言語で書いた説明書やパンフレットを渡すより、着用禁止品をビデオや図示した看板で知らせるほうが、手荷物検査台の手前でパソコンをバッグから出す必要性を理解してもらいやすい。検査係員が靴を脱ぐように合図するが、これは徹底的な身体検査を受ける羽目にならないように従ったほうがよいというメッセージでもある。小物の検査と受領を迅速に済ませるためにトレーまで用意してある。こうしたシステムは効果的であり、乗客も検査を短時間で済ませることができる。規則に従うほうが検査を速く済ますことができることを知ったので、ほとんどの人は、次回はもっと準備を整えてやってくる。満足度が高まれば、それが市民の行動にも良い影響を及ぼし、機関の業務の効率化につながるのだ。

「地域医療センター」でも同じような考え方が通用するだろう。どの医療センターも、患者が予約時間を守り、重要な診療記録や情報を携えて約束の時間どおりに到着し、診察後は勧められた治療法に従うことによって、効率化を図りたいと考えている。「過ちを犯しやすいのが人間だ」という前提に立てば、事前に電話をかけたり、予約カードを渡したりすることにより、患者が時間どおりに、必要な記録や情報を持って現れる確率は増えるだろう。予約時間どおりに受診できれば、患者は次の予約のときも時間どおりにやってくるだろう。予約があろうと、なかろうと、とにかく待たされるという認識が解消するからだ。病状の経過を知るために電話をかけるとか、往診するなどの基準を決めて実施すれば、医師の治療計画に従おうという患者の意欲が高まり、治療成績も改善するだろう。

どちらの例も、顧客は、望ましい行動を阻害するような障害が取り除かれれば、また、望ましい行動をすることによって価値のあるベネフィット（待ち時間の短縮や健康の回復）が得られれば、公共機関の資源の効率化に進んで協力することを示している。

成果が改善する

ほとんどというわけではないにしても、多くの行政機関が成果の業績指標を策定し公表している。これは、将来の施策の優先順位や一定期間における戦略目標と目的の達成度を判断するためである。ここでの問題は、顧客満足の高まりが業績指標にプラスの影響を与えるのかどうかを判断することである。

この問題を明らかにするには、国勢調査局が業績目標を達成するために、顧客満足度向上の必要性を認識した例が役に立つだろう。

同局が立てた「二〇〇四～〇八年戦略計画」の中のある目標が、この問題に深く関わっている。それは、「戦略目標第一……米国の人口、経済および政府に関する現在の統計について、政策立案者、企業、非営利組織、一般市民のニーズを満たすこと」である(4)。この「目標」に到達する前段階として、いくつかの「目的」があげられているが、なかでも最も関係が深いのが「目的一―三……調査回答者の負担を減らすこと」である。国勢調査局は、データ収集の成否はデータ提供者である個人、家庭、企業、政府の協力と参加にかかっていること、また回答者の負担をできるだけ軽くすることが彼らの協力を得ることにつながり、ひいては業務コストを削減し（たとえば、トラブルの解決）、成果を高める（目標回答率の達成）ことになると認識している。

顧客の参加姿勢に影響する障害とベネフィットに対する理解に基づいて、この目的を達するための戦略と手段がこの計画の中に規定されている。

- 反復調査のような単純な調査は、電子報告の制度や選択肢を拡充し、電子的手段によって行うこと。
- 調査に対する参加意識を高め、回答を簡単にするために、回答者を意識した質問内容にすること。
- 参加意識を高めるために、家庭や企業が用いている記録方法に応じたデータ収集を行うこと。
- 不必要な質問をなくすために、連邦、各州、民間部門の既存の調査結果を十分に活用すること。

国勢調査が成功したかどうかの少なくとも一部は、回答率によって判断できる。二〇〇〇年の国勢調査の郵便による最終回答率は七八・四％で、一九九〇年の最終回答率七五・〇％に比べて三・四ポイント改善した。(5)

顧客満足を高める実践活動

顧客サービスの改善による、潜在的なベネフィットについて理解できたところで、この目標を達成するために民間部門が実践している活動のうち、公共部門に関連の深い五つの実践活動を紹介しよう。

第1の実践　優れたサービスをする従業員を支援する

顧客満足を高めるという議論は、従業員、特に顧客へのサービスの最前線にいる従業員が果たす重要な役割を認識することから始めなければならない。ドライバーに反則キップを渡す警察官、図書館の司書、家庭訪問を行う児童相談員、電話質問に答える税務署員、生徒に罰を与える教師、十代の若者に求職票の書き方を教える職業安定所のカウンセラー、国立博物館で見学ツアーの案内をする学芸員、空港の保安検査場で乗客の検査に当たる係官など、顧客との接触が多く、影響力の強い職種がある。こうした立場の人が顧客を満足させたり、忠実なファンを作ったり、良い評判を立てたり、あるいはその反対のことを引き起こしている。接客によって「成否が決まる」という点を理解して、マーケティングに成功している企業の中には、従来の組織図を逆にして、

図2　逆ピラミッド型の組織図(8)

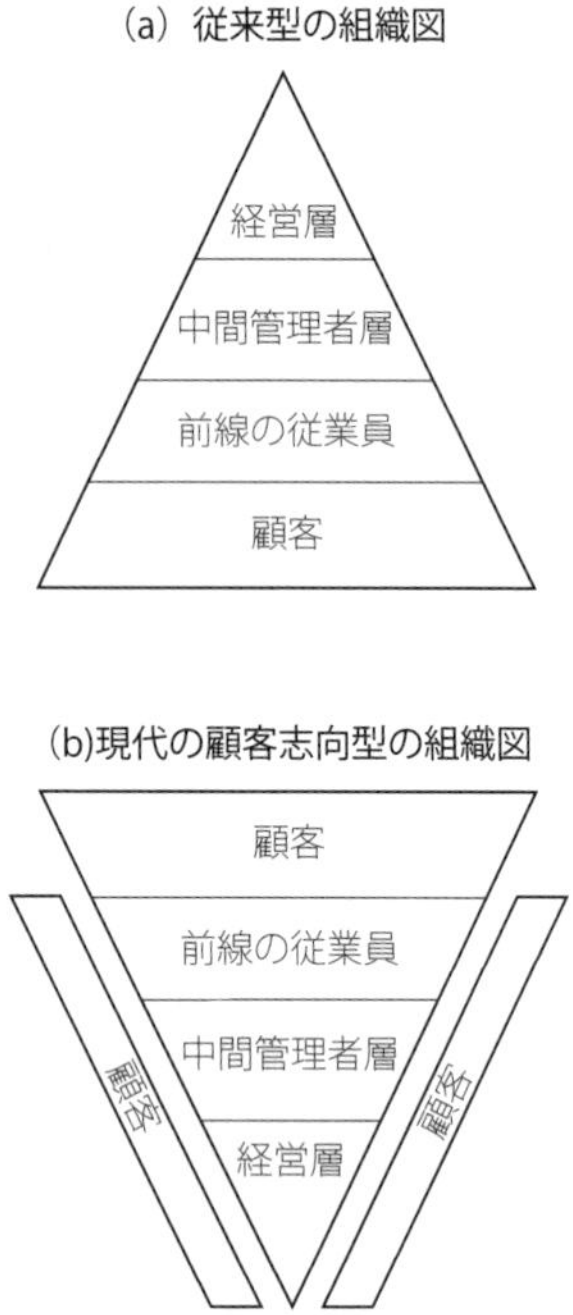

顧客をトップに、次に前線の従業員、つまり顧客に直接接してサービスを行う従業員を置いているところもある。前線の従業員の顧客に対するサービスが行き届くように支援をする管理層を組織図の中間に、そして経営層、特に採用や教育に当たる経営層を底辺に置くのである。コトラーとケラーは、この逆ピラミッド型の構造を**図2**のように示している。

従業員の前向きな姿勢の重要性を考慮して、サービス業の会社ではできる限り優秀な従業員を集めることに関心を持ち、資源を集中し、適切な（しかし、簡単な）研修プログラムを開発したり、優れた成績をあげた従業員を表彰したりしている。ノードストローム百貨店は長いあいだ顧客サービスの原理を研究する格好の事例と考えられてきたが、同社にとってこうしたことはもはや理想ではなく、現実なのである。

ロバート・スペクターは、ノードストロームを徹底的に研究し、同社の哲学と実践活動を、パトリック・マッカーシーとの共著『ノードストローム・ウェイ――絶対にノーと言わない百貨店（新版）』に記している。「ノードストロームの特異性は、従業員の一人ひとりが起業家精神旺盛で、意欲に満ち、権限委譲の文化が溢れていることだ。ノードストロームは、前線の従業員に自発的行動を奨励し、説得し、要求し、期待している。彼らは（上司からの指示待ちではなく）自分自身のアイデアで行動し、その店とその地域の特徴にマッチしたファッションを勧める自由を与えられている。ノードストロームで最も優秀な販売スタッフは、買い物客を満足した顧客に変えて店から送り出すために、文字どおり、できることのすべてを行っている」(6)。この著者たちは次のようなことを勧めているが、そのうちのいくつかは、公共機関にとってもきわめて重要であり、フェニックス消防署の物語を思い出させる。

笑顔を絶やさず、技能を磨け……スペクターとマッカーシーは、ノードストロームが従業員に求める素質は非常に基本的なものだと語っている。販売スタッフに要求することは「素晴らしくあれ」ということで、この点を強調するためにブルース・ノードストローム会長の次の言葉を引用している。「素晴らしい人を雇って、販売の仕方を教えることはできる。販売員を雇って、素晴らしくあれと教えることはできない」(7)

模範を示して指導せよ……前述の本には、ノードストローム流の行動を目撃して感動した従業員の忘れられない思い出を掲載している。ある日、百貨店の売場を歩いていたブルース・ノードストロームがカウンターの上に置いてある炭酸飲料の空き缶に気づいた。彼は空き缶をゴミ入れに捨て、そのまま歩きつづけた。誰が置いたのか、なぜ誰も片付けなかったのかと問いただすこともしなかった彼の姿勢に、この従業員は感激した。自分で処理する、それがノードストローム流の真髄だった。

起業家のように振る舞う権限を従業員に与えよ……「権限委譲」と言うと、いささか陳腐な感じがするが、「ノードストロームではそれがきわめて重要な真実だった」(9)。従業員に、無条件で返品を承諾する権限を与えることが乱用につながったり、コントロールできなくなるのではという、誰でも考えるような質問に対して、スペクターは、その答えはしごく簡単だと述べている。「そういうこともある。しかし、ノードストロームの哲学の中心にあるのは、少数の不正直な人のために、すべての人が不利益を被ってはならないという欲求なのだ」(10)。この哲学は顧客だけでなく、従業員にも当てはまるものだ。

英雄的な行為は皆で祝おう……顧客に対するサービスが非常に際だったものであった場合には、それを表彰し、模範にするのが、ノードストロームの文化である。従業員が同僚の優れた振る舞いを見かけたときは、それをメモにして上司に渡す。このメモ制度とその結果による表彰には、受賞者（とメモをした同僚）を喜ばせる以上の効果がある。この会社で昇進しようと思えば、顧客サービスに専心することだ、というメッセージを会社中に伝えているのだ。

第2の実践 社会基盤とシステムが障壁になっていないか確認する

顧客サービスの鍵を握るのは、円滑に機能するシステムだと多くの人が信じている。物事がうまく行かないときは、人間の問題ではなく、システムの問題であることが非常に多いと言うのである。システムがサービス志向の文化よりも重要であるかどうかは別にして、顧客満足にとって、従業員が誠心誠意顧客に尽くすことと同じようにシステムも決定的な意味を持つことは間違いない。マーケティング担当者（あるいはマーケティング的な発想）の役割は、顧客の満足度合いを察知し、改善余地がある窓口や手続きを的確に指摘することである。

シンガポールのチャンギ空港は、顧客満足においてこれまで数々の賞に輝き、常に賞賛を浴びている。なかでもコンデナスト・トラベラー誌や英国のデイリーテレグラフ紙、サンデーテレグラフ紙の読者によって長年世界最高の空港と認められており、ワンダーラスト誌は「最高の国際空港」賞を授与している(11)。このような結果は、世界最高の空港であると同時に世界的なハブ空港になることを目ざすというビジョンに根ざすものであり、さらに重要なことは、旅行客が最も必要とする、迅速で手間のかからない通関手続きの実現に注力したことによるものであろう。乗客が入国審査を済ませ、チェックイン荷物を受け取り、税関検査を終えるのに三分もかからないと言われている。出国旅客についても、システムアプローチを用いて、同じような利便性を提供している。この空港は、二〇〇四年に新たなテクノロジーによるシステムの改善を行った。その一つに、旅行シーズンの最盛期に備えて取り入れた、最新のソフトウエアによるチェックイン手続きの簡素化がある。(12)

英国で急増している犯罪の一つは、「個人情報の詐取」である。この犯罪による英国での被害総額は一三億ポンド（三一二〇億円）にのぼるだけでなく、被害にあった個人は記録を回復し、元どおりの生活に復帰するために平均三〇〇時間を費やしている(13)。二〇〇五年三月、安全性を高めた(そして、顧客満足を向上させる)システムが公表された。それは個人の生体情報による「電子パスポート」で、保有者の顔をスキャンして取り込んだチップを内蔵することによって本人認証を行うというものである。また、成人が初めてパスポートを申請するときは面接を受けなければならない。さらに、パスポートの「紛失、盗難および再発行」記録をデータベースにする制度が導入され、世界中の警察および国境監視所の紛失・盗難情報とリンクされる予定である。この新制度は、英国市民がこれによって安心して世界中を旅行できるだけでなく、世界の安全と法律執行にも貢献するものと考えられている。(14)

最後に、社会基盤の変更が顧客満足を高めた例として、米国における「救急通報番号911」の事例がある。この番号が、ペットが行方不明になった、自転車が盗まれた、道路に穴がある、街灯が消えた、自動車が放置されている、息子が刑務所に放りこまれていないかチェックしてくれ、というような通報に利用されたときの、係員のフラストレーションとイライラぶりはどんなものだろうか。一方、問題を抱えた市民のほうでも、誰に知らせてよいのか、どの番号に電話すればよいかわからないために、フラストレーションがつのる。そこで、全米のいくつかの都市が代替手段として、緊急ではないが、重要な問題の受付用に、「311」通報制度を設けている。この目的は、情報を必要とする市民への対応を改善し、通報者を正しい方向に誘導し、市役所の仕事をより効率的、効果的にし、そして市民に対して「ワンストップ(一ヵ所で用が足りる)サービス」を提供しようとするものである。

第3の実践

顧客管理システムを検討、改善する

いったん専門用語に対する拒否反応を克服しさえすれば、公共部門の担当者は、顧客管理[1]（CRM）システムが顧客満足を高めるために非常に適切なものだと理解できるようになる。CRMシステムには、組織が顧客の個人情報をリアルタイムで、詳細な履歴を入手でき、監視できる特別なソフトウエアとハードウエアが含まれている。CRMシステムには業務遂行上の機能と分析機能が含まれており、さまざまな顧客との接点でデータを捉えるために、関係者との協調が必要となる。

たとえば、オーストラリア、クイーンズランド州の児童安全局は、少年少女が裁判を受け、州が管理する更生プログラムを受けている間の監視と管理を行っている。同局は、最近この仕事をもっと効率的に行うための総合的な児童管理システムを導入した。それまでは、全国の法律執行機関や裁判所との情報のやりとりはファックスに頼り、受け取った情報は手でコンピュータに入力していた。新しいシステムでは、各機関の間でデータ交換が電子的にできるようになった。その結果、職員が児童と過ごす時間が増え、彼らが家庭環境へより早く復帰できるようになったことも、新システムの導入によるメリットに数えられる。(15)

バージニア州に本社を置き、政府関連の市場情報を手がけているインプット社は、政府のCRMシステムへの支出は二〇〇一年の二億三〇〇〇万ドル（二七六億円）から年率一八％に近い伸びを

1 ▶ CRM：Customer Relationship Management

示し、二〇〇六年には五億二〇〇〇万ドル（六二四億円）を超えると予想している。この高い成長率は、一九九八年の政府文書業務排除法の影響によるところが大きい。この法律は、各連邦機関に、料金の支払など国民との間の事務手続きについて、電子的手段を提供することを求めている。このために最大の支出を行っているのが、内国歳入庁や社会保障庁など、広範な顧客データを抱えて、膨大な数の顧客との事務処理を行わなければならない国民相手の機関であることは容易に想像できる。(16)

第4の実践　総合的品質管理によるベネフィットを発見する

総合的品質管理の概念は、一九四〇年代半ば、統計学を用いて、品質水準を落とすことなくコスト削減を実現する方法論としてW・エドワード・デミング博士によって提唱された。この理論の中核をなすいくつかの概念の中で、顧客サービスに関する議論に最も関係の深いものは、「品質は顧客によって規定され、絶えざる改善により達成される」というコンセプトだ。この理論を最初に採用したのは日本の製造業であった。一九七〇〜八〇年代には、米国の多くの企業と若干の公共機関が博士の理論に注目する。ウィスコンシン州マディソン市の前市長であったジョセフ・センセンブレナーは、ハーバード・ビジネスレビューの一九九一年三・四月号に「品質管理が市役所にもやってくる」と題してこの辺の事情を語っている。

一九八三～八九年にかけて、マディソン市の市長を務めていたセンセンブレナーは、当時八十二歳のデミング博士の講演会に出席した。そこで、博士が最初にあげた例が深く胸に突き刺さった。博士は、米国の企業がマーケットシェアを失う原因となっている致命的欠陥は、「製造して、検査する」システムにあると主張した。これは、トースターでパンを焼く場合で言えば、「あなたが焦がしてしまっても、私が削り落としてあげる」と言っているようなものだ、という博士の発想は（当時としては）革命的なものだった(17)。博士の重要な論点は、「下流」で欠陥を修正するのではなく、「上流」のプロセスを管理する必要がある、というものだ。そのために、企業は実績のある品質改善技術、すなわち顧客を喜ばせることにつながる技術を実践しなければならない。

この話に感銘を受けたセンセンブレナーは実験を始めた。彼が最初に目をつけたのは、市の自動車修理場だった。最初の目標は、車の修理時間の短縮だ。彼は、一度に一つの「デミング」方式を採用することにした。まず、個々の修理工と修理プロセス全体からデータを集めた。すると、修理が遅れる原因の多くは、修理場に適切な部品のストックがないことだとわかった。部品担当者は、こうした問題は、市が毎年いろいろなメーカーのさまざまな車種を買うから起きるのだと言う。現在、市が保有している車を用途、メーカー、車種、年式で分けると、四四〇もの分類になる。その原因は、購買する時点で最も価格が安ければどんな車でも買うという方針によるものだとわかった。部品の購買係も、部品の数が少なければそれだけ仕事もやりやすくなるという修理工の意見に賛成したが、現在の集中購買方式ではそれができないと語った。集中購買担当者は経理部長の責任だとし、経理部長は法務責任者の指示だと言う。どうやらこの道の終点らしいところにいた市の法務責任者は、もちろん集中購買制度を変えることは可能だが、事前にその手続きを文書で定めておく必要があると主張する。つまり、全員がずっと同じやり方でやってきたのだ。

「購買方式を変更した結果、車の平均修理時間は九日から三日に短縮され、故障時間の短縮によって一時間あたり七ドル十五セントの節減になった。このうちの一ドルを故障防止のための費用に使った。これによってマディソン市は年間約七十万ドル（八四〇〇万円）の経費を純減させた」(18)

この最初のデミング方式の実践で、センセンブレナーは、修理時間の遅さの原因は下流ではなく、市と供給業者との取引慣行、すなわち上流にあること、そのために修理工が必要とする部品が欠品となっていたことが明らかになった。また、デミングの品質戦略は、新しいスローガンと新しい会計システムを採用すればよいという単純なものではないこともわかった。それにはチームワークが不可欠で、部門間の壁を取り壊し、さらに職員に自分たちの仕事に最もコスト効果のあるツールと資材を選ばせる必要があった。そして、単に仕事を命じられるだけではなく、職員も誰かが自分たちの言い分を聞いてくれたことを非常に喜んでいたという事実を、センセンブレナーは発見した。

第５の実践

期待度と満足度を追跡し、評価する

顧客満足度を高めるためにマーケティングが果たす役割の最も重要なものの一つが、顧客からの情報を取り入れて、これをフィードバックすることである。顧客と密接な関係を保っているマーケティング担当者は、顧客の期待、選好、ニーズを洞察して、プログラムやシステムの設計者たちにそれを伝え、実行後の成果に対する顧客満足度（あるいは不満足度）を測定して、これを報告し、さらなる改善に向けて、重点分野と戦略に関する提案ができるだろう。

顧客満足を追跡し、測定するために公共機関が採用してきた主なツールの一つが、市民に対する定期的なアンケート調査である。担当者たちは、この調査の結果を使って、自分たちのサービスが市民の目にどう映るか、市民はどのような体験をしたかを知ることができる。しかし、カナダの「市民中心サービス協会」は、こうした測定と評価は非常に重要であるが、その結果が何かと対比して評価されるとき、すなわちベンチマーキングと呼ばれるプロセスを経るとき、最大の効果を発揮するとしている。彼らは、期待、目標、過去の実績、業界の標準、類似サービスの結果など、いくつかのベンチマーク指標を提言している。(19)

顧客満足度指数（ＡＣＳＩ）[1]は、ベンチマークを設定しようとする動きの一つであり、この指標が顧客満足の傾向を分析し、その情報が企業や産業団体、行政機関に伝えられている。この指標は、ミシガン大学が品質協会および国際的コンサルティング会社のＣＦＩグループと提携して開発

1▶ACSI：American Customer Satisfaction Index

したものである。オンライン顧客満足調査会社のフォーシー・リザルト社が、電子商取引、電子ビジネス、電子政府に関する指標の提供者になっている。一九九九年、連邦政府が顧客満足の評価基準としてこの指標を選んで以来、六十以上の連邦機関が一〇〇を超えるサービスやプログラムに対する顧客満足を測定するためにこのACSIを使用している。(20)

地域社会や一般社会の問題に対するニーズや関心のレベルと、知覚的な満足度(成果の度合い)を対比するという測定法もある。アジア経営大学院で国際マーケティングを専門とするネッド・ロベルト教授は、その著書『地方自治のあり方』[1]の中で、市民が優先事項と考えるニーズや関心事を判断する説得力のあるモデルを紹介している。それは、現在および将来の行政サービスに関して市民が懸念し、問題視していることを特定し、格付けするという従来の手法を一歩踏み越えたものである。教授は、このプロセスを二つの次元で捉えなければならないとしている。それは、「ある問題が深刻だと受け止められているからといって、それが必ずしも市民にとって最優先の問題だとは限らない」からである。(21)

この考え方を説明するために、教授はフィリピンのカガヤンデオロ市で行った調査の例をあげている。市民に対する最初の質問は、市の施策に関する関心事やニーズを列記した中から、その問題がどれだけ深刻だと思うかを四段階で格付けして答えてもらうものだった。次に、同じ回答者に、市役所はその問題について何らかの対策を講じていると思うかどうかを格付けしてもらう。その結果は**表1**のとおりだった。

この表が示しているように、最も深刻と格付けされた問題(防犯対策、非行防止対策、安価な住宅)

1▶原題:*How to Make Local Governance Work*

は、優先指数からすれば、将来の施策として最優先の問題にはなっていない。一方、ゴミ収集サービスが最優先の得点を得たが、これは市民がゴミの収集を非常に深刻な問題と考え（三五%が非常に深刻な問題と答えた）、しかも半数以上（五三%）の市民が市役所はまったく何もしていないと思っていたからである。

まとめ

サービスを改善し顧客満足を高めることを通じて、公共機関は、歳入・収入の増加、将来の予算増額に対する支援、業務の効率化、成果の改善など複数のメリットを得ることができる。その実現には、優れたサービスを提供する職員の育成、サービスの提供を円滑にする（阻害ではない）ためのサービス提供基盤とシステムの整備、CRMシステムの開発、総合的品質管理の採用、顧客満足の監視と評価という五つの実践活動が役に立つ。

この章の冒頭で、公共部門で顧客満足を高める活動を

表1 カガヤンデオロ市役所のサービスに対して市民が示した問題の優先度
(母数は回答者数の200)

問題	問題の深刻さが非常に大きい (1)	市側は、まったくこの問題に対処していない (2)	優先指数 (3) $(3) = \frac{(1) \times (2)}{100}$
防犯対策	49%	30%	14.7
非行防止対策	46%	18%	8.3
安価な住宅	43%	29%	12.5
ゴミ収集サービス	35%	53%	18.6
洪水防止対策	32%	48%	15.4
飲料用水の供給	30%	31%	9.3
病院施設・医療サービス	29%	15%	4.3
防火サービス	26%	11%	2.9

（出典：*How to Make Local Governance Work*, Dr. Ned Roberto, Asian Institute of Management (2002), p.48.）

しようとすると、少なからぬ抵抗に遭遇すると述べた。将来、そうした抵抗に出会ったとき、次の一文がこれに対処する「武器」になることを願う。

● 町で「唯一の」建築許可証を発給する機関の担当者へ……この章で紹介した顧客からのフィードバックと選り好みの結果に基づいた総合的品質管理の手法を採用することをお勧めする。そうすれば、初めての顧客でも申請書を余すところなく正しく記入し、あなたの手数を煩わしたり、時間を無駄にしたりすることなく、業績が向上する可能性が高まる。いずれ、あなたの事務所でも、許可証の発給数に基づいて賃金が支払われるようになるかもしれない。そのときには、発給数が多いほど多くの賃金が払われるし、その逆もありうる。いまから、準備しておいたほうがよいのではないだろうか。

● 乗客を顧客として扱うことに疑問を感じたバスの運転手へ……ノードストローム百貨店で毎日のように起きていることに感動しませんでしたか。あなたの対応に「大喜び」した乗客があなたを褒めちぎった手紙を交通局に出さないとも限らない。その結果、あなたの記事が職場の新聞に掲載されたり、次の人事異動の機会にあなたが望んだ路線や時間帯に配置転換してもらえるかもしれない。

● お客が好きなように振る舞うことによるメリットが理解できなかった人へ……入学者が減少

したために閉鎖された学校があることを忘れないでほしい。

- ノードストロームが従業員に、何の質問もせずに返品を受け取る権限を与えていることの重要性を認識しなかった人へ……フェニックスの消防署員の話を再読していただきたい。彼らは「とにかくやるだけだ」と言っているが、それは家屋や建物が税金を払ったり、住民投票をするわけがないことを知っているからだ。投票するのは市民なのだ。
- アマゾン・ドット・コムは顧客のデータや履歴を追跡し、分析しているが、どんな方法でやっているのかわからないという人へ……CRMシステムやソフトウエアのことをもっとよく勉強していただきたい。
- 公共機関に競争相手があるということが信じられない人へ……市立図書館の館長か公共交通機関の局長に、なぜ夜遅くまで働いているのか聞いてごらんなさい。館長はグーグルのデータベース、局長はトヨタのプリウスが競争相手と答えるだろう。
- 行政サービスに対する期待度は低いのに、なぜその期待度をめぐって大騒ぎしているのか腑に落ちない人へ……期待に応えることのプラスの面に目を向けてほしい。期待を超えるサービスをするのは、それほど難しくないだろう。その上、顧客の忠誠心を勝ち取り、良い評判が流れ、予算を確保し、歳入・収入が増える機会が生まれ、ひいては非常に敬意を払われる公共機関という地位を獲得できるようになるのだ。

chapter 9

ソーシャル・マーケティング

一九七〇年代、我が国は心臓病の発症率で世界最悪の記録を持っていた。当時はデスクワーク中心の生活が良い生活だと考えられていた。誰もがタバコを吸い、大量の脂肪をとっていた。フィンランドの男性はよく、野菜はウサギの食べ物で、一人前の男が食べるものではないと言っていた。とにかく、野菜を食べなかった。主な食べ物はパンの上のバター、脂肪分たっぷりのミルク、脂がのった牛肉……そんな風潮に大きな改革の波を起こしたのは、食生活に対する地域密着型の介入運動だった。私たちは地域社会全体の食生活を変えようとした。どこへでも出かけて行き、すべての人のコレステロールを測り、二カ月後にまた戻っていった。私たちは、どうしたらコレステロール値を下げることができるかを教えなかった。みんな知っていた。教育が必要だったのではなく、動機が必要だった。自分自身のためにやる必要があったのだ。(1)

——ペッカ・プスカ（フィンランド国立保健医療研究所理事）
二〇〇五年一月十五日付　ガーディアン紙より

この章では、一九七〇年代の初めに提唱されたソーシャル・マーケティング理論について説明する。今日この言葉は、健康改善、傷害事故防止、環境保護、地域貢献に影響を与える活動に対して特に用いられている。比較的新しい分野なので、プログラムを開発し、実施する責任を負う人は、次のような疑問を抱いたり、異議を唱えたりすることが多いだろう。

● ソーシャル・マーケティング理論は、変化に対して寛容な人を対象とするのがよいとしている。プログラムの責任者として感じるのは、そんな人はいないということだ。昨日も地域診療所で、絶対に運動しないと言い張る肥満者を見かけたが、我々が最も注意を向けなければならないのは、このような肥満症患者なのだ。

● シートベルトをしろとか、コンドームをつけろとか言われる筋合いはないと主張する市民に対して何と言えばよいのか。こういう市民は、「次は何だ。自分の家でタバコを吸ってはいけないとでも言うのか」と反撃してくるだろう。

● 我々は、タバコ会社やアルコール飲料業界、除草剤のコマーシャルに立ち向かうほどの資金を与えられていない。我々は、コカコーラに競争を挑むペプシのような存在ではない。どちらかといえば、巨人ゴリアテに立ち向かうダビデのようなものだ。

● 人は、「クリック・イット・オア・チケット（着用するか違反切符を切られるか）」のようなシートベルト着用促進キャンペーンをソーシャル・マーケティングと呼んでいるが、これはある種の法律ではないのか。ソーシャル・マーケティングの担当者は、法律を作る仕事にも関係していたのか。誰がいつ、なぜそんなことを許したのか。

注目事例

フィンランドの「ファットからフィットへ」運動

二〇〇五年一月、ガーディアン紙に、イアン・サンプルが執筆した次のような記事が掲載された。「ファット（肥満）からフィット（スリム）へ――フィンランド流のやり方。三十年前、フィンランドは世界で最も不健康な国の一つだった……今では、この地球上で最もスリムな国の一つになった」(2)。この記事を要約すれば、フィンランド政府がソーシャル・マーケティングのツールの奥深さとその適用範囲の広さを十分に理解していたということだが、それこそが成功の秘訣だったようだ。

課題

フィンランド政府は、心臓病の発症率世界一という汚名に明らかに「ショック」を受け、国民の健康を劇的に回復させようと積極的な活動を開始した。

しかし、七〇年代の初めの時点では、文化に関わる難問がいくつも存在していた。それは、牛肉と酪農品に対して国が農家へ支払う額はその産物の脂肪含有量で決めるという伝統的政策、中年男性の半数以上が喫煙者、飲む以外に仕事はないのかと思うほど混み合ったパブ、スポーツから脱落する肥満児、運動をしようという勇気ある人に対する反撃や中傷、年間数ヵ月はつづく雪と凍えるような寒さ、などである。

しかし、フィンランド人はイノベーター（革新者）としての評判が高く、この看板を下ろすわけにはいかなかった。

戦略　**法律を制定し、全国規模の徹底的な改革を実行した。** まず、タバコの広告が禁止された。畜産物については脂肪ではなく、たんぱく質の含有量に基づいて農家に報奨金が支払われ、気候に合わせて自然に生育する果物の栽培が奨励された。多くの地区で、行政機関の機械に頼るのではなく、国民自身に自宅の前の道路から雪や氷を取り除く責任を負わせるという政策が実施された。

予算を首都ヘルシンキから地方自治体に移譲した。 これは、自治体に習慣的な運動の普及責任を負わせるためである。地方住民の興味を引きそうな運動が優先された結果、プールが改装され、野球場やサイクリング施設、ノルディック・スキー場が増設され、スキーやスノーボードが楽しめるスノーパークが整備された。誰もが参加できるように、施設の利用料は無料か、補助金を出して割安にすることに重点が置かれた。

異例ではあるが、**個人の嗜好に対する若干の干渉**も同時に試みられた。たとえば、中年男性で混み合っているパブがある町には、公務員のチームが送り込まれ、パブの常連客を集めて、どうすれば彼らが運動に興味を持つようになるかを討論させた。その結果ある町では、二〇〇〇人近くの人が自転車か、水泳か、野球か、あるいは、クロスカントリー・スキーを始めるようになった。(3) **勝敗を競うスポーツから、健康を増進するための習慣的な運動に重点を移すという注目すべき計画が慎重に実行された。**たとえば、スポーツを断念した青少年にやる気を起こさせるために、得点を数えないとか、「勝利を祝わない、勝ったチームを褒めない」(4)というような形で、ゲーム性を弱める工夫が行われた。

国民に対し、日常生活に運動を取り入れるよう奨励した。徒歩や自転車で職場へ通勤しようという呼びかけが行われた。忘れてならないのは、この呼びかけには、新しく歩道や自転車道路を設置し、夜には照明を照らし、維持管理が行き届くような予算措置をとるなど、運動のための社会基盤整備という支援策が用意されたことである。

民間部門への協力の要請も、運動に対する障害を取り除くことに役立った。たとえば、高齢者が一生懸命歩いて転ばないようにという特別な配慮から、企業に転倒防止靴の開発を奨励した。実際に、靴に取りつけるスパイクを多くの都市が高齢者に無料で配布した。

医療サービス提供者への協力要請も行われた。政府は、医師に対して患者に習慣的な運動のタイプとその程度を処方するよう奨励し、これが薬品の処方と同じ程度に普及することを期待した。政府はこれを「運動処方プロジェクト」と呼んだ。これは、フィンランド人の八〇%が医療専門家を習慣的な運動と健康に関する信頼すべき情報源と考えているという研究の成果に基づいた措置であった。(5)

公共機関同士の提携関係も結ばれた。ある町は、道路が滑りやすい冬の夜に、老人が引きこもりがちになることを懸念した。そこで、手軽に運動ができるように、町は交通局を説得して老人福祉施設にバスを停めさせ、老人たちをプールに連れて行かせた。老人たちは主に水中エアロビクスを楽しんだ。バス料金を払ったのはプールのほうだった！

成果

この戦略に効果はあったのか。

当局の発表によると、心臓血管疾患で亡くなった男性の数は少なくとも六五％減り、肺ガンの死者も同じような率で減少した。習慣的な運動が増えたおかげで、施策が行われる前と比べてフィンランド人の平均寿命は男性で七歳、女性で六歳延びた。

「フィンランドの成功は、いまや世界中の困り果てた保健担当者から注目を集めている」のだ。(6)

公共部門におけるソーシャル・マーケティング

ソーシャル・マーケティングは、マーケティングの原理と手法を使って、個人やグループ、社会全体のベネフィットのために、ターゲット・オーディエンスに影響を及ぼして、ある「行動」を自発的に取らせたり、拒否させたり、修正させたり、放棄させることである(7)。その目的は、生活の質を向上させることにある。

焦点はあくまで行動に絞られる。ソーシャル・マーケティングと教育の違いは、この焦点の絞り方とコミットメントにある。教育者は、ターゲット・オーディエンスが新たな技能や情報を身につけたことが明らかになった時点で「帰宅する」のが通常である。ところが、ソーシャル・マーケティングの担当者は、その人が実際にその行動を行うまでは、そしてほとんどの場合、その行為が恒常的になるまではその場を立ち去ることができない。ソーシャル・マーケティングをソーシャル・アドバタイジング（公共広告）と区別するものは、この恒常的な行動の変化に対するコミットメントである。広告は、メッセージを伝えるコミュニケーション戦略の一つである。しかし、この戦術だけで人を認識から行動へと動かすことは難しい。そこで、おなじみのマーケティングの4Pとは別のツールが必要になる。

「健康」分野でもソーシャル・マーケティングは試みられている。たとえば喫煙者の削減、習慣的な運動の増進、栄養の改善、脳梗塞の削減、心臓発作の防止、HIV／エイズの感染防止、肥満症の阻止、感染症の防止、汚染された注射針の使用防止、異常出産の防止、皮膚ガンの削減、十代の妊娠防止や、その他個人の行動の変化を通じて改善される保健上の問題への対処などである。

ソーシャル・マーケティングは、「傷害事故の防止」の目的にも使用される。使用頻度の高いものには、飲酒運転の防止、他人に迷惑をかけない携帯電話の使い方の奨励、水難事故の防止、家庭内暴力や性的暴力の防止、火災防止、緊急時に備えた準備や、銃の安全な保管、自転車用ヘルメットの着用、歩行者の安全、シートベルトの着用、自動車の座席やチャイルドシートの正しい使用の奨励、自殺防止、労働災害防止、難聴予防などがある。

市民の行動に影響を与えて「環境を保護」することも重要な役目だ。よく取り上げられる個人の行動の例としては、水の供給源やその水質、野生生物の生育環境の改善と保護、大気汚染の防止、再生不可能な資源の保護などがある。

「地域社会の発展」のために市民を説得することも、ソーシャル・マーケティングの適用分野の一つである。ボランティア活動、困っている人に対する信頼できる相談相手としての活動、学校をやめないようにという呼びかけ、児童相手の朗読、献血、動物愛護協会からのペットの譲り受け、養子縁組、投票、近隣の防犯グループへの加入、臓器提供者としての署名などがその例である。

■ソーシャル・マーケティングを担うのは誰か

ソーシャル・マーケティング活動のほとんどは、国が管轄する疾病対策予防センター、英国保健省、保健福祉省、環境保護庁、国家道路交通安全局、野生生物・漁業局、および地方自治体が管轄する公益事業体、消防署、学校、公園、地域診療所などの「公共機関」が支援している。「非営利組織と非営利財団」もこの活動に関与している。ガン協会が五十五歳を過ぎた人に結腸内検査を勧めたり、自然保護協会が野生生物の生育環境を保護する行動を呼びかけたりしているように、その機関の使命を果たすための活動を担うことが多い。「営利企業」もソーシャル・マーケティングを行っている。たとえば、自動車保険会社がドライバーに携帯電話の使用を控えるよう呼びかけたり、園芸用品や家庭雑貨の販売業者が節水の講習会を主催するのはその一例である。

■ソーシャル・マーケティングが難しい理由

これはマーケティングの中でも最も難しい仕事の一つだが、その理由はさまざまである。結局、他人に次のようなことを要請しているからなのだろう。

- 楽しみをあきらめさせる（シャワーの時間を短くしなさい）
- 心地よくない思いをさせる（シートベルトをしめなさい）
- 見栄えを悪くさせる（夏にはお宅の芝生を枯らしなさい）
- やり方を変えさせる（バスで職場へ通いなさい）
- 仲間からの圧力に抵抗させる（タバコを吸ってはいけない）
- きまりの悪い思いをさせる（結腸検査を受けなさい）
- 時間を使わせる（清潔な注射針を取りに診療所に来なさい）
- お金を使わせる（家庭用の緊急避難キットを買いなさい）
- 悪いニュースを聞かせる（HIV／エイズ検査を受けなさい）
- 新しい習慣をつけさせる（コンビニでの買い物には歩いて行きなさい）
- 今までの習慣を改めさせる（喫煙所以外で喫煙してはいけない）
- 快適なライフスタイルを変えさせる（暖房の温度を下げなさい）
- 拒絶されるリスクを取らせる（酒を飲んだ友人から車のキーを取り上げなさい）
- 新しい技能を教える（食品ゴミはコンポスト（生ゴミリサイクル）に捨てなさい）
- あることを思い出させる（スーパーには袋を持っていって、何回も使いなさい）

特に難しいのは、短期間で、顧客に見返りとなるものを必ずしも与えない、成果を見せない、約束しないことにある。したがって彼らの行為（犠牲）への代償として、「環境にやさしい水の供給」や「病害のおそれのない新鮮な魚の提供」というような将来の絵を描いてみせることが必要となる。

では、ソーシャル・マーケティングの担当者に対してこの難しい仕事を多少でもやりやすくし、成功に近づけるための十二の原理を紹介しよう。

第1の原理　過去のキャンペーンの成功例を活用する

確かに民間部門の予算規模は大きいかもしれないが、公共部門は民間が持っていないものを持っている。他の公共部門が時間とお金をかけて開発したキャンペーンの例を学んだり、借りたりできるのだ。ペプシのマーケティング責任者が、コカコーラの責任者に、新しいテレビのスポット広告の効果について尋ね、成功しているならそれをそのまま使わせてほしいと頼むわけにはいかない。だが、公共部門ならそれができる。

ソーシャル・マーケティングのキャンペーン企画は、全国の、場合によっては世界中の公共部門の同じような活動を調査することから始まる。これが、最も有効な時間節約法の一つである。他の機関の成功例や失敗例から学び、キャンペーンの準備のために行った調査の結果を入手し、斬新で費用対効果の高い戦略を見つけだし、自分たちのキャンペーンに取り入れたい独創的な方法やアイデアを発見するなどのメリットには、計り知れないものがある。

公衆衛生の仕事をしている人には、成功例を見つける優れたツールがある。疾病対策予防センターの「リスク行動要因調査システム」は、米国の成人の健康に害を及ぼすおそれのある二十以上の行動（たとえば、喫煙）について全国的な追跡調査を行っているが、この結果を入手することができるのだ。たとえば、禁煙キャンペーンを実施しようとしている州があれば、喫煙率が最低の州を探しだして、どんな戦略を使って成功したのかを聞いてみればよい。次に、自分の州のターゲット・オーディエンスに他の州が使った方法を試してみて、地理的特性などを加味した修正を加えればよい。(8)

図1に掲げた二つのポスターを、比べてみてほしい。どちらも水質改善を呼びかけたものだが、左側は、二〇〇三年、ワシントン州ピュジェット湾

図1 ワシントン州のポスター（左）を借用して、湖川を汚染から守ろうと呼びかけたミシガン州のポスター（右）

アクションチームが作成したもの。右側は、ミシガン州南東部自治体協議会と南東ミシガン水質汚染防止同盟が二〇〇四年に自分たちの運動を推進するために、左のポスターの独創性を借用したものである。

第2の原理 ―― 行動する準備ができている市場から始める

ごく簡単に言うと、ソーシャル・マーケティングの担当者の仕事は、人々に望ましいことをさせる、あるいは望ましくないことをさせないように影響を与えることである。したがって、努力と資源を集中するべきなのは、最も買う見込みのある人々（いわば、手の届くところに垂れ下がってぃる果物）であって、最も買いそうでない人々（声をかけたり、動かすのが最も難しそうな人々）ではない。

ソーシャル・マーケティングの担当者が、行動変化のステップを表現するのによく使うものが変化ステージモデルである。これは、もともとは一九八〇年代の初めにプロチャスカとディクレメンテが開発したものだが、その後の二十年間の実験を通じて精緻なものに改良されてきた(9)。そして、当初五段階であったモデルは、アラン・アンドリーセンによって次の四つの段階に整理された。(10)

- 無関心の段階……行動を変化させる意思はなく、一般に問題があることすら否定する段階。
- 関心の段階……何らかの問題や変化の必要性が存在するという事実に気づき、行動変化を考えはじめる段階。

● 準備／行動の段階……何かをする決心をし、行動するために準備を始める段階。その行動をすることが初めての人もいれば、いままでに何回か試みた人もいる。しかし、まだ習慣にはなっていない。

● 維持の段階……望ましい行動を規則的に行っている段階。時には、やめようという気持ちと闘っていることもあるが、その場合には注意を喚起したり、褒めたりすることが効果的である。

ソーシャル・マーケティングの担当者には、この各段階で果たすべき任務がある。しかし、「関心の段階」と「準備／行動の段階」にある人をターゲットにすれば、努力に見合う最大の結果（望ましい行動をする人の数）を手に入れることができるだろう。「関心の段階」にある人に、ペットの糞の後始末をしなさいと言う必要はない。彼らが必要なのは手助け（公園にペット用の糞袋を備え付けておく）だけである。「準備／行動の段階」にある人は、おそらく変容を妨げる障害を乗り越えることができるだろう。彼らに必要なのは、注意喚起や約束されたベネフィットを現実のものにしてくれる支援策や、望ましい行動レベルにもうすぐ手が届くという励ましである。

習慣的な運動を奨励するプログラムが、週に一・二回運動をする人をターゲットにして、それを五回に増やそうとしていることや、地域の保健センターのカウンセラーが、最近肥満症と診断された人に多くの時間を割いている理由が、これで納得してもらえただろう。

第3の原理――一度に一つ、簡単で実行可能な行動を促す

情報と広告が氾濫する世の中では、こちらがあまり話をする時間もないうちに、相手が電話を切ったり、部屋から出て行ったり、ページをめくったり、マウスをクリックしたり、テレビのチャンネルを切り替えたりすることが多い。ターゲット・オーディエンスに効き目がありそうなのは、簡単で明確な行動を呼びかけるメッセージである。行動を変える準備ができている人をターゲットにする場合（第二の原理）、その人に何かをするよう説得するのに、それほど時間とお金を費やす必要はないことを思い出してほしい。この人たちは明確な指示を待っているのだ。

彼らに要求したい行動が二十五あるとしても、一度に一つのことしか言わないのがベストである。

たとえば、温室効果ガスの発生防止に貢献できる市民の行動には、さまざまなものが考えられる。しかし、一つの簡単な行動が防止策としてはずば抜けている。「エンジンを切ろう」というプロジェクトは、カナダ環境省傘下の気候変化に関する実行計画基金が資金を拠出し、マッケンジー＝モーア・アソシエーツ[1]と各州の天然資源・環境局が共同で開発したものである。「十秒以上アイドリングをするときはエンジンを切ろう」というのが、このプロジェクトが目ざす望ましい行動である。これは当初、学校やバス停と駅の「キス・アンド・ライド[2]」の乗降口で子供の送り迎えをするドライバーを対象にしたものだった。「エンジンを切ろう」という看板は

1▶環境保護に関するソーシャル・マーケティングの立案・企画・調査・助言を専門とするカナダのコンサルティング会社。後述のダグ・マッケンジー＝モーアが経営している。

2▶Kiss and Ride：自宅から駅またはバス停まで自動車で家族に送り迎えしてもらう通勤・通学形態。乗り降りのときに、子供や配偶者とキスを交わすことからこの名前がつけられた。

コンクリートで作った土台の上に掲げられ、学校や乗降口のよく目につく場所に置かれた。ドライバーは「エンジンを切ろう」という約束を守ることを求められ、これに応じた人には「私たちの空気を守ろう。私は駐車するときにエンジンを切ります」と印刷したステッカーが渡された。看板とステッカーの組み合わせで、指定区域におけるアイドリング回数は三二％、アイドリング時間は七三％の減少というめざましい成果を見せた（**図2**）。(11)

図2
たった1つのメッセージが、カナダで温室効果ガス抑制に貢献している

第4の原理
行動の変化を妨げる障害を取り除く

ターゲット・オーディエンスがこちらの望む行動はできない、あるいはしたくないという本当の理由や心配ごとについては、何らかの見返りを考える必要がある。こうした見返りがあれば、彼らを関心の段階から準備の段階へ、あるいは行動の段階から維持の段階へと変化させるために、何を話し、何を行い、何を与えればよいかを知る手がかりを得やすくなる。

関心の段階にあるターゲット・オーディエンスは、その行動について熟考しているのだが、通常何らかの障害を抱えている。たとえば、「その行動をとる技術がないと考えている（生ゴミ処理容器に使うミミズを飼育する方法がわからない）」「自分の能力に対する懸念がある（禁煙する意志の強さ）」

「非常に不便を感じている（古いオイルを廃棄物処理場まで持って行くこと）」などだ。すでに行動している人でも、日常的にそれを行っていないのは、「単に忘れただけなのか（毎晩、デンタルフロスで歯間の掃除をする）」「その望ましいとされる行動が大げさすぎる（一日に五〜九皿の野菜と果物を食べる）」と考えているからか、あるいは「馬鹿げている（猫の歯を毎日磨いてやりなさいという獣医の指示に従うこと）」と考えているからなのか。

この障害を見つけるには、ターゲット・オーディエンスに（単独でも、グループでもよい）次のような質問をするだけでよい。今までにこうした行動をしなかったのはどういう理由ですか。その代わりにしたいことがありますか。将来、障害になりそうなことがありますかと。

地域診療所で、十分に栄養をとり、家族の健康を守るために、家族といっしょに食事を取るよう患者に勧めているカウンセラーであれば、次のような言い訳はうんざりするほど聞いているだろう。「家族のスケジュールがなかなか合わないのです。皆が同じものを食べたがらないのです。料理の仕方がよくわからないのです。そんなことをすればもっと高くつきますよ。食事のときに何を話せばよいのかわからないのです。一日中働いて、家に帰って何も食べるものがなければ、ついファストフードを食べに行ってしまいます」。

一方、市民に五分でシャワーを済ませるよう呼びかけている市の水道局は、一番よく耳にする言い訳に対してスマートな対策を講じた（**図3**）。

図3

節水に協力したいが、知らぬ間に5分が過ぎてしまうという市民に配られた浴室用の砂時計

第5の原理
本当のベネフィットを目の前に差し出す

ベネフィットとは、ターゲット・オーディエンスの欲求とニーズを満たす何らかの価値であり、奨励している行動の見返りとして提供される。理論としては簡単だが、実践となるとそれほどやさしいものではない。

最初は、求められている本当のベネフィットが何かを理解することである。ワシントン特別区の教育開発アカデミーのビル・スミスは、こうしたベネフィットは必ずしもはっきりとはしていないので、これを明確にすることが消費者調査の最大の課題の一つだと述べている。

「全世界の人が健康をベネフィットと考えている。（けれども）消費者は、〈一般国民の健康〉という意味での健康を口で言うほど重要なものだとは思っていない。高級志向の消費者でさえもそうだ。人々が気にしているのは見栄え（引き締まった腰周りと尻）だ。健康というのはセクシーだとか、若く見えるとか、魅力的だというのと同義語である。水着を着る時期が近づくと、ジムの広告が増えるのはそのためだ。気温が上がっても病気が増えるわけではない。増えるのは、体の線を人目にさらす機会なのだ」(12)

次に重要なことは、短期的なベネフィット、つまり行動が終わればすぐに手に入るベネフィットを提供することである。ウィスコンシン大学のマイケル・ロスチャイルドは、その理由を、見返りは「時が経てば価値が減る」と同時に「時が経つほどコスト負担が大きくなる」からだと述べている(13)。「人々は短期的に最善と思うことを選び、長期的な意味合いを無視する傾向がある」として、これは「些細な決定による暴挙」の例だと述べている(14)。また、もし成功したいなら、マーケティング担当者には「未来の価値を現在に近づける」ことが必要だと主張している。

ウィスコンシンのあるプロジェクトがこの原理の模範的な例になる。このスポンサーはウィスコンシン州交通局交通安全部と国家道路交通安全局で、ロスチャイルド教授がプロジェクトの主席調査官を務めていた。このプログラムの目的は、夜バーで飲んで車で帰宅する、郊外在住の二十一〜三十四歳の独身男性の飲酒運転を減らすことにあった。プログラムの立案者が、飲酒した人を他の人に車で自宅まで送ってもらうという計画を作ったとき、素晴らしいひらめきを提案した人がいた。それは、ついでに自宅からバーまで送ったらどうだというものだった。「ロード・クルー」と名付けられたこのサービスは、自宅とバーの往復の送迎をするもので、そこには即座に手に入るベネフィットがあった。リムジンで迎えに来てもらえるのは「格好が良い」し、他人の運転で自宅とバーを往復するのは「快適だ」。さらに、バーの前に一晩中車を停めておくというマイナスのイメージが解消できるし、酔っ払い運転で帰宅して多くの人を心配させる必要もなくなるなど、いくつかのデメリットも解消された。

このキャンペーンのスローガンは「ロード・クルー……運転はお任せください」で、広告は厄介事の解消、快適、格好良さなどの目の前のベネフィットを売り物にしている(**図4**)。

当初の成績は、このプログラムに説得力があることを実証している。二〇〇二年七月一日から一年間に行われた送迎は二万回にのぼる。これによって、アルコールに起因する衝突事故が十五件減ったと推定されるが、これは一七％の減少率となる。さらに、ウィスコンシン州の飲酒運転事故の平均コストは一件あたり五万六〇〇〇ドル（六七二万円）だが、事故一件を防止するためのこのプログラムのコストは一万五三〇〇ドル（約一八四万円）で、投資収益率は非常に優れている[15]。二〇〇三年の半ば以降、このプログラムは州の予算を使わずに、自前の資金で活動をつづけている。[1]

図4　飲酒運転削減に成功したこのプログラムは、ロード・クルーに運転してもらうという目の前のベネフィットを強調している

1▶ さらに詳細な情報とビデオが必要であれば、www.roadcrewonline.orgを参照。

第6の原理
競合する行動のコストを明らかにする

さてここで視線を移して、あなたのターゲット市場で想定される（あるいは、これから想定するであろう）競合行動とそのコストに注目してみよう。

ソーシャル・マーケティングで競合相手と言えば、こちらがさせたがっている行動の代わりに、ターゲット・オーディエンスが興味を示し、あるいはする気になっている、もしくは既に行っている行動である。その競合相手は手強いかもしれない。歯間フロスで歯を清潔にする代わりに、テレビを見ることだったり、子供をチャイルドシートに座らせる代わりに、膝の上に抱きかかえることも競合する行動である。天然肥料を使うように勧めているのに、相手は除草不要の芝生を植えるつもりのようだ。献血する代わりに、職場からまっすぐ帰宅して家族といっしょに時間を過ごすというのも手強い相手である。

競合する行動が特定できれば、次の問題は、あなたのターゲット・オーディエンスがそれをするためにいくらのコストを支払うかである。これは、その行動と直接に関連するコスト（たとえば、喫煙による肺ガン）だったり、あなたの勧める行動をすることによって得ていたはずのベネフィット（習慣的な運動による体重の減少）をあきらめるコストであってもよい。

ターゲット・オーディエンスが競合する行動を選択する場合に支払わなければならないコストを探しだし、それを明らかにせよ、というのが第6の原理である。たとえば、ワシントン州のスノーホーミッシュ保健所は、**図5**のように、親が子供のいる家や車の中で喫煙したときのコストを明らかにしている。

親は喫煙が有害であることは知っているが、医学協会によって検証されたこの統計の具体的なコストを見せられて「ショック」を受けた。六カ月にわたるキャンペーンの後、五〇〇家庭を対象にした調査によると、キャンペーンを見た家庭のうち二一％が車内での喫煙をやめ、一七％が家の中で喫煙する習慣を断念した。(16)

図5　親たちに家や車の中でなく、屋外での喫煙を呼びかけるメッセージ

喫煙は屋外で

毎年、全米で6000人以上の子供が受動喫煙のために死亡しています。タバコの煙を吸うことで、子供が病気にかかる危険性が増加するという次のような調査結果が公表されています。

- 耳感染：19%
- 中耳炎：38%
- 喘息：43%
- 気管支炎：46%
- 扁桃腺炎：60~100%
- 乳幼児突然死症候群（SIDS）：200%

第7の原理 目に見えるモノやサービスを勧める

ソーシャル・マーケティング活動の要素として、目に見えるモノやサービスは選択肢の一つに過ぎない。しかし、ターゲット・オーディエンスがその行動を取りやすくなるよう奨励したり、障害を取り除いたり、行動を持続させたりするために、どうしてもそれが必要になる場合がある。この種のモノやサービスは、キャンペーンを具体的なものにし、注目を集め、訴求力を増し、記憶に残るものにする。次のように公共機関が直接提供するものから、キャンペーンの一部として実行されるものまでさまざまなものがある。

- 家庭内暴力の電話相談サービス
- シャワー金具にひっかけるラミネート加工した乳ガンの自己検診の説明カード。時には検診結果を記録する水性ペンが付くこともある
- 食物取扱いの安全性を高めるための色つきのまな板。黄色は鶏肉用、赤は牛肉用、緑は野菜用
- 夜の授業の後、ひとりで寄宿舎へ帰る学生のための大学のエスコート・サービス
- 使い捨ての携帯用灰皿
- 高齢者の転倒防止用の格好の良いステッキ（たんなる杖ではなく）
- 使用法や警告ラベルを読むための殺虫剤の容器につけた虫眼鏡

南アフリカのヨハネスブルグ市役所は、ある地元企業のサービスを記事にして、市民向けのウェブサイトに掲載している。市役所は、明らかにこの企業のサービスには飲酒運転による死傷者を減らす効果があると考えているのだ。しかも、まったく税金を使わずに。

「あなたは車を運転している。酒好きで、飲めば酔っ払って運転する。いつか逮捕されることも承知している。けれども安心しなさい。たらふく飲んで、自分の車に飛び乗って、警官にあの恐ろしいアルコール検知器を口に突っ込まれる心配なしに、安全に家へ帰れるのだ。というのは、あなたが座っているのは運転席ではなくて、〈トゥートゥン・スクート〉の運転代行ドライバーの助手席だからだ。このヨハネスブルグの会社は、ドライバーをスクーターで派遣して、酔っ払った人を自宅に連れて帰るという珍しいサービスを提供している」

このアイデアの斬新さは、運転代行をするドライバーがスクーターに乗ってやって来るということにある。このスクーターは折りたたみ式で、車のトランクに収納できる。お客を家まで送り届けたら、ドライバーはスクーターを取り出して、次の目的地に向かう。この「トゥートゥン・スクート」社のサービスが始まったのは二〇〇三年で、料金は距離にもよるが五〇〜一五〇ランド（一二〇〇〜三六〇〇円）である。(17)

第8の原理　非金銭的インセンティブ（評価や褒賞）を与える

ここで、ターゲット・オーディエンスが行動を変化させたときに、それを評価し、褒めるために何を与えるかを考えることになる。わざわざ時間を割いてくれたこと（事務書類の分類整理）、習慣を改めてくれたこと（ガソリンタンクを満タンにすること）、楽しみをあきらめてくれたこと（シャワー時間の短縮）、不快さに耐えてくれたこと（救命具の着用）、リスクを取ってくれたこと（隣人に天然肥料だけを使うように勧めてくれたこと）、余分にお金を使ってくれたこと（緊急避難キットの購入）、きまり悪い思いをしたこと（HIV／エイズ検査の申し込み）などに対するご褒美である。

この場合、実施機関やそのパートナーが贈る有効な「贈り物」は、次のように顧客にとって予期せぬものや、心理的価値のあるものであることが多い。

- 「庭に立てる看板」……人工肥料を使わないで庭の手入れをすると約束してくれた人に「裏庭の野生生物の聖域」と書いて送る。
- 「記章」……通勤に自分の車以外の交通手段を使う従業員に。
- 「証明書」……消防署で開かれた心肺蘇生法講習会の受講者に。
- 「お礼の電話」……校長からボランティア活動に参加してくれた保護者に。
- 「ブレスレット」……指名ドライバー[1]に。これは行政機関と提携しているレストランやバー

1▶ 仲間で出かけるときなどに、飲酒せずに運転手の役目をする人。

でノンアルコール飲料の無料サービスを受けられる印にもなる。

● 「表彰状」……市議会からリサイクル活動に貢献した地元企業に。
● 「ハイタッチ」[2]……ライフガードが海水浴場で救命具をつけている子供に。
● 「窓に貼るステッカー」……環境にやさしい活動を実践している企業に。
● 「お祝いの手紙」……地域診療所の所長から三十日間禁煙をつづけた人に。
● 「新聞記事」……近隣の海辺の清掃に協力した企業の功績を称えて業界新聞に掲載する。

この種の戦術には、いくつかのメリットがある。通常、製品やサービスを無料で、あるいは割引価格で提供する（子供用救命具の割引クーポン）ような金銭的インセンティブよりも安上がりで済む。また、刺激を与えたり、思い出させたりする効果があるので、ターゲット・オーディエンスに望ましい行動を将来にわたって継続させるためにも非常に効果的である（「裏庭の野生生物の聖域」という看板は、家の持ち主に小鳥の水浴び場をきれいにしておく約束をしたことを思い出させる）。さらに重要なことは、その望ましい行動が人目について、他人の興味をそそることができる点だ。ひいては、その行動が社会的規範であるかのような認識を生むことになるかもしれない（記章は、その従業員が大気汚染と交通混雑の防止のために貢献していることを表している）。

2▶ 日常のあいさつのしぐさとして、あるいはスポーツ選手などが見事なプレーをしたときの喜びを表すためにお互いに手をあげて手のひらをパチンと合わせること。

第9の原理――メッセージにユーモアをこめる

公共機関、特に行政機関が、一般市民の行動に影響を及ぼすためにユーモアを用いるには、かなりの用心が必要である。ターゲット・オーディエンスにとって不適切な場合があるからだ（たとえば、家庭内暴力の被害者）。ユーモアがそぐわないイメージを持つ機関もある（戦時下の軍隊）。メッセージの内容が複雑なので、ユーモアを取り入れようとすると、その意味が失われたり、薄れたりすることもある（自宅を赤ちゃんにとって安全な場所にするような場合）。また、ユーモア以外の感情によって刺激したほうがよい行動もある（ハリケーンの襲来前に住民を避難させる場合）。

しかし、機関のブランドと齟齬がなく、キャンペーンに対する注意を引いたり、興味をそそったり、記憶に留めさせたりする必要がある場合は、ユーモアのセンスを生かすことを考えたほうがよい。

ほとんどの人はペットの糞を敬遠したいと思う。しかし、テキサス州オースチンのように、これをユーモアで扱っている自治体は多い。市の流域保護局は、市立公園に設置した「ウンチをすくって《スクープ・ザ・プープ》」と名付けた箱の中に犬の糞袋を置いている（**図6**）。こうすれば、市民もこの呼びかけに応えてくれると考えている。一年間に使われた袋の枚数から計算して、同局では六十一トンの糞と、それに含まれるバクテリアを水質

図6
ペットの飼い主に対するユーモアをこめたテキサス州のメッセージ

http://www.ci.austin.tx.us/watershed/download/scoopsign.pdf

汚染の原因から取り除いたと推定している。(18)

第10の原理
意思決定のタイミングに合わせたメディア・チャネルを使う

多くのソーシャル・マーケティングの担当者が、ターゲット・オーディエンスに呼びかける理想的なタイミングは彼らが代替的行動を取るとき、ほとんどの場合は競合する行動との間で選択を行おうとする瞬間であることを認めている(19)。オーディエンスは、機関が望む行動と、現在の行動、あるいは将来の望ましからざる行動の岐路に立っている。ソーシャル・マーケティングの担当者は、この選択に最後の影響力を及ぼしたい。選択の岐路に立っているときには、強力なメッセージが必要になる(**図7**)。

こうした「タイミングの良い」メッセージを伝えることがどのような影響を及ぼすかを、次の例で考えてみてほしい。

- メニューに「♥」のシンボルをつけることによって、脂肪分やコレステロール、カロリーの低い料理の選択肢があることを知らせる。
- 禁煙したいと思っている親に、タバコの箱のセロファン包みの中に子供の写真を入れておくことを奨励する。

図7
救命具の着用を促す、湖のボート乗り場のタイミング良いメッセージ。「この湖での水死者は113人。救命具をつけていた人は0、つけていなかった人は113人」

- 排水口のそばに立て札を立てて、この溝に投げ込んだもの（たとえば、オイル）は、直接、湖や河川に流れ込むことを市民に知らせる。

第11の原理　公約や誓約を取りつける

ある行動に対する公約あるいは誓約を取りつけると、ターゲット・オーディエンスが実際にそれに従う可能性が目に見えて高まる。

行動心理学者のダグ・マッケンジー＝モーアは、公約と誓約は行動の変化に影響を及ぼす重要なツールの一つで、劇的な結果が期待できると述べている。けれども彼は、最初はちょっとした依頼から始めることの重要性を強調している。研究の結果、小さな一歩を承諾する人は、かなり大きな一歩にも合意する可能性が高いことが立証されているからだ。たとえば、大統領選の前日、登録有権者の中から抽出した人に「明日投票しますか」と尋ねると、全員が投票すると答えた。この質問をされなかった人と比べて、イエスと答えた人の投票率は四一％も高かった(20)。彼は、この有効なツールの利用法について次のような助言をしている。(21)

- 口頭ではなく「文書による公約」が重要である（週に一度は車以外の交通手段を使うという文書にサインさせる）

- 「公約の公表」を求める（新聞で名前を公表する）
- 「グループ内で公約」をしてもらう（教会の信徒として署名させる）
- 「現在の接点を使って」公約を取りつける（ペンキを買った人に、ペンキの使い残りは適正に処分するという文書へのサインを要求する）。しかし「強制してはいけない」。強制するのではなく、その行動に興味を持っていそうな人（人工肥料を使わない庭の手入れの講習会への参加者）に公約を求めるのだ。
- 「公約が他人の目に触れるように、最も持続性のある方法や形式を使う」（広報誌に名前を掲載するより、リサイクル容器にステッカーを貼るほうがよい）

オレゴン州ポートランドでは、公約と小さな一歩の原則を使って、就学前幼児のいる家庭での有害な家庭用洗剤の使用を減らすことに成功した。都市圏の家庭用有害廃棄物削減プログラムは、三つの保育所と提携し、その父母をターゲットとしてテストを行い、プログラムの評価を行った。このプロジェクトでは、三カ所の保育所内で教育のための展示と資料の配布を七週間にわたって行い、さらに、各保育所の職員と幼児の父母に対して三回にわたり公約に関連する働きかけを行った。すなわち、一回目は有害な家庭用洗剤に対する参加者の知識とその使用状況を知るための事前調査、二回目は有害な洗剤の代替品を使うという約束の取りつけ（**図8**、次頁）、最後はプロジェクト参加後の洗剤の使用状況を知るための事後調査であった。プロジェクトの結果は**表1**（次頁）が示すように有望で、この公約を求める戦略によって参加者の半分以上の行動が変化した。

表1　オレゴン州における有害な家庭用洗剤の使用削減に対する公約を用いた実験プロジェクトへの参加者の調査結果

有害洗剤の使用を減らした	使用する洗剤の選択を慎重に行うようになった	変化なし。以前から意識して毒性のない洗剤を使っている	従来と同量・同種の有害な洗剤を使っている	このプロジェクトが有害製品の使用に影響したとは思わない
39%	18%	14%	21%	8％

図8　オレゴン州ポートランドで保育所の父母用に使った誓約書

誓約書

不快で、危険な家庭用洗剤を使わないと約束しよう！
あなたのために作った450グラムのエコ洗剤を手に入れよう！

家庭用洗剤を２、３カ月使わないと約束していただければ、私たちがあなたのために洗剤を作ってお届けしますので、それをお使いください。

あなたの約束（１つを選んでください）

□　**浴槽とタイル用洗剤**を汎用エコ洗剤に替える

□　**ガラス用洗剤**をガラス用エコ洗剤に替える

□　**汎用家庭用洗剤**を汎用エコ洗剤に替える

または

□　私は一般のお店で買った洗剤は使っていません。

　□　汎用エコ洗剤を試す

　□　ガラス用エコ洗剤を試す

署名 ________________________________

エコ洗剤の使用効果について、電話でお尋ねしてもよろしいですか。

□　はい　□　いいえ

電話番号（任意）：________________________

ご協力ありがとうございました。

第12の原理 持続させるために注意を喚起する

ソーシャル・マーケティングでは、注意を喚起することが重要な役目を果たす。マッケンジー＝モーアとスミスはその著書『持続的行動の促進』で、この戦術が、ターゲット・オーディエンスの態度を変えたり、意欲を高めたりするものではないと警告している。これは、すでに彼らがしようと決心した行動をするように、注意を喚起するだけにすぎない。そしてこの場合の主たる障壁は「最も人間的な特質――忘却」となる。(22)

注意喚起は通常視覚的・聴覚的なものであるが、さまざまな行動に適用できるし、その形態もいろいろである。公衆トイレの紙タオル容器に「使用分だけ取ってください」と書いた「ラベル」を貼っておく。ガソリンスタンドでは、タイヤの空気圧をチェックするように顧客に「看板」で注意を呼びかける。大学の清掃スタッフは、教員たちに、夜退勤するときにコンピュータの電源を切るよう「付箋メモ」を残して注意を喚起する。「スーパーの店員」は、カウンターに並ぶ顧客に自分の買い物袋を持ってきたかと尋ねる。「冷蔵庫のマグネット」は、主婦に生ゴミの容器を出す曜日を思い出させる。レストランのテーブルの上の「立て札」には、注文しなければお冷やは出てきませんと注意書きがしてある。ファストフード店の紙袋に印刷してある「メッセージ」は、お客にゴミを正しく捨てるように呼びかけている。バーのトイレの個室に貼ってある「ポスター」には、便器に向かってかがみこんだ人の絵が描いてあって、飲みすぎないように注意を促している。カレンダーに貼った「ステッカー」には、火災報知器の電池をチェックする時期が書いてある。清掃局は、「Eメール」で各家庭にゴミ処理容器の回収日を通知している。州の保健局は、「手紙」で幼児の両親に予防注射が済んでいるかどうかをチェックするよう求めている。

マッケンジー＝モーアとスミスは、効果的なメッセージは一目瞭然で（たとえば、明かりを消す）、ターゲットとする行動と時間的・空間的に可能な限り密接であるべきだ（明かりを消すという注意書きは電気のスイッチの横に貼り付けてあること）と述べている。

アンデルセン童話をテーマとしたオランダのテーマパークでは、市民を巻き込んだ独創的な戦術を考案した。風変わりな人形に赤外線のセンサーが仕掛けてあって、人が通りかかると人形が動き出し「ゴミを持っているか」と尋ねる。特に子供たちはこの人形にゴミを食べさせるのが大変お気に入りで、何か食べさせるものがないかと周辺のゴミを探し回る効果もある。子供が何かものを投げ入れるたびに、人形は「ありがとう」と言う。これとよく似た仕掛けが、ワシントン州の「ガベッジ・ゴート（ゴミ食いヤギ）」という愛称のゴミ箱である（**図9**）。

図9

ワシントン州スポーケンのリバーフロント公園に置かれた「ガベッジ・ゴート（ゴミ食いヤギ）」は、真空吸引によって口のそばに持ってこられたものは何でも「食べる」
（写真提供：Gary Nance, Spoken, WA）

アップストリーム（上流）への応用

ここまでは、個人の行動に対する影響に焦点を絞って話を進めてきた。比喩的な意味でも、社会問題を解決しようとする場合の戦略的対象は「ダウンストリーム（下流）」、すなわち、問題を抱える（たとえば、高血圧）、あるいは問題の解決に貢献する（ゴミ集積場へパソコンを捨てに行く）、または問題の解決に直接には関係のない（献血）個人である。しかし、私たちは、こうした社会問題を解決するために、行動を変えさせようとして、個人に大きな負担をかけすぎている。その一方で、そうした行動の変化をもっと起こさせやすい社会基盤やその他の環境要因、あるいは法律を変える機会、すなわち「アップストリーム（上流）」における機会を見過ごしていると考える人が多い。

アラン・アンドリーセンはその著書『二十一世紀のソーシャル・マーケティング』で、ソーシャル・マーケティングの広義の役割について次のように述べている。

「ソーシャル・マーケティングは、投資家や財団法人の役員だけでなく、すべての人のためにこの世をより良くしようという活動を始めたところである。……バンコクやレニングラードの十二歳の少女にマクドナルドのハンバーガーを買わせるように仕向けたり、インドネシアの看護師が下痢の治療に経口補水液[1]を勧めたりするのと、まったく同じ原理を使って、政治家やマスコミ関係者、地域社会の活動家、裁判官や司法関係者、財団の役員、その他広範かつ永続的に積極的な

1▶水分と電解質をすばやく補給できるように、塩と糖分を一定の濃度に溶かした飲料。発展途上国では、下痢に伴う脱水状態時に使用されることが多い。

社会的変化をもたらすためにその活動が必要とされる人たちにも、影響を及ぼすことができるのである」(23)

HIV/エイズの感染問題を例にとってみよう。ダウンストリームでは危険な行動(無防備なセックス)を減らし、時宜に適った検査(妊娠時)を増やすことに重点が置かれている。しかし、注意をアップストリームに向けてみれば、こうした変化を少しは簡単に起こせるグループや組織、企業や地域社会のリーダー、政策立案者などがいることに気づくだろう。公共機関が、ソーシャル・マーケティングの対象として選ぶべき相手はこの人たちである。

公共機関は、製薬会社に対してHIV/エイズ検査をもっと簡単に、安くできるようにしてほしいと訴えることができる。医師には、患者に無防備なセックスをしているかどうか尋ねることを通常の手順にしてもらい、イエスの場合はHIV/エイズ検査を勧めてもらうように働きかけることができるだろう。教育局を説得して中学校のカリキュラムにHIV/エイズを加えてもらったり、注射針の交換プログラムを支援したり、マスコミに最近のHIV/エイズの傾向やこの病気に悩んでいる人の話を紹介して、番組や記事にしてもらうことができる。

提携先として、傘下の小売販売網にHIV/エイズ検査施設を設置することに興味を持ちそうな企業を探してもよい。牧師など、地域社会のリーダーや非営利組織の理事との会合で協力を求めたり、地域社会が主導するHIV/エイズの感染防止活動に従事する職員の人件費の一部を負担することもできる。美容院や理髪店を回って、店主や店員に客に話を広めるように依頼することもできるだろう。調査費用の増額や安価なコンドームの支給、無料検査施設の設置を議会の委員会で訴えるのも一つの方法だろう。

使うべき原則や手順などは、市民に影響を及ぼすときと同一である。単に目標とする市場を変えるだけでよいのだ。

まとめ

公共機関のマーケティング活動の目的が健康増進、傷害事故防止、環境保護、その他の地域社会への貢献活動に影響を及ぼすことであれば、ソーシャル・マーケティングの原則と手法を活用することが最も適切だろう。活動の中心は常に行動である。これは、すべてのマーケティングの仕事の中で最も難しい分野だという人がいる。それは、ターゲット・オーディエンスに対してある行動をとってほしいと頼んでも、必ずしもその見返りとして彼らに与えたり、約束したりできるものが、短期的なものとしてあるとは限らないからである。

その仕事をより容易に行い、より成功に導くためには次の十二の原理が役立つ。

1　以前からあるキャンペーンの成功例を利用する
2　行動する準備ができている市場から始める
3　一度に一つ、簡単で実行可能な行動を促す
4　行動の変化を妨げる障害を見つけて取り除く

5 本当のベネフィットを目の前に差し出す
6 競合する行動のコストを明らかにする
7 行動しやすい目に見える対象やサービスを勧める
8 非金銭的インセンティブ（評価や褒賞）を与える
9 メッセージにユーモアをこめる
10 意思決定の時点でメディア・チャネルを使う
11 公約や誓約を取りつける
12 持続させるために注意を喚起する

今日まで、ほとんどのソーシャル・マーケティングのキャンペーンは、主に個人の行動に影響を与えることを主眼にしてきた。しかし、専門家は目標とする市場の焦点をアップストリームに向けて、社会基盤に影響を与え、個人の行動をより簡単に、より安く、都合よく、快適に、抵抗を感じさせないで変化させることができる組織、グループ、企業、政策立案者、議員などを狙うべきだと主張している。

chapter 10

戦略的提携関係を結ぶ

社会の変化は、偶然の手に委ねるにはあまりに重大すぎる。今日、ヨルダンでは、公共機関と民間部門がいっしょになって、水問題に取り組んでいる。以前には考えられなかったような規模の活動を、しかもわずかな費用で。二〇〇五年一月、中近東の自然環境を呼びものにしたヨルダンで六つ目の、そして最後のマンスーラ市立公園が開園した。あるＮＧＯ（非政府組織）が土地を無償提供し、別のＮＧＯが造園の設計を行い、第三のＮＧＯが資料展示館を設計した。資金の一部は民間部門が提供している。今後の維持補修は、市が雇った建築士と技術者が行う予定である。植物を提供したのは農業省で、水利・灌漑省が監督を行い、米国国際開発庁が資金を提供した。教育開発アカデミー[1]は当初から計画に参加して、この事業全体のコーディネートと管理を行った。私たちはここで、ある問題について同時に対応する関係者の数が多く、しかもその関係者間の協力関係の密接さが増すと、経済、環境、生命に与える影響も非常に大きくなるという法則を導き出した。

——グレゴリー・Ｒ・ニブレット（教育開発アカデミー、ＡＥＤ社会変革グループ　上級副理事長）

1 ▶ AED：Academy for Educational Development：ワシントンに本拠を構える、教育、ソーシャル・マーケティング、調査研究、研修、政策分析などを通じて、米国および世界の重要な社会問題を解決する目的で設立された独立の非営利組織。

この章で扱うのは、官民双方にとってメリットのある提携関係についてである。これは、公共機関の活動に重要な資源が加わると同時に、相手も見返りとして貴重なメリットが得られるという関係である。公共部門の責任者であれば、こうした提携関係の有益さを理解していることと思う。しかし、適切なパートナーの探し方と、その能力を完全に引き出す方法について、十分に理解している人は少ないだろう。

実際のところ、両者ともお互いの助けを必要としている。公共機関は民間部門にしかない資源を必要とし、民間部門のほうは公共機関にしかできないことに対するニーズがある。公共機関には非営利組織の豊富な資源が必要で、その組織には公共機関の助けがなければまっとうできない仕事がある。また、あなたの所属部門が他の公共機関の支援を必要とし、相手もあなたの部門の応援が必要なこともある。

このような場合に、最善のパートナーを見つける鍵を握るのがマーケティングの発想である。パートナー候補を顧客と考え接することが、最も理想的な相手を見つけ、その承諾を取りつける可能性を高める方法となる。

次の注目事例を見れば、この原理は明らかである。

注目事例

ヨルダンの水問題改善——提携関係を軸とした、人民のための、人民による活動

課題

ヨルダンは地球上で最も水資源に乏しい国の一つである。一九九九年、ヨルダンはこの一〇〇年間で最も深刻な旱魃《かんばつ》に見舞われた。出生率が高いため、もともと人口の伸びは大きかったが、前例のない難民の急増という事態と重なって、深刻な水不足問題が生じていた。中近東全体の水需要も増えており、ヨルダン川の水流は次第に細り、汚染されていった。インフラの老朽化、トイレの水漏れ、時代遅れの配管システム、不適切な水道設備によって何百万リットルという水が浪費され、水道料金の三分の一は漏水対策だとされるケースもあった。政府は、家庭への給水を一週間に一度に制限したこともある。

すでに節水のためにできる限りの犠牲を払ってきたヨルダン国民にとって、打つべき手はほとんど残っていないように思われた。自分たちの個人的努力で水問題を多少でも軽減できると信じていたのは国民の二八%ほどで、国民の多くは、水不足は中近東全体の慢性的問題だということを理解しておらず、近隣諸国に問題の責任があると考えていた。節水型の配管設備や他の家庭での節水方法などに対する知識はないに等しかった。

政府広報室は、国民に対する啓蒙活動を積極的に行っていたが、やるべきことが山積みになっていた。専門家のほとんどは、政府の施策と啓蒙活動だけで、ヨルダンの水不足という難問に

立ち向かうのは無理だと指摘していた。環境問題に取り組む非営利組織は、資金提供者の支援が得られず無力であり、しかも水問題専門のNGOはヨルダン全体で一団体しかなかった。したがって、水資源の危機に取り組む地域活動は、実質的に存在しない状態だった。

戦略　二〇〇〇年、ヨルダンの水利・灌漑省と教育開発アカデミーは、次のような活動に乗り出した。それは、ヨルダンの水資源の最大の消費者による消費量削減、節水方法の啓蒙活動による住民意識の改善と実践、水の需要に関する教育と施策の普及、さらに大きな変革をもたらすための大規模財団の設立、などを骨子とするものだった。米国国際開発庁が構想を練り、資金を提供したこの活動は、「水の効率的使用と行動のための公共情報（WEPIA）」[1]と名づけられた。

WEPIAの当初の調査によって、ヨルダンの水の効率的使用を妨げる主な原因が特定され、複数の分野における総合的対応が重要だという認識が形成された。しかし、WEPIAの限られた資金枠では九人の職員を雇うのが精一杯だった。明らかに多くの人手が必要であり、これではどうにもならない。この状況を打開するため、WEPIAは最初から多くの組織や個人との連携を試みることにした。

プロジェクト担当の職員は、他の組織との共同事業を立ち上げ、こうした事業を中心として最前線で活躍した。最初の数カ月で、WEPIAはヨルダン国内の何百という利害関係者、および政策決定者と良好な関係を築き、二〇〇〇年六月、首都アンマンでWEPIA戦略計画会議が開催された。彼らは、いっしょになって水問題に対する新たな解決策を考案した。エンジニア、

1 ▶ WEPIA : Water Efficiency and Public Information for Action

行動科学者、政府職員、マスコミの専門家、大学教授、資金援助機関とNGOの代表者、公立・私立の学校関係者、婦人問題研究家、弁護士、活動家、民間部門の大口消費者と関係業者などがこれに参加した。行動意欲に満ちた戦力が増強され、九人のWEPIA職員は、実質的に九十人の異なった専門分野にまたがる強力なチームとなった。この九十人は、自分たちが練り上げ、自らの役割を明確に定めた計画を携えて、それぞれの持ち場に帰っていった。

この新しい取り組みは、これまでの活動とはまったく異なるスタートを切った。水の供給を増やすのではなく、需要を抑えることに狙いを定めたのだ。個人の行動ではなく、多数による共同活動に的を絞り、ビルと家屋の設備の改良、節水装置の普及、政策と法律の改正などを呼びかけ、学校では各学年に節水に関する授業を組み込んでもらい、マスコミには積極的な広報活動を働きかけ、モスクでの説教にも節水のメッセージを取り入れてもらうことに成功した。

こうした活動により、自分の家の外では働いたことがなかった貧しい女性たち一一二人が節水器具を原価で買って、友人や近所の人に売って利益を得たというケースもあった。ヨルダン政府計画省との共同事業では、水の効率的使用を奨励する目的で地域団体、農業協同組合、女性団体、その他の地方団体など九十八の組織に助成金を支給する活動も実施された。メディアによるキャンペーンの例としては、ヨルダンの広告代理店、プリスマ社の制作による、「水の効率的使用によってヨルダン人がどのような経済的利益を得ることができるか」をテーマにした番組が賞を獲得した。アブ・タウフィールという漫画の主人公がWEPIAの新しいメッセンジャーとして、テレビ、ラジオ、看板、新聞、雑誌を通じて、すべてのヨルダン人へ節水による経済的利益を訴え、また節水のための工夫をアドバイスした。アブ・タウフィールという独創的な名前は「けちん坊パパ」という意味で、典型的なヨルダン人の家庭で見られる人物の戯画化である。漫画ではあるが、まさしくヨルダン人そのものの姿を表していた（**図1**）。

成果

この共同事業は多くの成果をあげた。これは、ヨルダンの脆弱な非営利組織にエネルギーを吹き込み、活性化した。そして、個人の行動を変えるためにソーシャル・マーケティングのコンセプトを取り入れ、水の効率的使用を現実のものにするために必要となる価値観の創造とインフラの整備に貢献した。二〇〇四年までの成果には驚くべきものがある。

- 国民の九〇%は、水不足の原因とその深刻さについて十分に認識しており、水の効率的使用に関する戦略を理解している。
- 水不足に何らかの貢献ができると考えている国民の数が十倍に増えた。
- エアレーター[1]を知っている人の比率が、九%から七三・八%に増えた。
- かつてはなきに等しかったエアレーターの売れ行きが急増した。あるキャンペーンにより、一つの会社だけで一日に一七五〇台を販売したこともあった。
- 学校のカリキュラムが書き換えられて、水の需要管理を対話形式で学ぶ授業に重点が置かれ

図1
アブ・タウフィールは全国の75カ所の看板に描かれ、節水のメッセージを伝えるメッセンジャー役を務めている

るようになった。

● 職業訓練制度が刷新され、十五人の女性が配管工の免許を取得した。ヨルダンでは初めてのことである。

● 各地域に交付された助成金によって、節水率は平均四五％改善した。助成金による所得増は一家庭当たり二七％であった。

そして最も重要なことは、水の使用量が減少したことである。

● 設備の改良によって、ヨルダン最大の水消費者の使用量が一八％減少した。

● 配管規格の全国的な改正により、一年につき一四〇万リットルの節水が実現した。

● 戸外における水の使用量が、推定で年間二〇〇〇万リットルから一一〇〇万リットルに減少した。

● 年間の水不足量が五〇〇〇万リットル減少すると予想されている。

WEPIAプロジェクトが終了する二〇〇五年までに、ヨルダンは水の効率的使用について中近東全域のリーダーとなった。最終的にこのプロジェクトは、ヨルダン社会全域にわたって、水の効率的使用法を大幅に改善した。この事例は今後、中近東諸国にとって重要かつ持続的な効果をもたらす画期的なモデルとなるだろう。(1)

1 ▶ 肥料や殺虫剤をまくために、あるいは通気を良くし、土壌を柔らかくするために、地面に穴を開ける機械。特に芝生を植えた地面の手入れに使われる。

戦略的提携のベネフィット

公共部門と民間部門、公共部門と非営利組織との**提携関係**のすべてを把握することは容易ではない。しかし、提携の数が増える方向にあることは間違いないと思われる。たとえば、米国では慈善事業に対する寄付が過去最高になっている。ギビングUSA財団[1]によれば、二〇〇四年の企業、財団法人、個人による慈善事業に対する寄付は二四八五億二〇〇〇万ドル（約三〇兆円）に達すると推定され、これは米国における過去最高の額である。(2)

しかし、民間企業は「業績も良く、慈善も行っている」という姿勢が世間へ効果的に周知されるよう、寄付そのもの、また寄付の対象となるパートナーとその活動に対して、厳しく選別する傾向を強めている。たとえば、コーン社[2]が二〇〇〇年に行った調査によると、六九％の企業が将来の社会問題に対する寄付の増額を計画している(3)。これは、企業が自社の顧客の顔色をうかがう傾向が強まっていることの表れだろう。コーン社の別のレポートでは、米国人の八四％は価格と品質が同じであれば、より重要な社会問題の改善を支援している企業の製品に鞍替えしてもよい、と答えているからである。(4)

万人のためのベネフィット

表1にまとめたように、すべてのパートナーが、与えたものに対して見返りを受け取る。これ

1▶ インディアナ大学内に設置された調査団体で、ここが発行する寄付などの慈善関係に関する分析報告書は米国で最もよく参照されている。

2▶ 米国のコーズ・リレーテッド・マーケティングを専門にコンサルティングを行っている会社。

表1　公共機関との提携関係によるパートナーの提供物と獲得対価

パートナー	提供物	獲得対価
民間部門	・現金 ・サービス ・製品 ・流通チャネル ・既存顧客との接点 ・コミュニケーションチャネル ・労働力（ボランティア）	・専門知識技能 ・ブランド嗜好の顧客 ・販売機会 ・地域社会からの好意 ・社会的地位 ・就職先としての人気、従業員の満足度、企業への定着度
非営利部門	・専門技能 ・地域ネットワーク ・信頼性 ・流通チャネル ・労働力（ボランティア）	・物質的、人的、経済的資源 ・知名度 ・専門技能 ・全国ネットワーク、他の公共機関とのネットワーク ・公共機関の使命と目標の達成
その他の公共機関	・影響力 ・ターゲット市場との接点 ・専門技能 ・流通チャネル	・公共機関の使命と目標の達成 ・物質的、人的、経済的資源 ・知名度 ・専門技能

が、提携関係を成り立たせ、長期間にわたって関係を持続するための必須条件である。ここからは、個々の詳細な例について説明する。

民間部門との提携

私たちは、『社会的責任のマーケティング――「事業の成功」と「CSR」を両立する』[3]において、企業の社会活動は六つのカテゴリーにはっきりと分類されることを指摘している。企業の社会活動とは、企業が一般に健康や社会の基本的ニーズ、事故や傷害の防止、地域社会の活性化、環境などの分野に関する社会問題に対して貢献を行う活動である。こうした活動は、次のように分類できる。

3 ▶ *Corporate Social Responsibility: Doing the Most Good for Your Company and Your Cause*, New York : Wiley, 2005

- 社会的大義の振興《コーズ・プロモーション》
- 社会的大義連動型《コーズ・リレーテッド》マーケティング
- 企業によるソーシャル・マーケティング
- 地域社会におけるボランティア活動
- 企業による慈善活動
- 社会的責任を自覚した企業行動

企業は、どのタイプの活動を行うかにかかわらず、公共機関に対して次のような資源を用いて貢献することができる。

- 現金……ワシントン・ミューチュアル社[1]は、教員教育に助成金を出している。
- 専門知識……デル社[2]の従業員は、近隣の電子機器のリサイクル事業に協力している。
- 流通チャネルの利用……セブン・イレブンは、各店舗にゴミのポイ捨て防止ポスターを掲示している。
- サービスの現物支給……家庭雑貨・園芸用品店は、節水に関するパンフレットを印刷して配っている。
- 商品……自転車用ヘルメットのメーカーが、低所得者向けの診療サービスを行っている地域

1▶ ワシントン州シアトルに本拠を構える米国最大の貯蓄金融機関。
2▶ 米国テキサス州に本社を置く世界最大のコンピュータシステムの直販会社。

診療所にヘルメットを寄贈している。

公共部門との提携関係は、長期にわたるもの（後述のアメリカン・エキスプレスと自由の女神像）から、短期なもの（マクドナルドがトレーマットに幼児の予防接種のスケジュールを印刷する）までさまざまである。ここからは、各社会活動の特徴を、公共部門と民間部門との提携について具体的な例をあげながら、さらに詳しく説明する。特に、提携により企業が与えるものと求めるものには、いろいろな選択肢があることに注目してほしい。

企業の「コーズ・プロモーション」のための提携関係

コーズ・プロモーション（社会的大義の振興）は、社会問題に関する「認識と関心」を高めることを目的とした活動である（リーバイ・ストラウス社[3]は、エイズに関するパンフレットを配布している）。その主たる目的は、次のように人を説得して何らかの行動をしてもらうことにある。

- 特定の社会問題について詳しく知ってもらう……ベン・アンド・ジェリーズ社[4]は、自社のウェブサイトで地球温暖化の原因となる要因を説明している
- 時間を提供してもらう……パレード誌は、市民に手作りのパンやお菓子を販売するバザーを行い、その売上をフードバンク[5]に寄付するよう呼びかけている
- お金を寄付してもらう……ブリティッシュ・エアウェイズは、ヨーロッパからのフライトで

3▶ 米国を拠点とするアパレルメーカー。リーバイスのジーンズで有名。

4▶ 米国のアイスクリーム専門店。

5▶ 全米に拠点を持つ非営利組織で、子供のいる家庭、高齢者、低所得者、HIV患者などに食料を提供している。

小銭を集めてユニセフに寄付している
- 非金銭的資源を寄付してもらう……レンズクラフター社[6]は、古い眼鏡をリサイクルしている
- イベントに参加してもらう……サブウェイ社[7]は、米国心臓学会の年次ウォーキング行事の宣伝をしている

この活動で重要なことは、説得力のあるメッセージである。企業はこうしたキャンペーンを自社の手でやることもあるが（ザ・ボディショップ社[8]は、動物を実験に使うことを禁止する運動をしている）、次の例のように非営利組織や公共機関と提携を結んで行うことが多い。

case study

大学とジョンソン・エンド・ジョンソン

二〇〇二年、米国大学・短大入学調査センターは、短大を目指す一〇〇万人以上の学生を調査した。その結果、なりたい職業ランキングの中で看護師は第九位にすぎないことがわかった。米国では看護師の不足が深刻な社会問題となっており、医療界最大の問題だと考える人も多く、この結果は大きな懸念材料として捉えられた。ところが、二〇〇三年には看護師が第四位に浮上した。バンダービルト大学の研究は、看護師が不足している問題意識を高め、看護師の職業イメージを向上させたのは、ジョンソン・エンド・ジョンソン社

6▶米国の大手眼鏡販売店。

7▶米国の大手サンドイッチ販売チェーン。

8▶英国を本拠とするボディケア商品の販売会社。

の看護師に関するキャンペーンが最大の要因だと指摘している(5)。二〇〇二年、ジョンソン・エンド・ジョンソンは、看護師の職業イメージを高め、新たな看護師を誕生させるために、数年がかりの大規模な活動を展開し、いくつかの短大や大学と提携した（**図2**）。この活動の重要な要素は奨学金の提供である。二〇〇五年五月現在、同社は研究助成金、奨学金、その他の助成金として七〇〇万ドル（八億四〇〇〇万円）を拠出し、またウェブサイト（discovernursing.com）にその他のさまざまな奨学金へのリンクを掲載している。(6)

図2　ジョンソン・エンド・ジョンソンが看護師の職業イメージを高めるためのキャンペーンに使ったポスター

企業のコーズ・リレーテッド・マーケティングのための提携関係

企業が特定のコーズ（cause：社会的大義）のために製品販売金額に応じて寄付をすると約束するのが、コーズ・リレーテッド・マーケティングである。製品販売や商取引と関連することが、この活動の最も顕著な特徴である。これによって公共機関は、社会的大義のための資金が集まり、企業は販売増につながるという両者にとってのベネフィットが内包されている。公共機関との提携関係は、次の例のように、ある公共機関あるいはそれを支援する財団への寄付という形をとることが多い。

国定記念物とアメリカン・エキスプレス

「自由の女神像」は、国立公園管理局が管理している国定記念物であるが、一八八五年にアメリカン・エキスプレスが従業員から女神像の台座の修復資金を募って以来、同社の支援を受けている(7)。その後、八〇年代の初め、同社はコーズ・リレーテッド・マーケティングを開始した。それは八六年の一〇〇年祭に向けて、女神像の修復資金を募るというものであった。これが米国最初のコーズ・リレーテッド・マーケティングである。その際、同社は支払小切手を切るのではなく、マーケティングの世界で注目された新しい取り組みを行った。アメリカン・エキスプレスは、カードが使われるたび、新たなカードが発行されるたびに、自由の女神の修復資金を拠出することにしたのだ。このキャンペーンによる修復拠出金は一七〇万ドル(約二億円)となり、カードの使用率は二七%増え、新しいカードの加入者は一〇%増えた。(8)

二〇〇三年、同社は新たな募金活動を開始した。一般大衆が再び女神像の中に入れるような安全策を講じるために、三〇〇万ドル(三億六〇〇〇万円)の資金を確保するというものである(9)。女神像は、同時多発テロのあった二〇〇一年九月十一日以降閉鎖されていた。アメリカン・エキスプレスは、二〇〇三年十二月一日から翌年一月三十一日までの間に、同社のカードを使った買い物一件につき一セントを拠出し、二五〇万ドル(三億円)を寄付した。

そして二〇〇四年八月、改修工事の完了と入場再開を祝い、またアメリカン・エキスプレスの貢献に対して感謝する祝賀式が行われた。

企業のソーシャル・マーケティングのための提携関係

ソーシャル・マーケティングとは、公衆衛生、安全、環境、社会福祉などを改善するために、企業がキャンペーンを企画、実施、または支援することである。活動の中心は、人々の行動を変えることであり、それがソーシャル・マーケティングの目的である。ほとんどの場合、ソーシャル・マーケティングの企画や実施の主体となるのは政府や州、地方などの公共機関である。ただし、次の例のように、キャンペーンの効果を高めるためには、民間企業の支援が欠かせない場合が多い。

case study

カナダ保健省とパンパース

二〇〇〇年、カナダにおける生後四週間から一歳までの乳幼児の主な死因である乳幼児突然死症候群の発生を減らすため、カナダ保健省はパートナーとして新たな民間企業を発表した。プロクター・アンド・ギャンブル社のパンパース・ブランドの最小サイズのオムツ二種類に、英語、フランス語、スペイン語のメッセージが書き加えられた。これは「寝かせるときは仰向けに」という一言だった。仰向けに寝かせれば、突然死のリスクが減ることは実証されている。また、パンパースはプロモーション用のドアハンガーを作って、カナダ中の病院とウォルマートの店舗を通じて配布した。さらに、自社のテレビ・コマーシャルでも突然死症候群への認識を高める情報と「寝かせるときは仰向けに」のメッセージを流し、同じ趣旨のポスターを印刷した（**図3**）。

キャンペーンの前後で行った調査では、これまでのカナダ保健省の活動に比べて、この提携による活動が、市民に対して強力な影響を与えたことが明らかになった。乳幼児を仰向けに寝かせるという正しい睡眠姿勢への認識が、一九九九年の四四%から二〇〇一年には六六%にまで増えたのだ。「乳幼児を仰向けに寝かせなさい」と注意する医療専門家の数も二一%から六七%に増えた。最も注目すべき点は、実際に乳幼児を仰向けに寝かせる親や介護専門家の数が、四一%から六九%に増えたことである。(10)

図3　プロクター・アンド・ギャンブル社が支援したプロモーション用パンフレット

（出典：*Health Canada*, Ministry of Public Works and Government Service, 2006, Canada）

企業のボランティア活動による提携関係

企業が地域社会のボランティア活動を先導しているケースは多い。従業員が近隣の組織（たとえば、リサイクル・センター）でボランティアをしていたり、地域の社会活動（公園のツタを取り除く）へ参加したりしている。従業員のボランティア活動としては、専門技能やアイデア、労働そのものの提供などがある。従業員のボランティア活動に対する企業の支援は、従業員が地域社会に奉仕することを単に奨励するだけでなく、表彰や報奨金の授与、何らかの投資を行うなどさまざまである。公共機関との提携の形も、企業の従業員が市民による委員会の構成員を務めたり（学区の五カ年計画に対する意見の表明）、地域社会のイベントスタッフを務めたり（町内イベントでホットケーキ・コーナーを運営）、企業の施設を利用した活動の案内役になったり（会社の庭園において天然肥料による造園講習会を開催）、電話相談に応える（小児科医が乳幼児の予防接種に関する相談に応じる）など無数にある。

次の例でわかるように、企業のコア・ビジネスや製品と結びついたボランティア活動は、企業にも、ボランティアにも、利用者にも、常に評判が良い。

case study

公立学校とワシントン・ミューチュアル

ワシントン・ミューチュアルは全国的な支店網を持つ米国の金融機関である。一一五年以上にわたって地域社会に貢献してきたという歴史があり、「ワム（WaMu）」という愛称でも知られている。二〇〇三年だけでも、同行行員の地域社会でのボランティア活動は、四万四〇〇〇回、合計時間にして一八万四〇〇〇時間にのぼった。多数の行員が、教室での教師の手伝いや校庭の清掃、学用品の寄付集めまで、学校のためにさまざまなボランティア活動を行っている。行員は一人[1]で行動することもあれば、チームで活動することもある。「ワモーラ・フォー・ライフ」というのは金融に関連した教育プログラムで、十代には信用取引の概念を、それより年下の児童には現金の概念を教える一時間の授業である。また、カリフォルニア州パサデナで同行のボランティアが、ユージン・フィールド小学校にカン[2]のTシャツを着て、サングラスをかけて、手製の大きな金貨をつけてやってきたことがあった。彼らは、金融の知識をユーモラスなラップソングで紹介した（**図4**）。[11]

図4
教室でボランティア活動をするワシントン・ミューチュアルの従業員
（写真はワシントン・ミューチュアルの好意による。）

■企業の慈善活動

企業の慈善活動は、おそらく企業の社会活動の中でも最も伝統的なものであろう。企業が社会的大義のために直接貢献を行うもので、そのほとんどは現金による寄付や助成、あるいはサービスの現物支給の形で行われる。企業の慈善活動は、株主の財産への配慮と、企業活動を支えてきた社会に対する感謝の表明とのバランスを取りながら、長い年月をかけて成長してきた。このことについて、異議を差し挟む余地はないだろう。次の例のように、企業の製品を紹介する形で社会へ貢献する活動が標準的なものになりつつある。

case study

国立公園とゼネラル・エレクトリック財団

二〇〇二年五月、ゼネラル・エレクトリック社（GE）の慈善組織であるGE財団は、国立公園局およびイエローストーン公園財団と協力して、モンタナ州ボーズマンの南に位置するイエローストーン公園の夜空を回復する新しいプログラムを開始すると発表した。オールドフェイスフル・イン[3]のオープン一〇〇年を祝って、オールドフェイスフル村の「夜空の輝き」を取り戻そうというのがこのプログラムの目的であった。国立公園局が行った調査に基づき、GEはイエローストーン公園の漆黒の夜空を取り戻す活動に

1 ▶ WaMoola for L.I.F.E.™：Lessons in Financial Education：ワモーラはゲーム「ファイナルファンタジー」に出てくる虫の名前。「ワム」に発音が近いところから、これをプログラムの名前にしたのであろう。

2 ▶ CAN!：1968年に西ドイツで結成されたロック・グループ。

3 ▶ Old Faithful Inn：イエローストーン公園の象徴的存在で、世界最大のログキャビンで知られる高級ホテル。

五十基の防眩性照明を寄贈し、およそ十万ドル（一二〇〇万円）の寄付金を拠出した。数年間での寄贈品と寄付金による支援総額は二十万ドル（二四〇〇万円）に達するものと予想されている。GEのスポークスマンによれば、「マスコミは、明かりを灯すはずの電球メーカーが明かりを落とす活動を行うという矛盾を気に入ったようだ」。(12)

社会的責任を自覚した企業活動

社会的責任を自覚した企業活動の特徴は、それが法律や監督官庁の指示ではなく、企業の自発的意思に基づく活動だという点にある。それはまた、単に道徳や倫理基準に沿っているからという理由だけでもない。企業は、社会の福祉を増進し、環境を守るという社会的大義を支援するために活動を実行し、あるいは投資を行うのである。この活動の形態はさまざまだが、次の例のように公共機関や公的な施策と提携する場合が多い。

case study

米国環境保護庁とモトローラ

モトローラ社[1]の環境保護に関するミッション・ステートメント（社是）には、地球上の天然資源の持続的活用を支援することが定められている。同社は、社会的責任を果たすための

1▶米国の通信機器メーカー。携帯電話、トランシーバー、CPUなどの製品が有名。

企業活動として、土壌・大気・水資源の保護という三分野に重点を置いている。(13)

土壌保護を目的としたプログラムの一つに、「ウェストワイズ」▶2 の協力がある。これは環境保護庁（ＥＰＡ）▶3 が推進するプログラムで、企業は処理費用が高額な廃棄物をなくすことにより、環境保護とコスト削減という二つのベネフィットを享受できるというものだ（**図5**）。

図5 モトローラが参加した環境保護庁の廃棄物削減プログラム

一九九四年にこのプログラムに参加して以来、モトローラは全米の生産現場で一二万五〇〇〇トンの廃棄物をリサイクルしたと伝えられる。さらに同社は、コンパック・システムという繰り返し使用できる包装システムの開発によって、毎年一四〇トンの包装廃棄物をなくし、年間でおよそ四三〇万ドル（五億一六〇〇万円）のコスト削減を実現している(14)。大気については、九二年、製造工程でのフロンガスの使用を撤廃した。これは、電子機器製造企業として、世界で二番目の試みであった。(15)

2▶ WasteWise：廃棄物削減やリサイクル活動の推進。

3▶ EPA：Environmental Protection Agency

非営利部門との提携

公共部門が非営利組織と提携関係を結ぶのはごく一般的なことであり、またお互いにメリットになることが多い。これは、企業と公共機関との提携（ファストフード・レストランが公共機関の栄養教育プログラムのスポンサーとなる）に比べて問題になることが少ないからである。また両者の使命が共通であることが多いという理由もある（フードバンクと地域保健福祉事務所）。さらに、公共機関の担当者も非営利組織により親近感を持っているので、彼らに気軽に接触しやすい。次に紹介するのは、公共機関と非営利組織の提携の例である。マーケティングの観点から、それぞれの例を見ていこう。

プログラムとサービスの改善

非営利組織は、技術的専門知識という素晴らしい資源を持っている。その技術的専門知識によって、公共機関のプログラムとサービスを改善し、その結果、市民の参加率と満足度を高め、ひいてはコスト削減に貢献できる。その例を示そう。

case study

家族サービス局とケーシー・ファミリー・プログラム

二〇〇三年時点で、ワイオミング州は、児童を二年以内に養護施設から養子に出し、その子が再び施設に戻ってこない割合が全国平均を上回っていたものの、さらにその実績を向上させる必要性があった。当時、ワイオミング州のある養護施設の収容率は全国平均の六倍も高く、州の負担コストは年間三二〇〇万ドル（三八億四〇〇〇万円）に達していた。

二〇〇三年十二月、デイブ・フロイデンタール知事は、社会サービスの分野では前例のない提携関係を結ぶと発表した。施設にいる虐待を受けた子供や、親から面倒を見てもらえない子、またはそうした危険のある子へのサービスを改善するために、全国的な非営利組織であるケーシー・ファミリー・プログラムと共同の活動を始めるというのだ。ワイオミング州家族サービス局の局長は、提携関係の狙いを次のように説明した。

「ケーシーは子供と家族の援助について効果的な実践活動を開発している。ケーシーがこうした能力を発揮して、州家族サービス局と地域社会、養護施設の活動を支援してくれることを期待している」。ケーシー・ファミリー・プログラムは、養護施設の設置と改善、そして究極的には、施設の必要性をなくすことを目的とする全米最大の財団である。彼らは、四十年の活動と専門的調査・分析の実績をもとに、同州の子供の福祉に対する活動と政策の改善に貢献することが期待されている。(16)

case study

■ **才能の提供**

非営利組織は、特殊な才能を持っていることが多い。次の例のように、公共機関がそのような組織と提携関係を持つことができれば有益である。

保健福祉省とアド・カウンシル[1]

母乳による育児の重要性を認識している人が多いにもかかわらず、米国は先進国の中でも母乳育児率が低い国の一つとなっている。最近の研究によって、母乳で育てられた乳幼児は耳感染、呼吸器疾患、下痢、小児肥満症の発症率が低いと立証されているのに、このような現状である。保健福祉省の女性保健局がアド・カウンシルと提携して、全国的に母乳育児に関する啓蒙キャンペーンを実施したのは、こうした背景があったからだ。

連邦政府は二〇一〇年までに、分娩後六カ月のあいだ母乳育児を行う母親の割合を五〇%にまで増やす目標を立てた。二〇〇五年現在、この数字は三三%である。キャンペーンのメッセージは、母乳育児の推奨期間に対する誤解を解き、母乳育児の絶大なる効果を周知させることを主眼として作成された。すべてのキャンペーン広告は、「赤ちゃんは母乳を飲むために産まれてきた」というメッセージとして各家庭に届けられ、実際の具体的なベネフィットに――少しユーモアを交えて――焦点が当てられた(**図6**)。(17)

1 ▶ Ad Council:公共広告協議会。日本では公共広告機構(AC)が、アド・カウンシルを参考に作られ、活動している。

アド・カウンシルは民間の非営利組織で、広告・コミュニケーション業界からボランティアの人材を募って、アメリカの一般大衆に重要なメッセージを届けている。そのメッセージの大半は公共機関のものである。アド・カウンシルは六十年以上の歴史を持ち、米国の最も才能に溢れた広告専門家を起用して、「真の友は、友人に酔っ払い運転をさせない」や「頭脳をムダにするのは痛ましい」のような、非常に記憶に残るスローガンを作成している。(18)

図6　アド・カウンシルとの提携による母乳育児キャンペーンのポスター

流通チャネルの共有

非営利組織のパートナーは、既存の流通チャネルに付加価値をつけ、同時に公共機関の使命と目標に対して力強い支援をすることができる。運転免許証を受け取る際に臓器提供者の登録ができる制度は、免許取得者にも便利であると同時に、臓器提供運動を支援している非営利組織にとってもドナーを増やす効果がある。高校の身分証明書（IDカード）の裏に非営利組織の名称と電話番号を印刷しておけば、生徒と非営利組織の両者にとってカードの価値が高まる。全国の郵便の配達人は、毎年フードドライブの日に[2]、郵便箱に

2▶ 米国の助け合い運動の1つ。郵便配達人連合、企業、学校、協会などがスポンサーになって、地域社会に缶詰、パスタ、粉乳などの保存食の寄付を募る。配達人が集めた食料はフードバンクの配送センターに運ばれて、そこから低所得家庭や施設に送られる。

置かれた保存食の寄付を集めて、それを地域のフードバンクや保護施設に持ち込むことによって、地域社会に貢献している。また、配達人は、公共機関の活動を促進することもできる（地域社会の保健所がポストに投函したＨＩＶ／エイズのポスターを教会にとどける）。

次に紹介する提携関係は、大学事務局は売上と利益を増加させ、学生は社会的責任を果たすことで満足し、慈善団体は自らが経営するグルメ・コーヒーショップが誰もがほしがる流通チャネルに参入できて大喜びするという点で、三者が得した典型的な例である。

case study

大学とコーヒーショップ

プラ・ヴィーダ・コーヒーは、慈善団体が一〇〇%所有するコーヒーショップ・チェーンで、フェアトレード、有機栽培、日陰栽培[1]の三条件に一〇〇%合致したグルメ・コーヒーを売り物にしている。この会社は、その利益のすべてをコーヒー生産国の非行に走るおそれのある子供とその家庭に使っており、フェアトレードに対する公約を通じて、農家の生計が成り立つ生産物の公正な対価を支払い、同時に良心的な融資も行っている。「世間にもう少し変わったコーヒーショップがあればよいのに」と思っている人がいるかもしれない。しかし、この会社は、ただの変わったコーヒーショップではない。プラ・ヴィーダが他のコーヒー・チェーンと違うのは、事業家としての現実的な計算と非営利組織としての思いやりが融合している

1▶ 熱帯林の木陰で生態系を守りながら栽培されたコーヒーは、大規模な開墾をした通常のコーヒー農園と違い、熱帯雨林や野鳥の保護および温暖化防止に貢献している。

点である。二〇〇五年夏現在、全米の七十以上の大学（主に国公立の大学）のコーヒースタンドや食堂の自動販売機で、プラ・ヴィーダ・コーヒーが販売されている（**図7**）。プラ・ヴィーダの共同創設者で社長のジョン・セージによれば、同社のコーヒーは圧倒的な支持を得ているそうだ。「賢明な消費者が徐々に増え、繁栄する傾向にある。〈買主がリスクを負う〉という言葉は、〈買主は正しい行動をする〉に取って代わられつつある」と彼は述べている。(19)

図7　大学構内のプラ・ヴィーダ・コーヒーショップ

社会的大義の普及と市民への行動変化の呼びかけ

非営利組織のパートナーは、公共機関による社会的大義の普及と市民への行動変化の呼びかけを支援する、さまざまな資源を持っている。次の例のように、ボランティア活動が公共機関の活動範囲を広げる働きがあることは確かである。

国土安全保障省と赤十字

国土安全保障省と赤十字社は、緊急事態に対する備えの重要性について市民の認識を高め、個人の行動を呼びかける活動について、ごく自然なパートナーであるようだ。二〇〇四年、国土安全保障省のトム・リッジ長官が赤十字の年次総会で行った演説は、このことを反映している。

「国土安全保障省の仕事は、ワシントン特別区の我々の建物の入り口で始まるが、そこで終わってしまうわけにはいかない。ワシントンは指導的な役割を果たすことを期待されている。しかし我々は、この国の保護に関して微細な点まで管理できないし、またすべきでないだろう。安全は、全米のすべての都市、地域社会、家庭の優先事項であるべきだ……国土(homeland)の安全保障のためには、国民の住む町(hometown)が安全でなければならない。これは私が常々言っていることだ。したがって、幾世代にもわたって、我が国の地域社会の安全のために献身的活動をしてきた赤十字は、この目標達成のために、なくてはならない存在である」(20)

国土安全保障省と赤十字はこの提携関係をもとに、連邦政府、各州、各地方の機関だけでなく民間部門とも協力して、市民に対して非常事態に対する備えの重要性を説き、また市民が自然災害やテロの脅威をはじめとする非常事態への備えについて、さらに詳しいことを学ぶ機会を提供している。赤十字は、九〇〇の地方支部、三万五〇〇〇人の職員、一〇〇万人のボランティアを擁している。すでに全国の支部は、各家庭に対して、非常時には一人ひとりが何をし、どこへ行き、家族とどう連絡をとるかという行動計画作りを指導するなど、重要な活動を展開している。(21)

公共機関同士の提携

これは最も一般的で理解しやすい提携関係だが、マーケティング理論上のベネフィットの可能性に触れておく必要があるだろう。冒頭の**表1**で示したように、影響力の増大、目標とする市場との接触の拡大、専門知識や流通チャネルの利用が、その主なベネフィットである。次の例からその実態を学んでほしい。

case study

ワシントン州のゴミの投げ捨て防止キャンペーン

前にも述べたように、ワシントン州のゴミの投げ捨て防止キャンペーンは、市民からの目撃情報を通報するホットラインが運動の中心である。このキャンペーンの主体は州の環境保護局だが、成功の鍵となったのは州の自動車免許局や交通警察との提携だった。ゴミの投げ捨てを目撃されたドライバーは、日時、場所、自動車またはトラックから捨てられたゴミの種類まで記載された手紙を受け取ることになる。その車の登録所有者の記録を調べるためには、自動車免許局との提携が欠かせない。封筒には、差出人としてワシントン州交通警察署の名前が印刷してあり、文面は同署の用紙に書かれ、文末には「ワシントン州交通警察署長」の署名がある。もし、この手紙がワシントン州環境保護局からのものであればどうだろうか。「犯罪者」である受取人は急いで開封するだろうか。

case study

ニュージーランドの水難防止運動

世界のどの国であっても、公共機関同士の提携関係なしに、水難防止運動を成功させることはできない。西欧世界で水死者の率が高い国の一つであるニュージーランドでは、水死者を減らす戦略に多くの公共機関、非営利組織、民間企業が関わっており、それぞれが独自の専門知識と資源を出し合っている。参加者は公共機関だけでも、海上保安庁、各都市の議会、学校、保健所、内務省の地方事務所がある(22)。政府の政策と手続きに対する理解、水難事故と水上安全に対する知識、学校における水上安全教育、政治的影響力、また当然のことながら資金などの必要性を考えると、このような提携は驚くにあたらない。

提携関係の難しさとリスク

これまでの例を見ると、提携について希望と意欲が湧いてくるかもしれないが、提携はいつもバラ色の話とは限らない。そこで、公共機関を待ち受けている落とし穴に触れてみたい。まず注意すべき点を説明し、次いでその落とし穴を避ける戦略について述べることにする。

どのタイプの提携（民間部門、非営利組織、他の公共機関）であっても、活動によって得られるはずの利益に影響を及ぼす普遍的な現実がある。第一に、単独の場合に比べて「時間」がかかることである。パートナーを探し、相手のことを理解し、共同で意思決定を行い、それぞれ承認を取りつけるまでの時間である。たとえば、カナダ保健省がパンパースと組んで、「寝かせるときは仰向けに」のキャンペーン戦略を練った例では、一夜にして提携関係ができあがったような印象を受けるかもしれない。だが実際には、繰り返し調査を行い、何度もお互いの意見の調整を重ねて、正式の合意に漕ぎ着けるために膨大な時間を要したことは言うまでもない。

第二は、ほとんどの提携関係において、成功の一因は「妥協」であるようだ。印刷のサービスを現物提供する企業は、パンフレットの終わりのほうで簡単に説明されるより、その表紙にロゴとブランドつきで社名を公表して感謝の念を表してもらわなければ、これに応じないかもしれない。

第三の落とし穴は、相手の民間企業や非営利組織が、たとえ些細な逸脱行為であっても信用を失墜する、つまり「マイナスの評判」を立てられる可能性があることだ。万一、モトローラが有害廃棄物の処理基準に違反したとすれば、環境保護庁に対する信頼が揺らぐかもしれない。このような可能性が、公共機関に黒い影を落とすおそれがある。

さらに、それぞれのタイプの提携関係に特有の潜在的な懸念材料もある。「民間部門」との関係については、当然のことながら、市民は企業が示す善意の姿勢に対して皮肉な見方をするものだ。「なぜこの会社はこんなことをするのだろう」というのが、市民の最初の反応である場合が多い。次に来る質問は「本当にこの問題に関心があるなら、なぜこの会社は協賛のために私のところにボックストップ[1]のついた商品カタログや、クーポンを送ってこないのだろう」かもしれない。公共機関が民間企業と提携する場合は、顧客となる可能性のある人たちの「疑いの目《スメル・テスト》」をパスし、この会社は何らかの窮地から脱するために公共機関を宣伝に利用しようとしているのではないのか、という疑惑を払拭しなければならない（子供用のビデオゲーム・メーカーと保健省の小児肥満症の防止運動のための提携）。

「非営利組織」との関係についても、別の潜在的な懸念材料がある。たとえば、公共機関には通常、他の同じような非営利組織からの申し込みが殺到しているものである。相手が全国的なネットワークを持つ非営利組織の場合には、コミュニケーションの管理が難しい。資源が乏しい組織を相手にすると、こちらの資源まで食い潰されることもありえる。「他の行政機関」がパート

1▶米国には「box top $」というラベルがついた冷凍食品、シリアル、スナックなどの商品があり、これを集めて学校などへ持っていくと、その学校に商品のメーカーから寄付金がもらえる制度がある。似たような運動として、日本では「ベルマーク」がある。

ナーである場合には、意思決定や承認に要する時間と努力が並大抵ではないことが多い。これはどの提携関係についても言えることだが、時に錯綜する機関同士の複雑な政治的、官僚的性格を考えると、特に問題が大きい。

優れたパートナーを獲得し、リスクを減らす手法

次に説明するのは、『社会的責任のマーケティング』（コトラーとリーの共著、前出）で紹介した十カ条の提言の要約である。これは、パートナーが持つリスクに対応するだけでなく、優れたパートナーを見つけ、相手が持つすべての潜在的能力とベネフィットを活かす方法ともなる。(23)

ある州の保健局が幼児に必要な予防接種の接種率を改善するために、パートナーを探していると仮定しよう。目的に対して適切に焦点を定め、パートナー候補に顧客に対するのと同じ態度で接し、目標とする効果的なキャンペーンを開発して実行に移すまでに、いくつもの基本的なマーケティング原理を包括的に使用することに注意してほしい。

1

公共機関は、特定のプログラムを達成するために必要な追加的資源（すなわち資金と専門知識を補填し、透明性を高め、流通チャネルの質を向上させ、信頼性を補強するために増やす必要がある資源）を書き出してリストを作成する。

州保健局が、六歳までに完全に予防接種を済ませる幼児の比率を、二年以内に七二%から八〇%へ増加させるという目標を設定したとしよう。また、この比率は過去五年間、七〇%近辺を行き来していたものとする。州と郡の保健関係者からなる作業チームは、素晴らしい戦略（次回の予防接種開始時期の一カ月前に、幼児の両親にダイレクトメールを送るキャンペーン）を考案したが、このプログラムを州全域にわたって行う予算（二十万ドル＝二四〇〇万円）がない。州議会は、このプログラムを実現するために、民間企業や非営利組織との提携を模索してもらいたいとの意見である。

2 組織の使命、製品とサービス、顧客基盤、従業員の意欲、事業基盤となる地域社会、過去の寄付行為などにおいて、目的とする社会的問題と何らかの関係がある組織のリストを作成する。

作業チームはまず、幼児の予防接種という問題に何らかの関心を持ち、ダイレクトメールに必要な資金または現物を提供してくれそうな組織のリストを作成した。そして、パートナー候補の使命、顧客基盤、以前の関係を注意深く調査し、金融機関、コンビニエンスストア、その他の小売店、財団および他の行政機関を最初の検討カテゴリーとして分類した。次に、各カテゴリーの中で、チームが妥当と判断する組織を五〜十団体選定した。その際、幼児の両親に「疑惑の目」で見られる可能性がある相手（製薬会社や玩具メーカー）を対象から外すよう、特に注意した。

3

パートナー候補に接触して、彼らが優先課題と考える社会問題やこちらのプログラムに対する関心の程度を探る。

次いで州保健局は、候補リストに記載した七十五の団体への簡単な電話調査を調査会社に委託し、その団体が支援する社会問題の優先順位と幼児への予防接種に対する関心の程度を調べさせた。調査会社を使って電話インタビューさせるという決定は、担当職員の数が足りないという理由だけでなく、企業や組織の担当者にとっては調査会社のほうが話しやすく、また電話による寄付の勧誘だという疑いを持たれないだろうという配慮があったからだ。この調査結果によって、二十の団体が多少なりともこの問題に関心があり、資金提供について州保健局の代表との話し合いに応じてもよいと言っていることがわかった。

4

相手の業務上のニーズを聞く。

この時点で、作業チームのメンバーは十八の団体の責任者と面談し、残りの州外にある二団体には電話でインタビューを行った。この話し合いの目的は、その団体が幼児の予防接種への支援に何かしらの関心を持っていることを州保健局として確認することと、その団体が目下重視している事業の目標と目的を知ることにあった。特にブランド・アイデンティティの構築や地域社会との友好関係の強化、目標とする特定の市場における認知度向上など、マーケティングに関連したその組織の目標と目的を知ることだ。

5

公共機関が支援している社会問題や、現在実施中あるいは検討中の活動、公共機関としての強み、保有資源などについて話し合い、相手が最も魅力を感じるものが何かを見つけ出す。

このミーティングの間に、州保健局の代表はプログラムの資料やプログラムの歴史と成果について説明する。また、ダイレクトメールに同封する予定で州がスポンサーを探しているポスター、図表、冷蔵庫用マグネット、予防接種カードなどのサンプルを相手に見せる。さらに、相手にどの品目のスポンサーになりたいかを聞き、また資金の拠出額やその団体の貢献をどのような形で表せばよいのかといった条件について話し合う。

6

活動の支援に最も興味を示している相手に対して提案書を作成して、提出する。その際には相手側の事業上、マーケティング上のニーズに適合する複数の提案を用意することが望ましい。同時に、機関として提案できないものがあれば、その旨を提案書に具体的に記しておく必要がある。

二十の組織のうち五つが州保健局の提案書の受領に同意した。その提案書には、スポンサーの拠出金額、スポンサーの貢献に対する評価方法、活動時期、資料などを送付する家庭の数、スポンサー契約の期間などを盛り込むことになる。その組織や製品を推奨しない、資料などの内容を変えないなど、州保健局としてできないことのガイドラインも提案書に書き入れる。

7　実行計画の作成に参加させる。

二十組織に及ぶ候補者リストのうち、州保健局の提案を受け入れるのは三～五団体と見てよいだろう。これは、スポンサー期間などの話が煮詰まった後の段階の話である。州保健局の職員は、スポンサーとなる組織の提携担当者と緊密に連絡を取り、印刷物の文面の承認や仕上がり期限などを取り決める。

8　管理上の地道な仕事を可能な限り引き受けてもらうよう提案する。

州保健局は、正式なスポンサー契約を結んでいるとしても、相手に満足してもらい、短期的ではなく、長期的な関係を維持するためには、プロジェクト完結まで多くの時間と資源を実際にスポンサーに負担してもらうことが鍵となる。この例では、「印刷物の印刷をスポンサーの会社に任せる」「コンビニエンスストアの同意を得て、年に一度の予防接種の予定表を店頭に届けてもらう」といった仕事もその一つだろう。

9 成果を測定し、報告する。

幸いなことに、このプログラムでは、州保健局は幼児の親に対してダイレクトメールへの満足度、資料の内容についての認識、予防接種による体調の変化などを評価するために、年に二回のアンケート調査を行うことになっていた。すべてのパートナーは事前にこのことを知らされており、このプログラムに対する彼らの貢献について、親たちの認識を報告してもらえるとの確約を得ている。

10 企業の貢献に対する感謝の気持ちを、企業が望む方法で表す。

主な三社のパートナーのうちの二社は、その企業のロゴが資料にはっきりと印刷され、州保健局の出版物でも彼らの貢献を言及することで満足している。しかし、もう一社は、資料に社名が印刷されると、いろいろな要求が殺到するかもしれないとしてこれを辞退したが、配布範囲がそれほど広くない出版物に限って、その貢献を記載してもらうことで納得している。

まとめ

この章では、提携をより良く、より現実的なものにするための発展的な方策について述べた。公共部門と民間部門のパートナー双方にとってメリットのある提携関係によって、ヨルダンでは水資源の問題を緩和し、米国では、看護師を職業として選ぶ学生の数を増やし、国定記念物に対する寄付を募り、乳児を仰向けに寝かせるよう親や介護士を説得することによって乳幼児の突然死の危険性を減少させ、高校の授業に銀行員を起用して学生に資金管理の知識を植えつけ、埋め立て用の廃棄物を削減する、などの成果をあげることができた。

また、公共部門と非営利組織の提携関係は、養護施設の費用を削減し、母乳による育児を増やし、大学や短大の収入を増やし、非常事態における家族の行動計画を持つ家庭の数を増やした。公共部門同士の提携によってゴミが減り、水難事故が減った事例もある。

提携に潜むリスクを知り、マーケティングの手法を使った取り組みによって、マイナスの要因を最低限に抑えながら、最善のパートナーを探し、交渉し、提携する方法をぜひ実践してもらいたい。

part 3

managing the marketing process

マーケティング・プロセスの管理

chapter 11

情報をいかに集めるか

南アフリカにおいて、二十一世紀に向けたタバコ規制法の制定の際に実施した一般市民への調査結果は、非常に大きな役割を果たした。一九九七年、南アフリカの国家保健省は、「慣習的にタブー視されてきた発展途上国における女性の喫煙者数が数百万人にのぼっている」という世界保健機関（WHO）からの警告について懸念していた。アフリカの黒人女性の喫煙率が七％という最低水準であるにもかかわらず、彼女たちがいかに喫煙の習慣に染まりやすいかを調査するというミッションが私たちに与えられた。

物騒な犯罪が多発する黒人居住区で女性と面会し、彼女たちが話すコーサ語でインタビューをするためには、いくつもの障害を乗り越えなければならなかった。この解決策は、地元の女性を教育し、この仕事に適した技能をつけさせ、現地調査に当たらせることだった。彼女たちは通訳として貢献すると同時に、私たちといっしょになって調査結果が意味することを洞察し、さらに、アフリカ女性が抱える悩みを彼女たちの言葉で汲み取り、それを正確に私たちに伝えてくれた。

——エイミー・サイデル・マークス博士（ケープタウン大学経営大学院）

マーケティング・リサーチについて、通常そのコストが議論の中心になることはあっても、そのベネフィットが議論の中心になることは稀である。マーケティング・リサーチに対する反論として、あなたも次のような発言を聞いたことがあるかもしれない。

●調査を企画して、その承認を得るまでに、キャンペーンに割り当てられた予算の消化期限は過ぎてしまうだろう。

●誰がいつ、どこで、どのような理由でゴミを投げ捨てるのかを調査するために、広報予算から三万五〇〇〇ドル（四二〇万円）も支出するのは馬鹿げている。そんなことをすれば、ゴミの投げ捨て禁止の看板を十カ所分減らさなければならない。

●以前にこれと同じ調査をしたときの報告書には、コンピュータで出力した五センチほどの厚さの表が付き、統計手法に関する説明が二十五ページもあり、肝心の調査結果は三ページだけだった。体裁ばかりで中味がまったくなかった。

調査の企画担当者がこのような反論に太刀打ちできず、調査機会を逸したとすれば、次の注目事例から、その代償がいかに高価なものであったかがわかるだろう。

注目事例

マーケティング・リサーチを通して健康な国をつくる——南アフリカ

南アフリカの人口の三九%以上を占める黒人女性は、タバコ会社にとって紙巻タバコや嗅ぎタバコの重要な戦略市場である。昔から女性の喫煙はタブーとされ、女性は人目につかないところか、信頼できる仲間うちでしかタバコを吸わなかった。その結果、幸いなことに黒人女性の喫煙率は南ア国内において最低の部類に入っていた。しかし、不幸なことにタバコ会社のマーケティング担当者はそこに目をつけ、これまでの社会規範を変えようと目論んだ。

課題

黒人女性がタバコ会社のターゲットとなることについて、非常に憂慮すべき問題と考えられたのは、喫煙が病気や早死の原因となるからだけでなく、女性たちが子供や家族、地域社会の消費行動に非常に大きな影響力を持っているからでもあった。家族が受動喫煙の害にさらされることや、妊娠中の喫煙が胎児に及ぼす影響なども合わせて考えると、事態はいっそう深刻となる。

行政の企画担当者が直面していた課題は、まず女性の喫煙者にタバコをやめさせること、さらにこの経験を生かして、喫煙経験のない人たちが悪習に染まらぬよう、喫煙の誘惑と戦わせることだった。こうした個人的価値観へ踏み込む活動は、慎重に対象を選ぶ必要がある。

解決策として、対象市場を理解するための綿密なマーケティング・リサーチを実施することにした。しかも、競争相手であるタバコ会社よりうまくやる必要があった。

戦略 一九九九年の調査プロジェクトは、ケープタウンおよびその周辺地域に住む十五～六十四歳までの、コーサ語を話す女性一三一四人を対象にして、タバコに関する知識、姿勢、習慣、行動を調査した。KAPB[1]と名づけられたこの調査の目的は、紙巻タバコや嗅ぎタバコを吸う女性と吸わない女性にインタビューし、両者を比較することにあった。一三一四人の内訳は、二五％が紙巻タバコ、二七％が嗅ぎタバコ、二％が両方を吸う女性で、タバコを吸わない女性が四六％であった。

調査では、回答者のほとんどがタバコ会社のマーケティング活動に接した経験があると答えており、タバコ会社の手が黒人女性にも及んでいることがわかった。回答者の三分の一が最近紙巻タバコの広告を見たことがあるとし、タバコを吸う女性ではこの比率が四二％と高かった。四分の三が子供のときに大人の言いつけでタバコを買いにいったことがあると答え、ほとんどが現在のタバコの値段を知っていた。また、憂慮すべきことに、すべての回答者がタバコは健康に害を及ぼすという認識をあまり持っていなかった。

非喫煙者の危険性……非喫煙者の五八％は喫煙者となるおそれがあった。五％はタバコに好意的な姿勢を示しており、今にもタバコを吸いはじめようとしていた。この五％は都会的で、

1▶Knowledge：知識、Attitude：姿勢、Practice：習慣、Behavior：行動、の頭文字

伝統に縛られないタイプであり、喫煙する女友達を持ち、より快楽主義的で、他の非喫煙女性に比べると健康に対する意識が薄かった。残りの五三％も、特にタバコを吸わないという強い決意を持っているわけではなかった。彼女たちは、非喫煙者の中でも最も経済的に貧しい状況にあり、社会変化の波にもまれていた。黒人女性の喫煙がタブー視される風潮にも鈍感で、家族や知り合いに喫煙者が多かった。

喫煙者の救済方法……喫煙者はどちらかといえば若くはなく、十分な教育も受けていなかった。彼女たちの周囲には、喫煙者である夫、恋人、家族がいることが多かった。紙巻タバコの愛好者の半数以上、嗅ぎタバコの愛好者の三分の一以上が妊娠中もタバコを吸っていたと回答した。喫煙者は可処分所得の少なくとも十分の一をタバコ代に使っていた。彼女たちの女友達の半数以上が喫煙者で、タバコを吸う明確な理由を持っていた。これは活動の鍵を握るヒントであった。彼女たちは、紙巻タバコがダイエットに役立ち、嗅ぎタバコは痛み止めなどの医学的効用があると信じていた。

成果

この綿密な調査によっていくつかの事実が明らかになり、それに対する提案が生まれた。南アフリカのタバコ規制に関する法律が強化され、公共の場におけるタバコ広告と喫煙の禁止や、未成年者へのタバコ販売の監視強化が実施された。

この法律強化がきっかけとなり、タバコが有益だと信じる喫煙者に対して健康への危険性の意識を高め、健康上の問題がタバコの害によるものかどうかを判断できる、新しい仕組みづくりが必要だという機運が高まった。

喫煙を現代的でオシャレなこととみなす考え方を改めさせ、女性としての気品、家族の健康、上流階級志向、個人あるいは社会人としての成熟など、黒人女性が最も尊いと思う価値観と禁煙を結びつけ、徐々に啓発していく活動は、この調査によって生まれたものである。(1)

公共部門におけるマーケティング・リサーチ

マーケティング・リサーチの定義は、「組織が直面している特定の問題に関するデータを収集し、分析し、報告すること」である(2)。市民に関するデータと市民からの情報や意見に基づいてマーケティングの意思決定と評価を日常的に行っている人にとっては、これがなければ実りのある仕事はできないだろう。これらのデータ、情報、意見を活用したことのない人は、それが意思決定や決裁の取得、結果報告にいかに役立つかを知れば驚くだろう。

市民の行動や履歴に関する「データ」は、マーケティングの企画を行う過程で欠かせない情報だ。たとえば、下水管や排水溝に流れ込む屋根からの雨水量を減らそうとしている公共事業局では、その地域の詳細な人口調査のデータが役立つに違いない。交通局は、人身事故の削減策を立案する際に、自動車事故の原因に関するデータを利用するだろう。国家麻薬管理政策局が、効果的な防止策を検討するために現在の主要な麻薬流通チャネルに関するデータを必要とすることは間違いないだろう。

「市民からの情報」は、マーケティング・ミックスの4Pを利用するときに特に有益である。製品、施策、サービスの特徴を決定するとき（たとえば、学区の分け方を立案するとき）、規制に対する最適なインセンティブは何かを検討するとき（脱税の防止策を考えるとき）、市民の利便性を考えて流通に関する規制を緩和するとき（酒類販売店の日曜営業を検討するとき）などにも役立つだろう。また、キャンペーンのメッセージを考えたり、メッセージの伝達手段やメディアを考えたりするときには市民からの情報が不可欠である。市民の好評が得られそうもない製品の生産や取り組みの実行を回避できるのも、市民からの情報のおかげである（たとえば、二十五セント硬貨に見え、キャッシュレジスターに収納場所がない前述のスーザン・B・アンソニーの一ドル硬貨）。

「市民からの意見」は、施策やキャンペーンの評価に欠かせない要素であり、施策やキャンペーンの満足度、キャンペーンメッセージの記憶度や反応の評価、施策を再び実施する場合は次回への反省材料として、あるいはキャンペーンをいつから始めるかの判断などに使われることが多い。

以降では、マーケティング・リサーチに関する専門用語についての概要を説明する。将来、同僚や協力業者と話をするときにも使えるよう、なるべくわかりやすい言葉遣いをしている。なお、調査にはさまざまな手法があり、それぞれがもたらす効果も異なる。状況に応じた手法を選ぶための参考としてもらえれば幸いである。

実施時期による調査の定義

マーケティング・リサーチの専門用語は、プランニング・プロセスのどの時点で調査を実施するかに関するものがある。なかでもフォーマティブ・リサーチ、トライアル調査、モニタリングと評価の三つが一般的である。(3)

フォーマティブ・リサーチ

その字が示すように、フォーマティブ(形成的)・リサーチというのは「戦略を形成するときに使われる調査」であり、特にターゲット・オーディエンスに対する理解を深め、マーケティング・ミックスの組み合わせを検討するときに実施される。たとえば、二〇〇五年三月、国勢調査局はアメリカン・ファクト・ファインダーという同局のウェブサイト上で、ウェブサイトの改善アイデアを募る調査を利用者に対して行った(4)。この調査では、国民が求めている追加データは何か、ナビゲーション方法はどのように改善すればよいか、各種の報告書を作る際にどのようなデータが必要かなどの情報を得ることができ、これに基づいて、ウェブサイトにさまざまな改善が加えられた。ソーシャル・マーケティングの分野では、顧客行動の変化を妨げる要因とこれを緩和する要因を特定するために、フォーマティブ・リサーチが行われることが非常に多い(たとえば、父母が子供の徒歩通学を不安に思う理由と、その不安を和らげる要因)。

トライアル調査

プランニング・プロセスの後半において、本格的な製造や施策実施の前に戦略と戦術をテストするために行う調査である。一般的には、戦略における選択肢の中から、どれを選ぶかを決める際に実施される（国土安全保障省が検討している三つのスローガンのうち、どれが最も国民の共感を呼ぶか）。選択した戦略や戦術に大きな欠陥がないかどうかを確かめることもできる（保健局が週七日働く代わりに一日の労働時間を一時間にするという提案をすれば、役人は現実離れしていると市民からひんしゅくを買うだろう）。あるキャンペーンのメッセージが特定のターゲット・オーディエンスに届いて効果を発揮するかどうか（検討中の移動図書館の開館時間と場所が高齢者にとって魅力のあるものかどうか）を判断するときも、この調査が効力を発揮する。

モニタリングと評価

施策やキャンペーンの開始後、当初の目標や目的と成果を比較するために調査を実施する。キャンペーン中に行う調査をモニタリングと呼び、キャンペーンを本来の目標や目的にあった形へ修正する役割を果たす。キャンペーン終了後、その活動成果を調査することを評価と呼ぶ(5)。（モニタリングと評価の手法については、第12章で詳しく説明する）

情報源による調査の定義

一般的に、実施する施策やキャンペーンに関する情報を収集するには、二つの方法がある。情報が別の時期に、別の目的で収集されている場合は、これを「二次データ調査」と呼ぶ。一方「一次データ調査」は、特定の調査活動によって初めて収集されるデータのことを指す。

二次データ調査

多額のコストがかかる一次データ調査よりも、現在手に入る二次データをいくつか調べ、十分な情報や洞察が得られるかを判断することから始めるのが賢明だろう。まず、自分の組織を出発点として、内部の資料、データベース、過去の調査結果や事例（市民サービス課へかかってくる電話への回答や履歴）などの情報源から、必要な情報を探すことができる。組織の外部からも、雑誌や新聞の記事、学術論文、他の組織が同じターゲット・オーディエンスや同様の問題について行った調査の記録などに基づいて、綿密な調査を行うことができる。

たとえば、全米の都市の多くが民間企業によるリサイクル比率を増やそうとしている。この使命を与えられたある市の公共事業局の責任者は、まず民間企業における現在のリサイクル比率、市のリサイクル・サービスの利用状況、業種（小売業者と製造業者）による利用率に関する内部資料の調査などから手をつけるだろう。次に、新聞や雑誌の記事、他の組織が行った調査報告書を読んで、民間企業のリサイクル活動を妨げている要因、新たなサービスや効果的なインセンティブ、啓発活動などの対策についてのヒントを得ることができるだろう。

一次データ調査

二次データでは必要なものが見つからない、古すぎる、不正確である、不十分である、信頼できないという場合、一次データ調査を行うコストとメリットについて考えることになる。(6) 民間企業によるリサイクル比率の増加を使命とする市の責任者には、民間企業の状況を知るために、さまざまな選択肢がある。たとえば、廃棄物収集業者の車に同乗し、実際の現場や使用されている大型ゴミ容器の種類などを調査し、現場監督にインタビューしてリサイクルの阻害要因と解決策を模索することや、率直な意見を聞くために外部の業者へ調査を委託し、フォーカスすべき対象グループにトライアル調査を行うことなども一つの方法であろう。市の責任者は、これらの選択肢と調査にかかるコスト、調査で得られる成果、および廃棄物を埋め立てずにリサイクルすることによる価値とを比較検討する。

手法による調査の定義

一次データの集め方には、さまざまな手法が存在する。ここでは各手法と、いくつかの例を紹介するが、あくまで手法の概要であり、さらなる研究の出発点と考えてもらいたい。

観察調査……ターゲット・オーディエンスの行動を観察することにより、一次データを集める手法である。この手法はターゲットに対する理解を深める際に使われる（倉庫の従業員は余った包装用段ボールをどのように処理するか）。また、キャンペーンの成果を評価する手段としても使われる（キャンペーンの前後でシートベルトを着用するドライバー数を調査する）。

民族学的調査……これはターゲットの観察だけでなく、現地へ赴いてのインタビューや面談を織り交ぜて行う調査手法である。人類学研究の分野では全体論的調査として知られている。ターゲット・オーディエンスを知るために、研究者はその人が置かれた環境にどっぷりと浸る必要がある、という考え方に基づくものである。たとえば、水質保護のため、農家に家畜の糞を埋める習慣をつけるには、どうすべきかを理解するために、研究者自身が現地に四、五日滞在して農家の行動を観察するというような調査である。

実験調査……これは最も科学的な調査手法である。似た属性を持つグループに対し、異なるいくつかの外的要素を実際に与え、それぞれの反応を分析し、外的要素と反応の関係性を明らかにするというものである(7)。たとえば、この調査方法は、国境検問所における手続きと待たされる時間は、どの程度が妥当かを見極める際に役立つだろう。

行動調査……市民の実際の行動に関するデータを収集し、分析する方法。たとえば、電子申請の利用率向上を目的として、税金の申告をインターネットで行う人と郵便で行う人の違いを納税者の属性データを分析することにより明らかにしたい場合である。

フォーカスグループ調査……これは非常によく使われる手法であり、市民の考えや感情を深く理解することができ、将来の戦略策定へのヒントやアイデアを得られることもある。八〜十人のグループを編成し、熟練した司会者があるテーマに焦点（フォーカス）を絞って——これが「フォーカスグループ」という名前の由来である——数時間をかけてディスカッションを行う手法である。参加者は人口特性や精神特性などを考慮して選抜する。なお、参加者へは多少の謝礼を支払うことが一般的である。たとえば、退職者が学校向けのボランティア活動に興味を持っているかどうかを調べたいという教育委員会にとって有益な手法だろう。

郵便による調査……この手法は回答者一人あたりにかかるコストが低く、かつ大量の情報を収集できるという利点がある。インタビューなどの対面調査を嫌がる人の意見を収集する手法としても優れている。ただし、この手法は回答率が非常に低いことが多く、また郵送先で、実際に誰が調査票へ記入するかがわからないなどの欠点があることに留意すべきだろう。この手法は、地域センターにおいて新しい取り組みを検討するにあたり、地域住民のニーズを知りたい場合などに適した手法であろう。

電話による調査……郵便による調査に比べ回答率が高く、かつ迅速に情報を集めることができる手法の一つである。電話であれば、わかりにくい質問を解説したり、質問内容の不備をその場で修正したりできる。欠点は、回答者一人あたりのコストが高いことだ。疾病予防管理センターは、運動の頻度など健康に関する傾向を調査するために、電話による調査をよく行っている。

インターネットによる調査……近年急速に普及しており、ウェブサイトやEメールでアンケートを行ったり、チャットルームや掲示板に質問を掲載したりする手法である。また、そのウェブサイトから他のウェブサイトへ移動した「クリックストリーム」[1]を追跡して、その人の関心事を調べることもある(8)。大きなコストがかからずに素早く行え、他の方法に比べ多目的に利用することができる。ただし、技術的な問題が生じたり、回答者の属性に偏りが生じたりすることがある。

対面インタビュー……最もバラエティに富む調査が可能である反面、コストがかかる手法である。また、回答者とアポイントを取る必要があり、時間を割いてもらったことに対して少額の謝礼をするなど手間のかかる手法ともいえる。参加者へサンプルを見せることができる、などの点はフォーカスグループ調査と同様であるが、参加者個人の気持ちや動機をより深く探求できるという利点がある。

フィールドインタビュー……個人へのインタビューではあるが、あらかじめお膳立てしたものではなく、ショッピングモール、空港、郵便局のロビーなど、その場で質問に回答してもらう手法である。それほどコストはかからないが、回答者が偏らないように注意する必要がある（回答者が急いでいることもあり、話しかけやすい相手だけを選んでしまうことがある）。たとえば、州政府の事業・経済開発局が、空港のゲートで訪問者の人口動態や訪問目的、滞在中の買い物や娯楽などに関する動向を調査するために利用できるだろう。

覆面調査……住民の満足度を調査する目的でよく使われる手法で、調査員は顧客または見込み客を装い、イベントやサービス、あるいは製品を買う際の職員の応対が適切であるかどうかについて調査する。

1▶clickstream：ウェブサイトの訪問者がページを渡り歩いた軌跡のこと。ページ遷移とも呼ばれる。

最後になるが、マーケティング・リサーチに関する用語として、「定性的」とか「定量的」という言葉を聞いたことがあるだろう。

「定性的」な調査とは、ある問題を特定、または解明することを主目的とし、一般的に母集団の数が少ない場合に利用する。問題を深く掘り下げて理解する必要がある場合に力を発揮するが、数量的、科学的に説明できる根拠を成果として求められる場合、この手法は避けたほうがよいだろう。フォーカスグループ、インタビュー、観察、民族学的調査は、定性的な性格を持つことが多い。

これに対して「定量的」な調査は、正確な数値、全体的な傾向、統計的信頼性のある結果が必要な場合に行われる。主な手法は、電話、郵便、インターネット調査である。

調査のステップ

通常、一次データ調査は九つのステップで実施される。調査の最終目的を頭に浮かべながら、以降を読んでほしい。

STEP 1　調査目的を定める

この調査は、どんな意思決定のために行うのか。なぜ、この調査を行うのか。

質の高い意思決定をしたい場合、一次データ調査を行う。たとえば、ある地域センターが高齢者向け体操教室を開き、これを満員にしたいと考える場合、一レッスンあたりの時間、開催時間帯、インストラクターのタイプ、体操の種類、料金、レッスン名、プロモーションに使うキャッチフレーズや媒体などについて、賢明な意思決定をしたいと思うだろう。

STEP 2
必要な情報を特定する
その意思決定、あるいはその問いに答えるために必要な情報は、具体的に何か。

次に、ターゲット・オーディエンスへ質問すべき内容を明らかにする必要がある。たとえば、高齢者が体操教室へ通う動機は何か、参加申し込みをためらう理由は何かを知ることができれば、非常に有益であろう。さらに、料金体系、開催時間帯、インストラクターのタイプ、体操の種類など、高齢者にとってどの選択肢が一番魅力的かを知りたいと思うだろう。レッスン名称、キャッチフレーズ、プロモーション媒体のプランについても検証したいだろう。

STEP 3
調査すべき相手を特定する
その質問に対する答えを誰からもらえばよいか。

調査目的を定め、必要な情報を特定できたならば、調査対象とする母集団を決める。ステップ

1と2の結果が明確となっていれば、ターゲット・オーディエンスもおのずと決まるはずである。たとえば、体操教室へ通いたいというニーズがあると思われる年齢、収入、性別、体力、関連する行動（地域センターの他のイベントへの参加経験など）から特定した、地域の高齢者へ調査を行うだろう。

STEP 4

調査方法を選択する

その情報を集めるのに最も効率的で効果的な方法は何か。

前述のとおり、調査手法にはさまざまな種類がある。コストを抑えつつ、必要な情報を効果的に集めることができる手法を選ばなければならない。大きな母集団に対して、統計的分析を行いたい場合、それに適した手法を選択する必要がある。体操教室の例でいえば、教室の特徴、価格、一レッスンあたりの時間、プロモーション手段などを見極めるためには、電話や郵便による調査を採用すべきであろう。教室へ通うための課題や諸条件などを知るためには、フォーカスグループ調査を採用すべきであろう。

STEP 5

標本計画を作成する

何人の回答者から答えをもらえばよいか。どこから対象者の名前を探し出すのか。ターゲット・オーディエンスを代表する標本を抽出するためには、どうすればよいだろう。

標本とは、調査対象の母集団を代表するセグメントである。標本数によって調査結果の信頼性は変化し、標本数は多いほうが調査結果の信頼性は高い。しかし、調査として成り立つ結果を得るためにターゲット・オーディエンスの大多数を抽出する必要はなく、ましてや全員を抽出する必要もない。ここで重要なのは、抽出の方法である。「無作為抽出法」は、標本誤差による信頼性の限界を計算できる。また、調査対象となる人たちが誰でも標本として選ばれるチャンスがある。「無作為抽出法」ではコストや時間がかかりすぎる場合、「有意抽出法」が用いられる。この場合は、標本誤差による信頼性の限界が計算できない。**表1**に高齢者の体操教室を計画している地域センターの例をあげて、主な五つの抽出法を説明する。(9)

表1 標本の種類(10)

	無作為抽出法
単純無作為抽出法	母集団から無作為に調査対象を抽出する（電話帳から無作為に選択し、高齢者が電話口に出た場合だけ質問をする）
層化抽出法	母集団をいくつかの階層（年齢別など）に分け、各階層から標本を無作為に抽出する（75〜84歳と比較するために、60〜64歳の標本を選ぶ）
クラスタ抽出法	母集団を何らかの集団（地域別など）に分け、各集団から標本を無作為に抽出する（地域センターの南側の住所から標本を1つ選び、北側の住所からもう1つの標本を選ぶ）
	有意抽出法
便宜的抽出法	母集団の中から最も接触しやすい対象を抽出する（地域センターのイベントに参加している高齢者にフォーカスグループへの参加を依頼する）
判断抽出法	母集団の中から正確な情報をくれそうな対象を抽出する（高齢者が好みそうなキャンペーン名称を医師などにインタビューする）
割当抽出法	母集団の中から事前に定めた条件（定数）によって対象を抽出する（フォーカスグループには少なくとも3名の男性が必要で、また所得レベルも異なるメンバーを選ぶ必要がある）

STEP 6

仮調査を実施する

少数の回答者に対して仮調査を実施し、質問票の試案をチェックする。

質問票の試案（電話による質問事項や記入式質問票の試案）を作成し、少数の回答者で仮調査を実施する。「質問内容はわかりやすいか」「簡単に回答を集計できるか」「質問内容は目的とあっているか」については、特に注意すべきである。また、調査趣旨の説明時点で回答者の興味を引くことができるか、それとも拒否されたり、電話を切られたりするか。仮調査の結果をもとに、質問票へ適切な修正を加える。体操教室の場合は、四〜六人ほどの標本に対して、電話による仮調査を実施し、必要に応じて質問票を修正すべきであろう。

STEP 7

調査を実施する

誰が調査をするのか。また、その時期はいつか。

調査の実施方法は、リサーチ専門会社へ委託する方法や自分たちの手で実施する方法など、さまざまだ。実施計画を立てて、いつまでに何人のインタビューを完了させるか、調査員の採用スケジュール、フォーカスグループ調査の実施日程、調査完了予定日などを決めておく必要がある。

STEP 8

情報を分析する

調査責任者や他の関係者のニーズを満たすために、誰がどのように情報を分析するか。

それぞれの方法に合わせて分析の仕方も異なってくる。たとえば、フォーカスグループ調査のような定性的調査の場合、参加者が出した問題点やアイデア、好評だった点について分析を行う。注意すべきは、この結果を数量化して評価しないことだ。たとえば、参加者の半分が教室名称に選択肢Aを選び、四分の一が選択肢Bに賛成したとする。この場合、なぜ彼らがその選択肢を選んだかを分析することが重要であり、多数意見が選択肢Aだと即断してはならない。一方、標本の数が大きい定量的調査の場合、結果の解釈と評価のためには統計学的手法と分析モデルを駆使しなければならないため、専門家の助けが必要になることが多い。

STEP 9

報告書を作成する

報告書はどのような形式とし、どのような情報を盛り込むべきか。

報告書を作成するときには、誰が読むかを考えておかなければならない。通常は、報告書の冒頭に調査の要旨を述べるセクションをもうけ、調査の目的、手法と実施手順の概要、調査結果の要約を記載するとともに、調査の目的である意思決定事項への回答案を記載するべきである。要旨のセクションに続き、より詳細な調査結果を述べ、表やグラフを提示し、場合によっては回答者の具体的な発言内容を記載する。付録資料として標本に関する情報、調査に使った資料や回答者に対する質問票のコピーなどを添付するとよいだろう。

低コストでのマーケティング・リサーチ

マーケティング・リサーチを実施するにあたり、理にかなった説明責任を求められる公共部門では、時間がない、コストがかかりすぎる、予算が取れない、などの理由で調査を断念せざるをえないことがたびたびある。目的と用途がはっきりした調査であれば支持する人はいるだろうが、大きなコストをかけず、手軽に実施可能な調査方法も多くあるので、検討する価値はあるだろう。アンドリーセンは、精度は高くないが、少なくともコストを正当化できる程度に意思決定の質を改善できる調査を紹介している(11)。その著書『銀行を破産させないですむマーケティング・リサーチ』の中で触れられた調査方法として、コストをかけずに入手可能なデータを使う方法や、組織的観察、合理化調査、小規模標本調査などの手法が紹介されている。(12)

その他にも、民間企業が行う調査の対象がこちらと同じターゲット・オーディエンスや組織である場合、質問の数に対して料金を支払う相乗り方式の調査も検討する価値があるだろう。また、こちらの調査が大学の研究やプロジェクトに役立つと思えば、教授や学生はボランティアとして喜んで手助けしてくれるだろう。

まとめ

マーケティング・リサーチに関する専門用語は、プランニング・プロセスの時期、情報源（二次データ調査、一次データ調査）、データ収集の手法により分類される。さらに「定性的」調査は、一般的に大きな母集団ではなく、少数の標本を対象に実施され、「定量的」調査は、厳密な数値、全体的な傾向、統計的信頼性のある結果が必要な場合に実施されることを説明した。プランニング・プロセスにおける調査は、調査の目的、つまりどのような意思決定を支援するのかをはっきりと定めることを手始めとして、通常、次の手順で行われる。

1 調査目的を定める
2 必要な情報を特定する
3 調査すべき相手を特定する
4 調査方法を選択する
5 標本計画を作成する
6 仮調査を実施する
7 調査を実施する
8 情報を分析する

9　報告書を作成する

chapter 12 施策をきちんと評価する

財政が逼迫しているとき、アウトリーチ活動[1]や啓蒙活動の多くは、目に見える形での実績をあげていないとして、非難の的になった。そうした活動への予算の割り当てを継続すべきか、あるいは規制措置の強化などへ予算の割り当てを転換する時期がきているのか、郡役所の幹部たちは知りたがっていた。アウトリーチ活動の運営コストは安く、政治的に問題にならない金額だった。しかし、成果をあげているという十分な証拠を示すことができず、活動に対して疑念を持たれても仕方がない状況であった。

私は人づてにアウトリーチ活動のことを聞き、有意義なものであると思っていた。しかし、幹部たちの疑念を晴らすためには、活動の成果をきちんと評価する方法を考え出す必要があった。そこで、我々は「環境保護に関する行動指数」と呼ばれる評価指標を設けた。活動の影響で各家庭が環境保護へ努める姿勢が高まったというデータや、その姿勢が時間の経過とともに住民へ広まっていることを実証するデータを整えることができた。このデータは幹部たちの疑念を晴らす強力な武器となった。

——マイケル・ジェイコブソン（ワシントン州キング郡自然資源・公園局　業績指標チーム首席）

1▶援助を求めている人へ、援助者から積極的に出向く活動のこと。

本書では、公共部門におけるマーケティング活動を企画し、これを実行する際の課題について学んできた。しかし、活動の評価という話になると、それまでの元気が急に失われてしまうことが多い。評価というものは、必要性が叫ばれる反面、わかりやすく表すことが難しく、また厳しく問いただされることが多いからである。公共機関の内部でも、次のような混乱やジレンマをよく見かける。

●市民との公開討論を実施したことが、犯罪の減少にどう結びついたのか見当もつかないが、上司はそれを知りたがっている。他の要因と比較し、マーケティング活動がその出来事に貢献したと言えるのか。

●多額のマーケティング活動費用を正当化するためには、どんな効果があったと報告したらよいのだろう。キャンペーンに使った費用だけでも多すぎると非難されているのに。

●正直なところ、活動結果がどうなるか心配だ。この活動で針一本動かすこともできなかったとしたら、気がめいってしまうだろう。どうすればよいのか。

この章を読むことにより、こうした課題へどう対処すべきかを理解できるだろう。また、こうした課題を解決した実績は、次の注目事例のように、他の人への手本になるだろう。

注目事例

環境保護に関する行動指数――結果を数値化し、次の行動を決定する

課題

ワシントン州キング郡とその自然資源・公園局は、環境を保護しつつ、税金を節約することを公約として掲げていた。二〇〇四年、関係者は「いかに二つの公約を実現させるか」と「どうすれば公約の実現成果を示すことができるか」という問題に取り組んでいた。

当時、同局は、環境にやさしい庭造り、リサイクル、廃棄物の処理、住民の購買動向などに影響を及ぼす何十という施策に資金や人的資源を割り当てていた。同局は展開中の各施策の進捗状況を測定する共通の評価ツールを開発することを目標としていた。このツールにより、市場における成長性（参加率の増大が期待できるか）、環境に対するインパクトを評価し、支援を継続するべきかどうか、あるいは資金や人的資源の割り当てを増やすべきかどうかの意思決定の材料を得ようとしていた。また、こうしたツールがあれば、活動の進捗状況や環境の経年変化などを継続的にモニタリングでき、同局の業績管理にも役立つだろうという考えがあった。

戦略

二〇〇五年春、自然資源・公園局が各家庭へ推奨する二十九の環境保護へつながる行動の実践レベル（指数）を評価するために、郡の一〇〇〇一世帯へ電話による調査を行った。それぞれの施策についての回答結果によって、各世帯を次のように分類した。

濃緑色……日常的に実践している
薄緑色……日常的ではないが、たまに実践している
黄色………実践していないが、実践しようと考えたことはある
茶色………実践していないし、実践しようと考えたこともない
灰色………活動自体を知らないし、自分の家庭で何がなされているか知らない
白色………該当しない（庭や芝生がない）

薄緑色と黄色に属する世帯数により、二十九の行動を順位付けした。これら二つの色の世帯は、環境保護へつながる行動を日常的に実践するレベルへ到達しやすいと考えられたからである（**図1**）。

成果

調査の結果は、同局にとって非常に役立つものであった。

まず、期待どおり、資金や人的資源配分を優先順位付けるための参考になった。二十九の行動のうちの十五については、二〇％以上の世帯が「たまに実践している（薄緑色）」、または「実践しようと考えたことはある（黄色）」と答えている。エネルギー節約型の電球を使用する（薄緑色と黄色が五六％）、環境に配慮した洗車の仕方をする（三三％）、プレゼントをする際、廃棄物を減らすために物を与えるのではなく音楽会に連れてゆくというような思い出をプレゼントする（二三％）、などが今後の成長を期待できる行動であった。各施策に対する予算を配分する

にあたり、対象となる行動が環境に及ぼす影響、資金源、実行可能性、住民ニーズなども合わせて検討することになった。

第二に、調査結果は「マーケティング計画」を作成する際の貴重なデータとなった。各家庭から収集された回答データに基づいて、ターゲットとなる市場（薄緑色と黄色に属する世帯）を人口動態的条件、地理的条件、環境を保護する行動に相関する要素から特定できるようになった。

図1 42%の世帯（薄緑色と黄色の世帯）が芝生の面積を減らす意向があるのに対して、刈り取った芝を適切に処理する意向があるのは12%に過ぎない

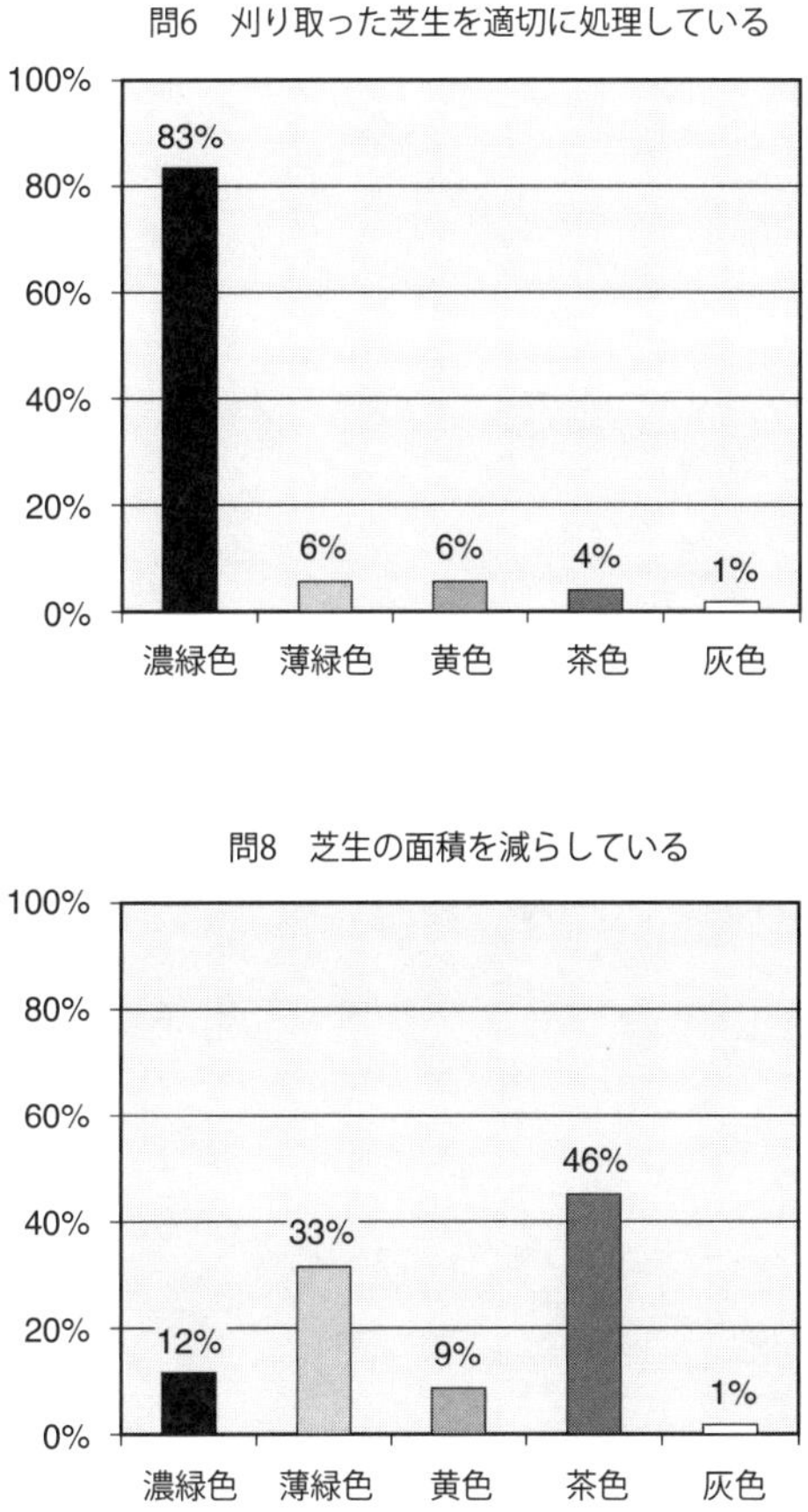

たとえば、天然肥料または有機肥料しか使わない薄緑色の家庭では、世帯主が大学教育を受けており、六歳以下の子供がいる可能性が高い、という具合である。このような情報は、ターゲットを絞った効率的、効果的なマーケティング戦略の策定の参考となるだろう。

また、「住民へのプロモーション企画」にも役立った。新聞、パンフレット、ウェブサイトは、住民の模範的な行動意識を高め（八一％がリサイクル容器を家庭で使っていると回答している）、意識の低い行動に注目を集め（六七％が環境へ配慮した企業を認定するエンバイロ・スター制度を知らないと答えている）、混乱や誤解を防ぐ（処方薬はトイレや流しに捨てるのではなく、生ゴミとして捨てるか、医薬品を引き取る薬局に持っていくべき）役目を果たす。さらに、「環境保護に関する行動指数」は同局の業績管理報告書の一部として住民にも公表されている。

なお、この調査は、後述するアウトカム（市民の反応）のモニタリングと経年変化の調査にも役立つ。施策の責任者は、より望ましい行動をとる世帯数の目標を設定し、結果を定期的に目標数と照らし合わせることができる。変化のレベルを見ることにより、その変化をもたらすためにかけたコスト（税金）と環境上のベネフィットとの関係を分析することが可能となる。

マーケティングのパフォーマンスを測定する

マーケティングのパフォーマンス測定は、すべてのマーケティング活動の中で、最も複雑で、手間のかかる仕事の一つである。マーケティングの成果は期待されると同時に厳しく問いただされる。

最初は賞賛されるが、やがて忘れ去られるのだ。

マーケティングのパフォーマンス測定は、活動の企画と実施につぎ込んだ時間、コスト、その他の資源の投資収益率を報告書にまとめるのが理想的だが、現実にはかなり難しい。

この章では、測定計画を構成する要素の概要を説明する。質問の形式をとっているので、順番に答えていってもらいたい。では、最も難しい質問から始めよう。

- なぜ、誰のために測定するのか？
- 何を測定するのか？
- どのように測定するのか？
- いつ測定するのか？
- 費用はどれくらいかかるのか？

パフォーマンス測定計画は、最終的なマーケティング計画ができあがる前に作成する必要がある。マーケティング予算に含まれる実施項目であり、初めから予定していた作業であることを周知しておくためだ。

重要なことは、あらかじめ「モニタリング」と「評価」の違いをはっきりさせておくことである。「モニタリング」は、新しい施策やキャンペーンの実施期間中に行う測定である。その目的は、マーケティング活動の最終目標（たとえば、企業の五〇％がオンラインで税務申告する）が確実に達成できるよう、実施期間中に軌道修正を行う必要があるか判断するためである。ターゲット・オーディエンスへ接触できているか、反応はどうかを分析するのである。上司や同僚がこの活動をどう見ているか、競争相手がどう反応するか、それに対してどういう手を打つのかも注目すべき点である。

「評価」とは、結果としてどのような変化が起きたかを測定することであり、最終的な報告となる。いわば、次に示すような基本的質問に対する回答である。目標は達成できたのか。活動内容は結果に結びついたのか。期限は守ったか。予算の範囲内であったか。コストとベネフィットの関係はどうであったのか。将来検討しなければならない、あるいはすぐに対応しなければならない予想外の問題が生じなかったか（公共施設での喫煙を禁止したために、その入り口での吸殻ゴミが増えた）。目標の達成に貢献した要素、貢献しなかった要素は何であったか。何か欠けているものがあったか。次回の実施へ向けた反省材料は何か。(1)

なぜ、誰のために測定するのか

最初に、なぜ、誰のためにこの測定をするのかを明確にしておく必要がある。たとえば、次のようなことだ。

- キャンペーンによる効果を報告するため
- 投資や補助金交付の条件を満たすため

- キャンペーン実施期間中に軌道修正するため
- 次回の実施へ向けた反省材料とするため
- 資金の供給を継続するため、あるいは増額するため

こうした質問に対する答えによって測定の方法や報告の内容が変わってくることは明らかだろう。補助金につけられた条件を満たすために測定するのであれば、その条件に合う要素を測定しなければならない。一方、報告する相手が組織の内部の人で、次回キャンペーンの改善が主たる目的であれば、次の例のように、キャンペーンの各要素の測定を入念に行い、結果に貢献したものと、しなかったものを見分けようとするだろう。

英国で、二〇〇六年の春から実施予定の「チューインガムの吐き捨て防止キャンペーン」の準備が進められていた。二〇〇五年、三つの地方都市でキャンペーンのパイロット版が約一カ月間行われた。パイロット・キャンペーンでは、「噛み終わったガムをゴミ箱に捨ててくれてありがとう」という印象的なメッセージ広告（**図2**）を使ったほか、ポイ捨てを防ぐためのガム・ポーチ（小袋）を配ったり、罰金を科されることを強調したりした。このパイロット・キャンペーンの内容は、フォーマティブ・リサーチの結果に基づいたもので、ガムを吐き捨てる価値観（吐き捨てが悪いと思わない）と、行動を変えさせるには何が必要か（罰則を設けるべき）を特定することができた。

図2 英国におけるチューインガムの吐き捨て防止キャンペーン(3)

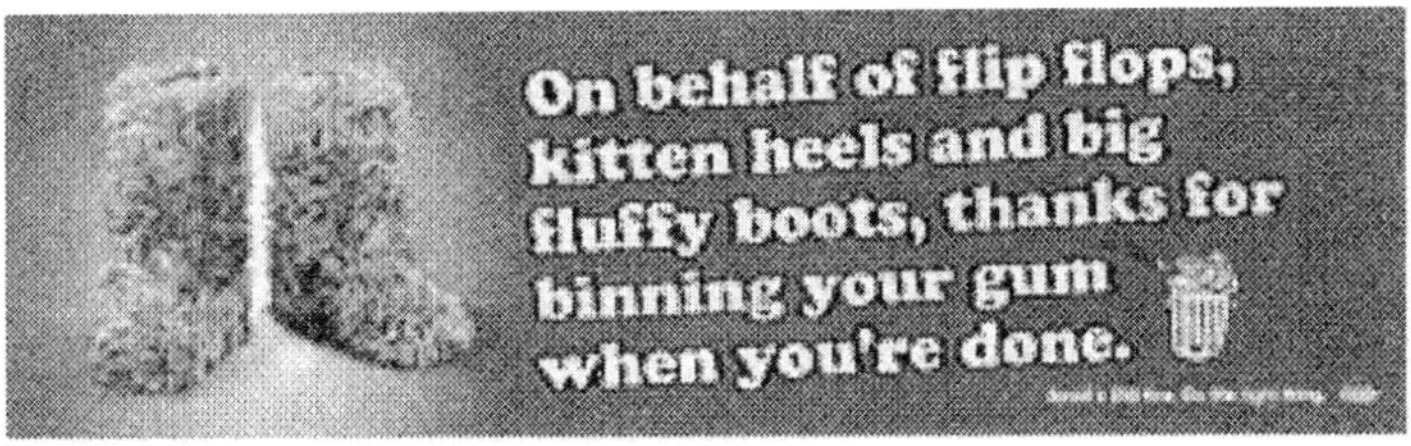

このパイロット・キャンペーンの結果、ある都市ではガムの吐き捨てが八〇%減少した。環境・食糧・農村地域相は「昨年のパイロット・キャンペーンによって、効果がある要素と、ない要素がはっきりした」と述べている。ここで得た情報と経験がキャンペーンの全国的展開に活かされ、「このネバっこい問題への取り組み」に関する地方自治体向け手引書の参考とされた。(2)

何を測定するのか

パフォーマンス測定の対象は、「アウトプット（市民への出力）」「アウトカム（市民の反応）」「インパクト（反響）」という三つのカテゴリーに分類される。どのカテゴリーかによって、測定の綿密さや労力が変わってくる。

アウトプットの測定

最も簡単でわかりやすい方法はアウトプット測定、またはプロセス測定と呼ばれるものだろう。名前からわかるとおり、これはマーケティング活動をできるだけ数量化して表す測定方法である。「アウトプット」とは、公共機関から市場に向けて発信した活動に着目することを意味し、プロモーション領域でよく用いられる。

通常、アウトプットに関する情報はデータとして入手できる。代表的なものとしては次のようなものである。

- **配布した資料の数**（警察署や地域センターで配られた個人情報保護に関するパンフレットの数）
- **広告の普及範囲と頻度**（個人情報保護に関するラジオのスポット広告や、バスの車内広告に接触した市民の推定数、および一人あたりが接触した回数）
- **その他のコミュニケーション・チャネルでのインプレッション数**[1]（個人情報保護に関するメッセージがラベリングされたレジ袋の配布数）
- **ニュース媒体における言及と放送時間、および推定される接触人数**（地方のテレビ局のニュースで取り上げられた時間と視聴者数）
- **イベントの開催回数と参加者数**（ロータリークラブなどの地域会合で警官が講演を行った回数と出席者数）
- **消費した時間とコスト**（個人情報保護キャンペーンの企画と実施に費やしたコストと、キャンペーン運営にかかった職員の時間）
- **マーケティング活動に関連して実施した、その他の活動**（地方の警察署のウェブサイトのような関連ウェブサイトとの間で設定したリンク数）

アウトプットの測定では、活動に対する住民の反応がわからないことに注意してほしい。公共機関の「一方的な行動」、つまりキャンペーンでどういった活動を行ったか、いくらの経費を使ったかということと、その接触を受けた市民の推定数（ターゲット・オーディエンスであったなら理想的だが）を表しているにすぎない。

1▶ 広告の表示を意味し、広告の表示回数をインプレッション数という。

アウトカムの測定

関係者が最も知りたいことは、公共機関が行ったこと（アウトプット）に対して、市民がどう反応したか（アウトカム）である。メッセージやパンフレットの内容を理解してもらえたか。ラジオ広告やイベント講師の話をじっくりと聞いてくれた人がいたか。パートナーやスポンサーを見つけることができたか。この活動によって市民の認識、姿勢、心情が変化したか。市民満足度は高まったか。さらに詳しく知りたいという気持ちを起こさせたか。さらに重要なことは、このキャンペーンによって、製品の販売や参加率が増えたのか。順法精神が高まり、実際の行動に影響を及ぼすことができたか、ということである。つまり、最大の関心事は、マーケティング活動により「何が起きたのか」である。

マーケティング計画を組織的、体系的に立てていれば、アウトカムの測定方法は比較的簡単に特定できる。測定すべき内容は、活動の目標と目的に含まれているはずだからである。

メーン州の水質保護キャンペーン、「シンク・ブルー」を例にとってみよう。

二〇〇四年、キャンペーン実施前に行われたフォーマティブ・リサーチで、大多数の市民は、分水線という言葉がいったい何を意味するのか、雨水がどこへ流れて行くのか、何が近隣の水質を汚染しているのかについての知識がないことが明らかになった。キャンペーンでは、ラジオやテレビ広告、ウェブサイト、パンフレットが用いられ、地域イベントの主催と協賛、パートナー企業との提携が行われた。

このキャンペーンが成功したかどうかは、ターゲット・オーディエンスに対して行う調査に基づくアウトカムの測定によって判断されることになっていた。

結果は、次のように勇気づけられるものであった。

- **キャンペーンの認知率**……キャンペーン終了後二カ月経って行われた調査では、メーン州の成人の一四・四％が広告とそのメッセージを覚えていた。さらに、八・七％がその広告は雨水の流出に関するものだったと答えた。
- **知識、姿勢、心情の変化**……当初、ゼロに近かった、土壌浸食が水質汚染の原因だという認識が六％まで増えた。水質汚染を心配する市民の割合が八％に増加した。
- **行動の変化、または変えようという意向**……メーン州の成人の二六％が、雨水による水質汚染を減少させるために、推奨された行動をすでに実践しているか、実践しようとしていると答えた。
- **パートナーの獲得、またはキャンペーンへの寄付**……メディアを通じて呼びかけた募金に対して、州内の複数の企業や団体が応じるとともに、イベントを協賛してくれた。これによって、活動の資金、職員の時間などへ梃《てこ》入れを行うことができた。
- **顧客満足の増加**……このキャンペーンでは市民満足度の測定は行わなかった。もし、水質保護へ向けた州政府の活動に対する市民の満足度を調査していれば、朗報を紹介できただろう。

この章の冒頭で述べたキング郡の環境保護に関する行動指数のように、この種の成果は、将来、別のキャンペーンの目的と目標を設定する際の参考となるだろう。

■インパクトの測定

マーケティング活動とそのアウトプット（市民への出力）についての概要を説明すれば、関係者はうなずいて感謝の意を表すだろう。また、その活動に対するアウトカム（市民の反応）を数値化して説明できれば、関係者の注目を浴びるだろう。さらに、そのアウトカムが社会面、経済面、環境面にどのようなインパクトを与えたかを説明できれば、関係者はその活動へ拍手喝采するだろう。次に記載するのは、公共機関のマーケティング活動によるインパクトの可能性をリストにしたものだが、こうした厳しい質問に対する答えを準備しておく必要があるだろう。

- **コストの節約**……E-Z（イージー）パスで毎年運営費がいくら節減できるか。
- **収入の純増**……美術館の入場料の値上げで改装費用をすべて回収できたのか。または、いつ回収が完了するのか。
- **予算と税金の承認**……警察が行った説明会は、実際に増税の可決に役立ったのか。
- **人命の救助**……救命具の着用率が増えたと聞いている。しかし、その結果おぼれる人、または水死者は減っているのか。
- **死者の減少**……ターゲット・オーディエンスにおけるＨＩＶ検査が増えた結果、ＨＩＶ／

エイズによる死亡が食い止められた事例がどれくらいあるのか。

- **水質の改善**……水辺に面した家庭で、庭に化学肥料を撒く件数が減少したことにより、鮭は活力を取り戻したのか。
- **給水量の増加**……節水型のトイレに補助金を出した結果、貯水池の水量は増えたのか。
- **埋立てゴミの減少**……リサイクル量が二五％増えたことによって、埋立地にどのくらいの広さの余裕ができたのか。
- **野生生物とその生息地の保護**……住民が雨水による汚染の防止に協力した結果、カニの幼生は増えたのか。
- **動物虐待の減少**……罰金が増額された結果、ペットの寿命は伸びたのか、また怪我や病気は減ったのか。
- **犯罪の防止**……公園の拡声器からクラシック音楽を流すようになって、公園での犯罪は何件くらい減ったのか。

どのように測定するのか

アウトプット、アウトカム、インパクトを測定する際の主な情報源は、「内部データ」「市民へのアンケート調査」「科学的・技術的調査」の三つである。

「内部データ」とは、節電の方法を記したパンフレットの配布数や、郵便局でパスポート申請が許可されたという通知を見て郵便局へ訪れると推測できる人数などであり、アウトプットを測定する上で優れた、信頼性の高い情報源である。また、インターネットでの税務申告を勧めるキャンペーンの前後で、市民と企業の税務申告がどう変化したかを知りたいケースでは、アウトカムを測定するために利用できる。ＨＩＶ／エイズの感染の減少を分析して、検査の増加との相関関係を調べたいケースでは、あらかじめ計画的に準備した情報を取得し、インパクトを測定することもできる。

「市民へのアンケート調査」は、マーケティング活動のアウトカムを判定する最善の、時には唯一の方法である。これによって、ターゲット・オーディエンスは必要な情報を得ることができたか（固定資産税について詳しく知りたければ、どこへ問い合わせるべきか）、行動を起こす気になったか（貨物船を港に寄航させることを検討中である）、考えを変えたか（以前は学校改築に反対だったが、今は賛成である）、実際に行動を変えたか（週一回は車通勤を控えている）などを知ることができる。第11章で述べたように、市民へのアンケート調査の手段として適切なものは、電話、郵便、インターネット、対面インタビューなどである。場合によっては、観察調査が効果的なこともある（横断歩道を渡る歩行者が増加しているかどうか）。

「科学的・技術的調査」は、マーケティング活動のインパクトを評価する唯一の確実な方法かもしれない。大気の状態、水質と水量、魚類や野生生物の生態系の改善、リサイクル活動による環境改善などの報告が必要な場合は、単に変化が生じたというだけでなく、マーケティング活動とそれによる変化との相関を科学的調査により示さなければならない。病気（肥満症）の減少と望ましい市民の行動（運動量）の増加を結びつけるような場合にも、こうした取り組みが必要になる。以上の情報源から得たデータは、公共機関の財務モデルへ適用することも考えたほうがよいだろう。このような財務モデルができれば、過去と未来の活動について、経済的視点から評価することが可能となる。

いつ測定するのか

キャンペーンの結果について、なぜ、何を、どのようにして測定するかがはっきりしたところで、次はいつ測定するかを決めなければならない。

「事前・事後調査」は、その名が示すとおり、キャンペーン実施前と実施後のある時点で、同じ指標を測定する調査である。たとえば、ある州の観光局は観光客誘致のために新しくスローガンを作ってキャンペーンを実施し、事前・事後調査を行った。この調査では、この州に対するイメージと、訪問してみたいという気持ちがどのように変化したか、つまりキャンペーンの効果を知ることができる。予算などの関係上、事前と事後の両方の調査が難しいときでも、「事後調査」だけは必ず行うべきだろう。ただし、「事後調査」だけの場合は、アウトプットとアウトカムの相関関係を分析することは難しくなる。

「経時的調査」は、一定期間における変化を継続して測定する方法であり、特定の母集団の動向を調べるために行われることが多い。たとえば、労働省は、労働市場の動向を調査するにあたり、

経時的調査を行っている。これは、地域別、年齢別、性別の失業者数と企業の求人数との相関を分析するためである。(4)

「定期的調査」は、キャンペーン期間中も終了後も行う調査である。たとえば、ある州では、ゴミの投げ捨て防止キャンペーンの効果を測定するために、二年ごとに科学的調査を行っている。ターゲットとした高速道路と一般道路のゴミの量と内容の変化を測定し、そのデータをキャンペーンによって設置した道路標識などの場所に重ね合わせて分析するのである。

コストはどれほどかかるのか

最後に、モニタリングや評価の企画と実施に関連したコストを計算して、測定計画を締めくくらなければならない。

モニタリングと評価の運営や管理に多くの時間を使った場合は、コストへ算入する必要がある。調査を実施するスタッフの時間（家庭で行うリサイクル行動の観察調査にかかった時間）、あるいは分析を行う時間（財務モデルの開発にかける時間）も漏れなく算入しなければならない。

外部の調査会社やコンサルティング会社にこうした測定を委託する場合も少なくない。結果を数値化するためには、アンケート調査の対象とする市民の数を増やす必要があり、その分調査の時間もかかる。また、先入観を取り除くために、第三者に調査を委託したほうがよい場合も多い。

まとめ

マーケティング活動のパフォーマンスをモニタリングし、評価するために計画書へ記載すべき内容は、次のような「質問」と「その答え」である。なぜ、何を、いつ、いかに測定し、その費用はいくらかかるのか、という簡単な質問に対して、難しいのはその答えである。特に、「何」を決めることが非常に難しい。スポンサー企業へ立派な投資収益率を報告したいという気持ちと、仕事をしっかりやり遂げようとする意欲、あるいは正確な測定をしたいという気持ちと、予算の範囲内に収めなければならないという現実、将来に向けて失敗から学ぶという姿勢と、この場は良く見せておきたいという気持ちのジレンマに悩むだろう。

アウトプット（市民への出力）の測定は、どちらかといえば単調な作業である。通常、やらなければならないことは主にプロモーション活動についてであり、市場で行った活動の内容、頻度、接触状況を記録し、集計結果を文書化するだけの仕事である。

アウトカム（市民の反応）の測定は、マーケティング活動の各施策に対する反応を測定し、報告書を作成する必要があり、多くのコストと労力がかかる。アウトカムの測定をするためには、通常、市民に対するアンケート調査を行って、目的とした知識や姿勢、行動の変化を割り出し、施策と市民行動の変化との相関関係を見つける方法を用いなければならない。

最後はインパクト（反響）の測定であるが、これは最も難しい。あなたが測定し、報告した活動がもたらしたインパクトは、その公共機関の得点表、つまり社会面、経済面、環境面のアカウンタビリティ（説明責任）の指標にもつながる。この説明責任に向けられる厳しい現実は、既にご存知のとおりである。時間もかかるし、コストもかかる。相当の体力を消耗する。どんなに素晴らしい方法を見つけても、同僚や上司から厳しい批判の目が向けられる。だが、それがある限られたターゲット・オーディエンス、ある限られた地理的範囲、パイロット的活動といった狭い領域の測定であっても、少しずつ努力と進歩を積み重ねていかなければならない。すべてのことは小さな一歩から始まるのである。

chapter 13

説得力のあるマーケティング計画を作成する

私は二〇〇三年四月、ブルームバーグ市長からニューヨーク市のチーフ・マーケティング・オフィサーに任命されて以来、自らのことを「この世で一番ラッキーな男」と公言しています……。一九四九年にE・B・ホワイトは『ここはニューヨーク』という本で三つの異なるニューヨーク、つまり先住者、通勤者、移住者のためのニューヨークがあると書いています。私は四つ目のニューヨークを提案したいと思います。それは「イメージ」としてのニューヨークです。この四つ目のニューヨークは、ここに住んでいない何百万という人が「ニューヨーク」という言葉に対して、どのように感じるかということです。二、三日訪れただけの人も、まったく訪れたことのない人も、この街に対する何らかのイメージを持っていることでしょう。この「イメージ」としてのニューヨークが、いろいろな意味で私たちの最大の財産なのです。(1)

――ジョセフ・ペレーロ（ニューヨーク市役所　チーフ・マーケティング・オフィサー）
二〇〇四年三月二十五日、第二回エコノミスト誌年次マーケティング円卓会議での演説

最終章では、本書で説明した主なテーマ（市場の細分化、ターゲット・マーケティング、ポジショニング、4P、評価）を整理した「フレームワーク」を示す。それぞれのテーマは、マーケティング計画の重要な構成要素であり、マーケティング・リサーチ活動に支えられている。「フレームワーク」とは、伝統的なマーケティング計画の構成要素と、その概要を体系的にまとめたものである。五ページになるか五十ページになるかに関係なく、マーケティング計画を作成するときに、実用的な書式として使えることを念頭に置いた。

あわせて、精緻なマーケティング計画を作ることによるベネフィット、誰もが直面する次のような共通の課題に対処することによるベネフィットを明らかにしたい。

- マーケティング計画を作ろうと提案したが、時間がない。ただパンフレットを発行すれば済むことだと反対された。
- マーケティング部門がないのに、誰が計画書を書くのか。私は施策の責任者だが、マーケティングの知識は持っていない。
- 社会面、経済面、環境面での改善効果を実証せよというプレッシャーを受けているが、マーケティング活動などという代物では、効果を測定できるわけがない。

次の注目事例を読めば、精緻なマーケティング計画を持っていなかったら、ペレーロの成功はなかったことがわかるだろう。

注目事例

マーケティング部が、ブランド・イメージの番人になる——ニューヨーク市

課題

二〇〇三年四月、ブルームバーグ市長はNYC（ニューヨーク市）マーケティング部のチーフ・マーケティング・オフィサーにジョセフ・ペレーロを任命した。彼は、市が所有するさまざまな資源価値を最大化させるマーケティングの実行計画を作成するという特別の任務を与えられた。これによって、ニューヨークはマーケティング部という部署とチーフ・マーケティング・オフィサーという職位を持つ世界最初の都市になった。ペレーロとマーケティング部に与えられた主な任務は、次のようなものであった。

1 ニューヨーク市の新しい収入源を育て上げること
2 市の重要な施策と各関係機関を支援すること
3 ニューヨーク市を世界中に売り込むことにより観光を盛んにし、雇用機会を増やすこと

ニューヨーク市は二四〇〇のさまざまなブランドの中で第十三位にランクされている。「ユニークで、楽しみがいっぱいあって、精力的で、知的で、独立心が強く、ダイナミックで、華やかで、本格的で、魅力的で、社会的責任があって、親切で、革新的」(2)というプラスのイメージで

高く評価されており、一見、この仕事は何でもないことのように思われる。しかし、同じ調査で、「強情で、傲慢で、感情の起伏が激しく、近づき難い」というマイナスのイメージも指摘されており、そう簡単な仕事ではないようだった。(3)

マーケティング部は内部的な課題を抱えていた。また、一般市民の感情にも配慮する必要があった。「ブルックリン橋の名前をどこかの銀行の名前につけ替えることや、街中を企業広告で埋めつくすなんてありえない。市長もニューヨーク市民も、そんなことには耐えられない」というような感情に対する配慮である。(4)

戦略

まず、マーケティング部は、ニューヨーク市の「ブランド・イメージの番人」になった。これは、ディズニーやオリンピックなど、ブランドという強力な資産を持つ組織において、定評のあるビジネスモデルに習ったものである。これは、確固たるブランド・イメージを構築し、広め、保護する、綿密で、組織的な活動をすることを意味する。このブランド・イメージを効果的に使って、ニューヨークの観光と経済を発展させようと考えた。

彼らは、企業とのスポンサーシップ、マーケティング、ライセンス、メディア、広告媒体、ブランドについて、ニューヨーク市の行政当局内で「唯一の独占的な管理機関」となった。五十以上の関連機関や部門を支援する形で、各組織のプロモーション機能を最大限に活かし、関連行政事務の効率化を行い、不可欠なサービスを提供することにより新たな収益をもたらした。さらに、ニューヨーク市の八〇〇万人の住民、三五〇万人の通勤者、三五〇〇万人の旅行客は言うに及ばず、五八〇〇ヵ所のバス停留所、二万五〇〇〇ヵ所の街灯広告、一万二〇〇〇ヵ所の電話ブース、三〇〇軒の新聞雑誌売場、一万二〇〇〇台のタクシー、一六〇〇ヵ所の公園、五〇〇〇のビルなど、市全体の資産を一元的に管理し、総合的な活用を行った。

マーケティング部は、「世界を代表する企業との提携」という意欲的な活動にも乗り出した。ニューヨーク市の名を世界中へ発信することができる世界的企業、八～十社との提携をもくろんだ。また、同じ志を持った地元企業との提携により、税金を上げることなく、市の財政を潤し、これによって市のサービスを改善し、市民生活の質の向上が期待されている。

成果

最初の二年間で、次のような注目すべき業績が報告された。

- **ヒストリーチャンネル社**[1]との提携が行われ、市側はこの提携の価値を一九五〇万ドル（二三億四〇〇〇万円）と推計している。
- **スナップル社**[2]との複数年契約によって、市には一億六〇〇〇万ドル（一二七億二〇〇〇万円）の現金と、六〇〇〇万ドル（七二億円）相当のマーケティング費用が保証された。この契約により、スナップルは市の一二〇〇の学校で、自動販売機の独占的設置を認められた。
- **バージン航空**への誘致活動が成功し、ニューヨークのダウンタウンに米国本社を新設することで、同社には税優遇措置が与えられた。
- **カントリーミュージック大賞**の授与式が二〇〇五年に初めてニューヨークで行われた。

1▶ ニューヨークを本拠とするテレビ局。世界130カ国で視聴されている。
2▶ ニューヨークに本拠を置く飲料水メーカー。

●**ニューヨークでの映像制作に対する奨励制度**が設けられ、市内で撮影される映画とテレビ番組に対して、税の優遇措置とマーケティング上の優遇措置が与えられることになった。

マーケティング部が成し遂げたこれらの提携や契約は、埋もれていたニューヨークの資源を活用することによって、新たな収益源を生み出し、ニューヨークのブランド・イメージを高めるという当初の目標が具現化されたものであった。ペレーロは、この種の革新性は「常識を脱することが必要だ。そうすれば、想定以上の成果が生まれる」と語っている。(5)

公共部門におけるマーケティング計画の作成

マーケティング計画の作成には体系的な手順が必要である。それは現状の分析に始まり、次いでマーケティングの目的と目標を設定し、さらにターゲット・オーディエンスを特定し、望ましいポジショニングを定め、マーケティング・ミックス（4P）の設計を行い、評価の方法、予算案、実施計画を作成する、という一連のプロセスである（**表1**）。

計画の内容は、公共機関の施策や製品、サービス、あるいは特定の地理的市場（たとえば、米国南西部の大都市）に対するもの、特定の住民層（若者）に対するものなどである。また、少ないかもしれないが行政の統括機関（内務省）に関係する計画もありうる。計画の対象期間は一～三年で、一年ごとに見直されるケースが最も多い。

表1　民間部門と公共部門の製品の対比

公共部門におけるマーケティング
マーケティング計画の概要

1　エグゼクティブ・サマリー

この計画によって達成しようとしている主なマーケティング目的と目標、ターゲット・オーディエンスと望ましいポジショニング、マーケティング・ミックス戦略（4P）、評価方法、予算案、実行計画の要点を記載する。

2　状況分析

1　背景と目的
2　強み、弱み、機会、脅威の分析（SWOT分析）
3　競合の分析
4　過去、または類似の活動：活動の内容、結果、教訓

3　マーケティング目的と目標

1　目的（たとえば、サービス利用率の改善、参加率の改善、販売量の増加、行動の変化の増加、順守率の向上、市場占有率の改善、顧客満足度とロイヤリティの改善）
2　目標：具体的な数値目標

4　ターゲット・オーディエンス

1　概要：人口動態的特性、地理的特性、行動特性、心理特性、規模、受け入れ姿勢
2　既知のベネフィットと阻害要因

5　ポジショニング

施策または公共機関がターゲット・オーディエンスの目にどのように映ることを望むか

6　マーケティング・ミックス：ターゲット・オーディエンスへ影響を与える戦略

1　製品
　　物、サービス、イベント、人、場所、組織、アイデア
　　要素：製品の核、製品の形態、製品の付随機能
2　価格
　　金銭的コスト（料金）
　　金銭的、非金銭的な正負のインセンティブ
3　流通チャネル
　　施策、製品、サービスを入手できる方法、時期、場所
4　プロモーション
　　中核メッセージ、メッセージ伝達者、コミュニケーション・チャネル

7　評価計画

1　評価の目的、および対象とするオーディエンス
2　測定の対象：アウトプット、アウトカム、インパクト
3　測定の方法
4　測定の時期

8　予算

1　マーケティング計画の実施コスト
2　予想する収入増、またはコスト減

9　実施計画

誰が、いつ、何を行うか

計画書を策定することにより、数々のベネフィットを得ることができる。なかでも、その公共機関の活動目標（郵便収入の増加）の達成が、最も価値のあるベネフィットである。計画書によって、マーケティング活動に対する公共機関内の異論に対応することができる。計画書を読めば、マーケティング活動が戦略的思考法に基づいていることを理解できるだろう。また、特定のターゲット・オーディエンスを選定した理由は、それが最も効率的、効果的な資源の活用法になるからだということが納得できるだろう。特定の数値目標を達成するために必要なコストと、見込まれる成果を知ることができる。マーケティングが単なる広告以上の役割を果たすものだということも理解されるだろう。また、そこには計画した活動の成果を評価するシステム、その方法とタイミングが記載され、さらに予算までが示されているのを見て、感心する人もいるだろう。計画を実行に移すために、組織内の支援が必要なことに言及されていることにも気づくだろう。

マーケティング計画の作成は、活動を実行する部門の責任者、広報部門の代表者、財務部門の担当者、外部の提携機関の代表者、顧客の考え方を理解している現場の担当者が担当するのが望ましい。

状況分析

状況分析には、活動の背景となる重要な情報、マーケティング計画を策定する際に考慮すべき市場動向と競合組織の分析、類似する活動の成果と、そこから得た教訓を記載する。

1 背景と目的

まず、その計画を立案するに至った背景を記載する。サービス（観光産業）の利用率の減少、公衆衛生上の問題の深刻化（肥満）、リスクの高い行動の増加（覚せい剤の使用）、ブランドの活性化（地域交通機関）、競争組織の活動への対応の必要性（フェデックスの新サービス）、市民のニーズを満たすための施策やサービス提供の機会（インターネットによる一時滞在ビザの発給）など、なぜこの計画を立案したのかという理由である。また、ここで計画の目的と主旨（識字率の増加を目的とし、幼児教育の強化を主旨とする）を明快に述べることで、以後の計画作成に関する出発点と判断の基準にする。

2 SWOT分析

強み（Strengths）、**弱み**（Weaknesses）、**機会**（Opportunities）、**脅威**（Threats）

計画の目的と主旨に関連して、計画作成に重要な影響を及ぼす組織の内部環境、外部環境についての検討結果を簡単に述べておく必要がある。

まず、利用可能な資源、計画に対する幹部の支援、現在の提携先、流通システムの能力、組織の評判、優先課題など、「組織」として最大限に活用すべき強みと、最小限に抑えるべき弱みをリストアップする。

次に、市場における外部の力関係、つまり利用すべき機会と対処する必要のある脅威について同じようなリストを作成する。これらの外部要因は文化的、技術的、人口動態的、経済的、政治的、法的問題であって、通常マーケティング担当者の力の及ぶ範囲のものではないが、考慮には入れておかなければならない。

3 競合の分析

直接的か、間接的かを問わず、競争相手の強みと弱みの分析を行う。直接的な競争相手とは、こちらと同じような提案を行っている相手である（図書館に対する書店）。間接的な競争相手とは、方法は異なるが同一のターゲット・オーディエンスのニーズを満たしている相手である（図書館に対するテレビ局）。

4 過去、または類似の活動

自分の組織、または他の組織が過去に行った活動や類似の活動を振り返って、その成果を再検討し、そこで得た教訓を記載する。

マーケティング目的と目標

計画に関連する内部環境と外部環境について注意を促したのち、マーケティングの目的と目標をより具体的な形で述べる。

「マーケティング目的」とは、前述の目的をさらに詳細に説明するものであり、望ましい行動、ブランド・イメージの改善や知識の普及といった達成すべき具体的な内容を記さなければならない。たとえば、次のようなものである。

- 郵便局で扱う包装用製品の売上増加
- 家庭教師活動に参加するボランティア人数の増加
- インターネットによる運転免許更新率の増加
- スポーツ行事のあとの飲酒運転の防止
- 犯罪多発地域における自動車盗難数の減少
- 医療分野における新しい処方箋制度（メディケア）に対する認知度の向上
- 警察の活動に対する認知度の向上

「マーケティング目標」とは、マーケティング目的を数値化して表したものである。「この活動によって、何件の自動車盗難事件を防ぐつもりか」「免許保有者の何パーセントをインターネットで更新させる予定か」という問いに対する答えである。目標は現実的なものであり、「いつまでに」という問いに答えるために期間を明示しなければならない（たとえば、二〇一〇年までに）。ここで定めた目標に基づいて、ターゲット・オーディエンスとマーケティング・ミックス戦略を決定する。また、この目標の設定が予算の額へ大きく影響を及ぼし、さらに後の評価方法を決めるための指針となる。

ターゲット・オーディエンス

第2章でも述べたように、ターゲット・オーディエンスは、市場を細分化し、評価して、その中からポジショニングとマーケティング・ミックス戦略の対象となるセグメントを一つ、または複数選び出すことによって決める。ターゲット・オーディエンスについて、ここで詳しく述べる必要がある。

ターゲット・オーディエンスは、客観的にわかりやすく説明することが望ましい。これは、年齢、性別、家族構成、収入、職業、学歴、宗教、人種、国籍など「人口動態的特性」により示すという意味である。また、他のメンバーやキャンペーンの企画担当者のために、このセグメントの「価値観、ライフスタイル、性格」などの特徴を記載しておくことも有意義であり、これが重要な要素となる場合もある。ターゲット・オーディエンスの「行動特性や購買意欲」、発信するメッセージに「最も接しそうな時間と場所」を記載しておけば、非常に参考となるだろう（外来植物に関して注意を喚起するメッセージに最も興味を示すのは、園芸植物展示会の入場者だろう）。

また、マーケティング計画に基づいて施策を実行した場合、ターゲット・オーディエンスが手にしたい、あるいは手にするだろうと考える「ベネフィット」についても述べておく必要がある。「ターゲット・オーディエンスに何を与えるべきか」がわかれば、キャンペーン資料などを作る担当者にとって、非常に参考となるだろう。この「ベネフィット」は、ターゲット・オーディエンスのセグメントによって異なる。そのため、事前に調査をしなければならない。公共交通機関がターゲットとする通勤客のセグメントの中で、あるセグメントが最も関心を持つのはコストであり、別のセグメントは環境保護に一役買うことを動機とし、また読書時間が増えることを喜ぶセグメントもあるという具合である。こちらが提案しようとしている施策や製品、サービスは、ターゲット・オーディエンスが欲しがりそうなものだろうか。「求められるベネフィット」が異なれば、ポジショニングとマーケティング・ミックス戦略も異なる。よって、マーケティング担当者の中には、これに基づいて市場をさらに細分化する者もいる。

企画力の優れている人は、ターゲット・オーディエンスの行動を阻害する要因、あるいは懸念材料が何かを知りたがる。それが、説得力のあるポジショニングと適切なマーケティング・ミックス戦略の立案に役立つからである。使い終わった調理油のリサイクルを各家庭に呼びかけようとしている公益団体は、リサイクルにどんなタイプの容器を使うのが安全で適切なのかがわからないという知識の欠如、その容器をリサイクル・センターに持っていかなければならないことに対する抵抗感、そもそもなぜリサイクルをしなければならないのかという無理解に、それぞれ対処する必要がある。

ポジショニング

ターゲットとするセグメントを特定し、理解し、その説明の記述が終われば、次にこのマーケティング計画の中心となる製品、施策、サービス、公共機関、またはその他の提供物の望ましいポジショニングを記載する。これはマーケティング戦略の作成に当たって不可欠な手順である。STPすなわち、セグメンテーション（Segmentation）、ターゲティング（Targeting）、ポジショニング（Positioning）に基づいて戦略を構築することが成功のために不可欠だからである。(6)

この望ましいポジショニングは数行で済ませてもよいし、箇条書きでもよいが、売り込もうとする提供物をターゲット・オーディエンスにどのように受けとめてもらいたいかを明らかにする必要がある。そこには、ターゲット・オーディエンスがその提供物を「買う」べきだとする説得力のある理由、すなわち「価値ある提案」を盛り込まなければならない(7)。ターゲット・オーディエンスに対するベネフィットを明らかにし、阻害要因を払拭し、競争相手と比較していかにこちらが有利であるかを強調すること、つまりポジショニングをはっきりと定めることにより、提供物の受け入れを決心させることが狙いである。それには、直接的・間接的な競争相手との「相違点」と「類似点」を明記すべきである(8)。第6章で述べたように、米国環境保護庁は

「エナジースター」製品が消費者にとってお買い得であり、環境にも優しい製品であると認められることを望んでいる。疾病予防管理センターは、七〜十二歳の子供たちに運動は楽しくて格好が良いと思ってもらうことを、テキサスの州職員はゴミのポイ捨て防止活動が冒険的で、しかも偉大な州の誇りを思い出させると評判になってくれることを望んでいる。

マーケティング・ミックス

今ではすっかりおなじみになった、製品（Product）、価格（Price）、流通チャネル（Place）、プロモーション（Promotion）の4Pを納めたマーケティングの道具箱を開いてみよう。ターゲット・オーディエンスにおいて期待どおりの反応を生み出す目的で、この四つの要素を組み合わせることが、マーケティング・ミックスである。各要素の詳細についてはそれぞれの章で説明したため、ここでは正式なマーケティング計画の作成に必要と思われる記述に留めることとする。

1　製品（Product）

まず、製品の価値、製品の形態、製品の付随機能について説明する必要がある。「製品の価値」は、ターゲット・オーディエンスが行動に対する見返りとして手に入れるベネフィットであり、提供する側が強調すべきであろう。「製品の形態」は、製品の特徴、名称、品質、スタイル、デザイン、パッケージなどである。「製品の付随機能」は、製品の価値を高めるために付け加えた特徴、モノ、サービスである。

2 価格（Price）

価格は、製品、施策、サービスに対する「金銭的コスト」（料金）である。行動を刺激するために「金銭的インセンティブ」を提供することもある。さらに罰金のような「金銭的負のインセンティブ」、表彰のような「非金銭的インセンティブ」、マイナスの評判のような「非金銭的負のインセンティブ」を用いることができる。

3 流通チャネル（Place）

公共機関が提供する物をどこで引き渡すかの判断であり、市民から見れば提供される物を手に入れる手段である。物理的な場所、電話、ファックス、郵便、移動施設、ドライブスルー、インターネット、ビデオ、宅配、家庭訪問、市民がよく買い物をしたり、食事をしたり、出入りする場所、売店、自動販売機などの選択肢の中から、しかるべき流通チャネルを選択する。同時に、そのチャネルでのサービス提供時間、待ち時間、その場の環境（ロビーの清潔さ）なども明確にしておかなければならない。

4 プロモーション（Promotion）

ここでは、効果的なコミュニケーションを行うために、メッセージの中核（何を伝えたいのか）、メッセンジャー（メッセージを伝えるスポークスマン、スポンサー、パートナー、俳優など）、コミュニケーション・チャネル（メッセージを発信する媒体）の選定を行う。

マーケティング・ミックスは、製品からプロモーションまで、ここで述べた一連の順序で計画書へ記述することが重要である。たとえば、「プロモーション」は、それ以前に決定した「製品」「価格」「流通チャネル」をターゲット・オーディエンスに周知させるためのツールにすぎないからである。

評価計画

これは、管理者にとって非常に重要な計画である。活動の達成度を評価するために、いかなる指標を使って、いつ、どのように測定するかを説明する。

まず、測定の指針となる評価の目的と報告相手を記述する。この情報が測定の選択肢の指針となるからである。プランニング・プロセスの初めに設定したマーケティング目標によって、少なくとも測定方法の一部が決まる。その中には、第12章で述べた次のような指標が含まれるだろう。

- 「アウトプットの測定」は、実施したマーケティング活動と費やした資源を測定して報告することである（配布したパンフレットの数）
- 「アウトカムの測定」は、市民の行動に着目し、市民の行動レベル（高齢者の運動教室の出席者数）または、知識、姿勢、信念の変化を測定するものである。
- 「インパクトの測定」は、「どんな反響があったのか」という厳しい質問に答えるための高度な測定である。近隣の市町村に道路サービスを提供した結果による公共機関の増収、交通混雑の緩和、十代の妊娠件数の低下、就学準備支援の改善、水質の改善、交通事故による傷害件数の減少、犯罪件数の低下、政府プロジェクトに対する支持と支援の増加などがその対象である。

評価にかかる費用は予算の項目に含め、測定を行う時期など、活動に関する事項は実施計画の中で触れておく必要がある。

予算

マーケティング計画の作成と実施に関わる費用はここに記載する。当初の予算見積りは資金源の状況に応じて変更される可能性がある。また、製品、価格、チャネル、プロモーションの関連コストが確認されて最終案が固まる。ここでは、この最終予算を記載する。製品開発、価格上のインセンティブに関わる増加費用、およびチャネル、プロモーションの企画、普及に関わる追加費用も見込んでおく必要がある。

また、予想される収入増とコスト減を記載しておけば、マーケティング費用との対比で予想投資収益率を算定できる。また、取扱一件あたり、あるいは行動の変化一件あたり、新規顧客一人あたりのマーケティング費用の分析もできる。時間の経過とともに時系列的なデータベースができあがれば、マーケティング関連費用が効率的、効果的に使用されたかどうかの合理的な判断材料となるだろう。

実施計画

最後に、「誰が」「いつ」「何を」「いくらの費用をかけて」行うかを定める。これによってマーケティング戦略が活動へと昇華する。マーケティング活動、各自の責任、スケジュール、予算が明記されているので、この部分が「本当のマーケティング計画」だという人がいる。この部分だけを切り離して、組織内の関係部署、特にキャンペーン活動やターゲット・オーディエンスからの反応の影響を強く受ける部署（たとえば、コールセンター）には配っておいたほうがよいだろう。

製品の製作やコミュニケーションの開始時期の設定など、開発に関する活動もここで取りあげる必要がある。この実施計画が進むべき方向を示す地図となり、意思決定に迷ったときの指針となる。この計画が、評価活動とあいまって施策の実施を確実なものにしてくれる。

実施計画のフォーマットは、マーケティング計画の要約に簡単な予定表をつけたものから、特別なソフトウェアを使った複雑なものまでさまざまである。一～三年の期間に行われる主な活動を対象にした計画とすることが理想的といえるだろう。

まとめ

マーケティング計画作成のプロセスを実施することは、できあがった計画に劣らぬほど重要である。

計画には、はじめに目的と主旨を定め、「現在の状況はどうなっているか」を説明するという戦略的発想が必要になる。次に、「どこへ行きたいのか」という視点から、マーケティング目的と目標を特定することになる。「どうすればそこへ行けるのか」については、ターゲットの選定、望ましいポジショニング、ターゲットを捉えるために選定した4Pの組み合わせが含まれる。「そこに到達したことがどうすればわかるか」「どうすれば正しいコースをたどれるか」を説明するための評価方法と実施計画を入念に準備するまで作業を止めてはならない。

この計画は、他の人たちに伝えることによってさらに価値が高まる。この活動が計画に則ったものであること、予算と目標に整合性があること、説明責任を全うする基盤が整っていることの根拠になるからである。

ここでは、順次実施するプロセスとして紹介したが、実際は試行錯誤を繰り返しながら実施するプロセスとなるだろう。評価計画を立てたところで、目標を修正しなければならなくなった、あるいは予算計画の段階で当初のアイデアどおりにコストを積み上げるとプロモーション計画を見直さざるを得なくなったといって、驚いたり、落胆したりすることはない。マーケティング計画はダイナミックに変更すべきツールであり、机の奥で埃をかぶったままになるような書類ではないのである。

(9) 前掲書：第2章（8）*Principles of Marketing*（『マーケティング原理』）、p. 152.
(10) 同上、p. 153.
(11) 前掲書（3）、p. 105.
(12) Alan Andreasen, *Marketing Research That Won't Break the Bank: A Practical Guide to Getting the Information You Need*, 2nd ed. (San Francisco: Jossey-Bass, 2002).

第12章

(1) 前掲書：第2章（6）*Strategic Marketing for Nonprofit Organizations*（『非営利組織のマーケティング戦略』）、pp. 500-502.
(2) U.K. Government News Network, "New Campaigns to Reduce Gum Litter," http://www.gnn.gov.uk/content/detail.asp?ReleaseID=200542&NewsAreaID=2.
(3) U.K. Department for Environment Food and Rural Affairs, "Local environmental quality: Chewing gum pilot campaigns," http://www.defra.gov.uk/environment/localenv/litter/gum/pilot.htm.
(4) U.S. Department of Labor, http://www.bls.gov/nls/#overview (accessed March 20, 2006).

第13章

(1)～(4) Joseph Perello, NYC Marketing, "The Fourth New York," Address to The Economist's 2nd Annual Marketing Roundtable, March 25, 2004, http://www.nyc.gov/html/nycmktg/html/cmo_bio/economist.shtml.
(5) Joseph Perello, "The Power of Being Unreasonable," *CMO Magazine*, September 2005, New York City, http://www.cmomagazine.com/read/090105/joseph_perello.html.
(6)～(8) 前掲書：第2章（4）*Marketing Management*（『マーケティング・マネジメント』）、p. 310.

(13) Motorola Inc., "Motorola: Leadership Programs to Protect the Environment," http://www.motorola.com/EHS/environment/leadership/ (accessed April 16, 2004).
(14)～(15) 前掲書 (3)、p. 217.
(16) Casey Family Programs, "Public-private partnership to improve Wyoming's child welfare system," December 17, 2003, http:// www.casey.org/MediaCenter/PressReleasesAndAnnouncements/121703WyomingPartnership.htm.
(17)～(18) http://www.adcouncil.org/default.aspx?id=15.
(19) http://www.Puravidacoffee.com.
(20) Department of Homeland Security, "Secretary Ridge Addresses American Red Cross in St. Louis," May 21, 2004, http://www.dhs.gov/xnews/speeches/speech_0175.shtm.
(21) Department of Homeland Security, "Homeland Security and American Red Cross Co-Sponsor National Preparedness Month 2005," Press Release, June 9, 2005, http://www.dhs.gov/xnews/releases/press_release_0686.shtm.
(22) New Zealand Injury Prevention Strategy, http://nzips.govt.nz/index.php.
(23) 前掲書 (3)、pp. 263-276.

第11章

(1) このプロジェクトは、カナダ・オタワを本拠とする国際開発研究センター (International Development Research Centre：IDRC) 内に国際事務局を持つ国際的タバコ規制のための調査 (Research for International Tobacco Control：RITC) の資金援助のもとに行われた。
(2) 前掲書：第2章 (8) *Principles of Marketing*(『マーケティング原理』)、p. 138.
(3) Alan Andreasen, *Marketing Social Change: Changing Behavior to Promote Health, Social Development, and the Environment* (San Francisco: Jossey-Bass, 1995), p. 98.
(4) http://factfinder.census.gov/home/saff/main.html?_lang=en (accessed March 26, 2005).
(5) 前掲書 (3)、p. 98.
(6) 前掲書：第2章 (4) *Marketing Management*(『マーケティング・マネジメント』)、p. 104.
(7) 同上、p. 106.
(8) 同上、p. 111.

Mohr and W. Smith, *Fostering Sustainable Behavior: An Introduction to Community-Based Social Marketing* (Gabriola Island, British Columbia, Canada: New Society, 1999), p. 47.
(21) Doug McKenzie-Mohr, Quick Reference: Community-Based Social Marketing, www.cbsm.com.
(22) D. McKenzie-Mohr and W. Smith, *Fostering Sustainable Behavior*, p. 61.
(23) Alan Andreasen, *Marketing in the 21st Century* (Thousand Oaks, CA: Sage, 2006), p. 11.

第10章

(1) AED Center for Environmental Strategies, "From Crisis to Consensus: A New Course for Water Efficiency in Jordan," 2004.
(2) Causes & Effects, The Newsletter of Corporate Alliances with Charitable Causes, 19(8), August 2005, p. 1.
(3)～(4) Philip Kotler and Nancy Lee, *Corporate Social Responsibility: Doing the Most Good for Your Company and Your Cause* (Hoboken, NJ: John Wiley & Sons, 2005), p. 5.（邦訳『社会的責任のマーケティング――「事業の成功」と「CSR」を両立する』フィリップ・コトラー、ナンシー・リー著、早稲田大学大学院恩藏研究室訳、東洋経済新報社、2007年）
(5) Johnson & Johnson, "Johnson & Johnson Campaign Raises $7 Million for Nursing Shortage," Press Release, May 10, 2005, http://www.jnj.com/news/jnj_news/20050509_164453.htm.
(6) http://www.jnj.com/home.htm.
(7) American Express Company, "American Express Launches National Campaign to Help Reopen the Statue of Liberty; Pledges a Minimum of $3 million with Cardmember Support," News Release, November 25, 2003.
(8) 前掲書（3）、p. 13.
(9) 同上、p. 106.
(10) Tools of Change Case Study, "Back to Sleep—Health Canada SIDS Social Marketing Campaign," http://www.toolsofchange.com/English/CaseStudies/default.asp?ID=161 (accessed July 26, 2005).
(11) 前掲書（3）、pp. 31-32.
(12) 著者は、2003年9月、GE Consumer & Industrial Products社のGlobal Communications & PRマネジャーとEメールによるインタビューを行った。前掲書（3）、pp. 152-153.

00.html.
(5) Ilkka Vuori, Becky Lankenau, and Michael Pratt, "Physical Activity Policy and Program Development: The Experience in Finland," *Public Health Reports*, May-June 2005, Volume 119, pp. 331-345.
(6) 前掲書（1）
(7) Philip Kotler, Ned Roberto, and Nancy Lee, *Social Marketing: Improving the Quality of Life* (Thousand Oaks, CA: Sage, 2002), p. 5.
(8) Behavior Risk Factor Surveillance System, http://www.cdc.gov/brfss/.
(9) J. Prochaska and C. DiClemente, "Stages and Processes of Self-Change of Smoking: Toward an Integrative Model of Change," *Journal of Consulting and Clinical Psychology*, 51, 1983, pp. 390-395.
(10) Alan Andreasen, *Marketing Social Change: Changing Behavior to Promote Health, Social Development, and the Environment* (San Francisco: Jossey-Bass, 1995), p. 148.
(11) http://oee.nrcan.gc.ca/transportation/idling/material/campaign-resources.cfm?attr=28#stickers, http://toolsofchange.com/English/CaseStudies/default.asp?ID=181.
(12) B. Smith, "Beyond 'Health' as a Benefit," *Social Marketing Quarterly*, 9(4), Winter 2003, pp. 22-28.
(13) Michael Rothschild, Plenary Presentation, 13th Annual Social Marketing in Public Health Conference, June 2003.
(14) Michael Rothschild, "Accommodating Self-Interest," *Social Marketing Quarterly*, 8(2), Summer 2002, pp. 32-35.
(15) Tools of Change Case Study, "Road Crew Reduces Drunk Driving," http://toolsofchange.com/English/CaseStudies/default.asp?ID=181 (accessed November 4, 2005).
(16) Snohomish Health District, Washington State, Marketing Plan, April 2003.
(17) Tendai Dhliwayo, "Taking you home," City of Johannesburg Official Web site, April 23, 2003, http://www.joburg.org.za/2003/apr/apr23_home.stm (accessed October 20, 2005).
(18) City of Austin, "Scoop the Poop: Dogs for the Environment" Web site, http://www.ci.austin.tx.us/watershed/wq_scoop.htm.
(19) Kotler, Roberto, and Lee, *Social Marketing*, p. 308-309.
(20) A. G. Greenwalk, C. G. Carnot, R. Beach, and B. Young, "Increasing voting behavior by asking people if they expect to vote," *Journal of Applied Psychology*, 72, 1987, pp. 315-318. As described in D. McKenzie-

(5) U.S. Census Bureau, Census 2000 Mail Return Rates, January 30, 2003, Final Report. p. v.
(6) Robert Spector and Patrick McCarthy, *The Nordstrom Way to Customer Service Excellence* (Hoboken, NJ: John Wiley & Sons, 2005), p. xiii.
(邦訳『ノードストローム・ウェイ――絶対にノーとは言わない百貨店（新版）』ロバート・スペクター、パトリック・マッカーシー著、山中鏆監訳、犬飼みずほ訳、日本経済新聞社、2001年)
(7) 同上、p.91.
(8) 前掲書：第2章（4）*Marketing Management*（『マーケティング・マネジメント』）、p. 140.
(9) 前掲書（6）、p. 115.
(10) 同上、p. 122.
(11) Singapore Changi Airport, http://www.singaporemirror.com.sg/ab_infr_airport.htm (accessed March 3, 2005).
(12) Unisys, "Singapore's Changi International Airport Services (CIAS) 'Checking In' with New Unisys Solution to Expedite Passenger Processing," http://www.unisys.com.hk (accessed April 21, 2005).
(13)～(14) United Kingdom Passport Service, "UK Passport Service: Improving Passport Security and Tackling ID Fraud," Press Release March 24, 2005.
(15) Tony Kontzer, "Government Agencies Look to CRM Soft-ware," *Information Week*, December 6, 2004, http://www.informationweek.com/showArticle.jhtml?articleID=54800256 (accessed April 7, 2005).
(16) "Feds pump up the CRM," MM, March/April 2002, p. 5.
(17)～(18) Joseph Sensenbrenner, "Quality Comes to City Hall," *Harvard Business Review*, March-April 1991, p. 68.
(19) Institute for Citizen-Centred Service, "Benchmarking: Benefits and Lessons Learned," http://www.iccs-isac.org/eng/bench-ben.htm (accessed April 25, 2005).
(20) The American Customer Satisfaction Index.
(21) Ned Roberto, *How to Make Local Governance Work* (Asian Institute of Management, 2002).

第9章

(1)～(4) Ian Sample, "Fat to fit: how Finland did it," *The Guardian*, Saturday, January 15, 2005, http://www.guardian.co.uk/befit/story/0,15652,1385645,

Power Association Bulletin, July 2004, pp. 25-27. Also see utility's Web site at www.snopud.com.

(14) "Best Practices in Community Policing" with Wesley Skogan, Professor of Political Science at the Institute for Policy Research at Northwestern University, PBS, August 17, 2004.

(15) Hanley and Wood, *Public Works*, June 2005, 136(7), www.pwmag.com, pp. 28-31.

(16) Tennessee Valley Authority, "Put Green Power to Work," http://www.tva.gov/greenpowerswitch/green_comm.htm.

(17) "Dagen H," Wikipedia, the free encyclopedia, http://en.wikipedia.org/wiki/Dagen_H (accessed October 3, 2005).

(18) 前掲書：第2章（4）*Marketing Management*（『マーケティング・マネジメント』）、p. 548.

(19) OnPoint Marketing and Promotions, "Buzz Marketing," http://www.onpoint-marketing.com/buzz-marketing.htm (accessed November 1, 2005).

(20) John Tierney, "Magic Marker Strategy," September 6, 2005, nytimes.com/travel

(21)～(23) 前掲書：第2章（6）*Strategic Marketing for Nonprofit Organizations*（『非営利組織のマーケティング戦略』）、p. 490.

(24)～(25) Philip Kotler, Ned Roberto, and Nancy Lee, *Social Marketing: Improving the Quality of Life* (Thousand Oaks, CA: Sage, 2002), p. 307.

(26) 前掲書：第2章（8）*Principles of Marketing*（『マーケティング原理』）、pp. 515-518.

第8章

(1)～(2) Alan Brunacini, Fire Chief, City of Phoenix, Fire Department, "Essentials of Fire Department Customer Service," 1996, Copyright by Alan Brunacini. この本からの引用とともに、2005年4月10、11日に署長とのインタビューを行った。

(3) Ann Laurent, Associate Editor, *Government Executive Magazine*, "The Big Picture on Customer Feedback," EPA Customer Service Conference, November 30-December 1, 1999, http://www.epa.gov/customerservice/conferences/proceedings/proceedingsfeedback.htm.

(4) U.S. Census Bureau, Strategic Plan 2004-2008, http://www.census.gov/main/www/aboutus.html (accessed April 21, 2005).

（27）前掲サイト、（25）
（28）前掲書（1）*Positioning*（『ポジショニング』）、pp. 143-147.

第7章

（1）著者は、2005年11月に臓器提供問題打開協力機構（Organan Donation Breakthrough Collaborative）のソーシャル・マーケティング・リーダー兼ディレクターのデニス・ワグナー（Dennis Wagner）氏とEメールによるインタビューを行った。
（2）PSI Profile, Social Marketing and Communications for Health, December 2004, The Ultimate Stamps of Approval: "Postal Campaigns Deliver AIDS Information Beyond Mass Media," www.psi.org.
（3）John L. Henshaw, "Safety and Health add value to your Business, Workplace and Life," April 21, 2004, 8th Biennial Governor's Pacific-Rim Safety and Health Conference, http://www.osha.gov/pls/oshaweb/owadisp.show_document?p_table=SPEECHES&p_id=755.
（4）Ready.gov—From the U.S. Department of Homeland Security, http://www.ready.gov/index.html (accessed October 5, 2005).
（5）Al Ries and Jack Trout, *Positioning: The Battle for Your Mind* (New York: Warner Books, 1986) pp. 11-13.
（6）"Law, Regulation & Economy," *Marketing News*, February 15, 2006, p. 4.
（7）Herbert C. Kelman and Carl I. Hovland, "Reinstatement of the Communication in Delayed Measurement of Opinion Change," *Journal of Abnormal and Social Psychology* 48 (1953): pp. 327-335.
（8）前掲書：第2章（4）*Marketing Management*（『マーケティング・マネジメント』）、p. 546.
（9）Chisaki Watanabe, "Japanese shedding ties to ease warming," Associated Press, *The Seattle Times*, Business Section, June 2, 2005.
（10）Randy Dotinga, "Military channel reports for duty," *Christian Science Monitor*, http://www.csmonitor.com/2005/0425/p11s01-usmi.htm (accessed October 27, 2005).
（11）前掲書：第2章（4）*Marketing Management*（『マーケティング・マネジメント』）、p. 536.
（12）Peace Corps Web site, Media section, http://www.peacecorps.gov/index.cfm?shell=resources.media.psa (accessed October 31, 2005).
（13）See Neil Neroutsos, "Snohomish PUD Tackles Enron: Northwest Utility Uncovers Evidence Showing Widespread Corruption," *Northwest Public*

(6) 前掲書：第2章（4）*Marketing Management*（『マーケティング・マネジメント』）、p. 281.
(7) 同上、p. 301.
(8) 同上、p. 284.
(9) 同上、p. 280.
(10) 同上、p. 390.
(11) "Smokey Bear Guidelines," February 2004, http://www.smokeybear.com/resources.asp (accessed September 21, 2005).
(12) http://www.ams.usda.gov/nop/Consumers/brochure.html.
(13) CDC, "Preventing Chronic Disease," http://www.cdc.gov/pcd/issues/2004/jul/04_0054.htm.
(14) 前掲書：第2章（4）*Marketing Management*（『マーケティング・マネジメント』）、p. 282.
(15) "Don't Mess with Texas" Web site, http://www.dontmesswithtexas.org/ (accessed September 25, 2005). "Don't Mess with Texas" は、テキサス州交通局の登録商標である。
(16) 同上
(17) "Smokey Bear Guidelines," February 2004, http://www.smokeybear.com/resources.asp (accessed September 21, 2005).
(18) Hong Kong International Airport Web site, http://www.hongkongairport.com/eng/index.jsp (accessed September 28, 2005).
(19)～(20) Leon Stafford, "Brand Atlanta to Launch New Advertising Campaign," August 21, 2005, *Atlanta Journal-Constitution.*支出にする数字は、経営コンサルティング会社、Bain社の研究資料から引用した。
(21) The official Web site of the Athens 2004 Olympic Games, "How Greece is perceived by the citizens of five major countries," October 19, 2004.
(22) National Crime Prevention Council, *Guidelines for McGruff and Related Marks*, "A Capsule History of McGruff and the National Citizens' Crime Prevention Campaign," pp. 22-24.
(23) National Crime Prevention Council Web site.
(24) 前掲書：第2章（4）*Marketing Management*（『マーケティング・マネジメント』）、pp. 294-295.
(25) "The New D.A.R.E. Program," http://www.dare.com/home/newdareprogram.asp (accessed September 30, 2005).
(26) Charlie Parsons, President and Chief Executive Director of D.A.R.E., "The New D.A.R.E. Program," http://www.dare.com/home/newdareprogram.asp (accessed September 30, 2005).

Bureau Reports," http://www.census.gov/Press-Release/www/releases/archives/voting/004986.html (accessed August 24, 2005).

(5) "Vote by Mail," Fairvote.org, http://www.fairvote.org/turnout/mail.htm (accessed August 24, 2005).

(6) MidCentral District Health Board, New Zealand, http://www.midcentral.co.nz/pub/Releases/Dental-Mobiles.pdf (accessed August 24, 2005).

(7) *The Citizen, The Newsletter of Citizens for Maryland Libraries,* Number 3, Summer 2000 (From an article by Jennifer McMenamin in the March 17, 2000 edition of the Baltimore Sun).

(8) Triangle Transit Authority, http://www.ridetta.org/Home/News_Events/8-05TTAOnlinePassSales.htm (accessed August 22, 2005).

(9) "Jail Adopts Video Visitation."

(10) Jessica Kowal, "Rapid HIV tests offered where those at risk gather: Seattle health officials get aggressive in AIDS battle by heading to gay clubs, taking a drop of blood and providing answers in 20 minutes," *Chicago Tribune*, January 2, 2004, http://www.aegis.com/news/ct/2004/CT040101.html (accessed May 25, 2005).

(11) 24/7 Live Help—Utah.gov.

(12) Washington State Liquor Control Board, "Sunday Sales Begin Sept. 4 in 20 State Stores," August 19, 2005, http://www.liq.wa.gov/releases/pr050819.asp (accessed September 4, 2005).

(13) The Government of the Hong Kong Special Administrative Region—Immigration Department, http://www.immd.gov.hk/ehtml/pledge_p7.htm (accessed September 4, 2005).

第6章

(1) Al Ries and Jack Trout, *Positioning: The Battle for Your Mind* (New York: Warner Books, 1986), p. 2.（邦訳『ポジショニング―情報過多社会を制する新しい発想』嶋村和恵、西田俊子訳、電通、1987年）

(2) "Branditis"は、ブランド・コンサルティング会社、Precedent社のポール・ホスキンズ取締役が初めて使った言葉である。http://society.guardian.co.uk/thinktank/story/0,14097,1229027,00.html.

(3) 前掲書：第2章（8）*Principles of Marketing*（『マーケティング原理』）、p. 301.

(4) 前掲書：第2章（4）*Marketing Management*（『マーケティング・マネジメント』）、p. 278.

(5) 前掲書：第2章（8）*Principles of Marketing*（『マーケティング原理』）、p. 302.

(19) Don Edwards Post, "Ten-Hut! The Army's Bungling Recruitment," Washingtonpost.com, Sunday, June 12, 2005.
(20) Ann Scott Tyson, "Army Aims to Catch Up on Recruits in Summer," Washingtonpost.com, Saturday, June 11, 2005.
(21) *The Week*, May 6, 2005, p. 8.
(22) John Ritter, "Towns offer free land to newcomers." *USA Today*, February 9, 2005, p. 1.
(23) http://kansasfreeland.com (accessed June 27, 2005).
(24) Arthur Stamoulis, "Tax on Plastic Bags Works," The Woodchuck Cafe, http://www.greenworks.tv/woodchuckcafe/archives/feature_plasticbagtax.asp (accessed June 28, 2005).
(25) "Irish bag tax hailed success," BBC News, Tuesday, August 20, 2002, http://news.bbc.co.uk/1/hi/world/europe/2205419.stm (accessed June 28, 2005).
(26) "Owners told to walk dogs or pay up," *The Courier Mail*, Queensland Newspapers, April 24, 2005.
(27) Peter Edidin, "Birds and bees in Singapore," *International Herald Tribune*, Tuesday, February 10, 2004, p. 2.
(28) "Measure of Sustainability Eco-Labeling," http://www.canadianarchitect.com/asf/perspectives_sustainibility/measures_of_sustainablity/measures_of_sustainablity_ecolabeling.htm.
(29) http://www.blauer-engel.de/englisch/navigation/body_blauer_engel.htm.
(30) King County Animal Services.
(31) *The Filthy 15*, http://www.ci.tacoma.wa.us/tacomanews/Filthy15/5647_S_Birmingham.asp (accessed March 7, 2006).

第5章

(1) Population Services International (PSI)/Nepal. 2005年9月、著者によるインタビュー。
(2) Metro Transit—Park and Ride Minneapolis/St. Paul Metro Area, http://www.metrotransit.org/serviceInfo/parkRide.asp (accessed August 24, 2005).
(3) Wisconsin Tobacco Quit Line: Fax to Quit Program, http://www.ctri.wisc.edu/quitline.html.
(4) U.S. Census Press Releases, "U.S. Voter Turnout Up in 2004, Census

(34)～(35) Louvre Museum Official Website, http://www.louvre.fr/anglais/palais/museum.htm (accessed May 19, 2005). Other references for this section include Le Musee du Louvre—The Louvre Museum, http://www.discoverfrance.net/France/Paris/Museums-Paris/Louvre.shtml, and Gedi Online—Louvre.

第4章

(1) National Highway Traffic Safety Administration, "The Economic Impact of Motor Vehicle Crashes," 2000, Technical Report Documentation. Report date, May 2002.
(2)～(3) National Highway Traffic Safety Administration, "Programs for Hispanics," http://www.buckleuptexas.com/clickit/ (accessed May 26, 2005).
(4) U.S. Department of Transportation—NHTSA, "The Facts to Buckle Up America," http://www.nhtsa.dot.gov/people/injury/airbags/buasbteens03/.
(5) U.S. Department of Transportation—NHTSA, "Click it or Ticket 2005 Mobilization—Fact Sheet: Safety Belt Use," http://www-nrd.nhtsa.dot.gov/Pubs/810621.PDF.
(6) http://www.nhtsa.dot.gov/people/injury/airbags/clickit_ticke03/ciot-report04/CIOT%20May%202003/pages/Intro.htm (accessed May 26, 2005).
(7) 前掲サイト (5)
(8) http://www.tdot.state.tn.us/ClickItorTicket/.
(9)～(10) "Not bucklin up? Click it or Ticket program returns," Detroit Free Press.
(11) 前掲サイト (5)
(12) NHTSA, Economic Impact of Crashes 2002.
(13) U.S. Department of Transportation—NHTSA, "Click it or Ticket 2005 Mobilization—Press Release".
(14) "Not bucklin up? Click it or Ticket program returns," Detroit Free Press.
(15) 前掲書：第2章 (4) *Marketing Management*(『マーケティング・マネジメント』)、pp. 437-450.
(16) 前掲書：第2章 (8) *Principles of Marketing*(『マーケティング原理』)、p. 403.
(17)～(18) Rama Lakshmi, "A Meal and a Chance to Learn." Special to *The Washington Post*, April 28, 2005.

(5)～(6) Sydney Morning Herald, "Jamie gives school meals the wooden spoon," March 24, 2005, www.smh.com.au.
(7)～(9) International Herald Tribune, "Chef whips U.K. school cafeterias into shape," April 25, 2005, Sarah Lyall, *The New York Times*, http://www.iht.com/articles/2005/04/24/news/cook.php.
(10) 前掲サイト (4)
(11) Future School News.
(12) Sydney Morning Herald, "Jamie gives school meals the wooden spoon," March 24, 2005, www.smh.com.au.
(13) 前掲サイト (4)
(14) International Herald Tribune, "Chef whips U.K. school cafeterias into shape," April 25, 2005, Sarah Lyall, *The New York Times*, http://iht.com/bin/print_ipub.php?file=/articles/2005/04/24/news/cook.php.
(15) Sydney Morning Herald, "Jamie gives school meals the wooden spoon," March 24, 2005 www.smh.com.au.
(16) 前掲紙 (15)
(17) 前掲書：第2章 (8) *Principles of Marketing*(『マーケティング原理』)、p. 300.
(18) Silicon Valley Power, City of Santa Clara, California, publication, 2002.
(19) http://www.siliconvalleypower.com (accessed May 9, 2005).
(20) 前掲書：第1章 (1) *Reinventing Government*(『行政革命』)、pp. 193-194.
(21) 前掲書：第2章 (8) *Principles of Marketing*(『マーケティング原理』)、p. 294.
(22) http://www.ezpass.com (accessed May 9, 2005).
(23) 前掲書：第2章 (8) *Principles of Marketing*(『マーケティング原理』)、pp. 338-353.
(24) 同上、p. 340.
(25) 前掲書：第1章 (1) *Reinventing Government*(『行政革命』)、pp. 219.
(26) http://www.2good2toss.com.
(27) http://www.ojp.usdoj.gov/pressreleases/OJJDP05008.htm.
(28) http://www.amberalert.gov/ (accessed May 12, 2005).
(29) 前掲書：第2章 (4) *Marketing Management*(『マーケティング・マネジメント』)、pp. 322-324.
(30) 同上、pp. 322-331より翻案。
(31) 同上。
(32) James Nevels, "Reading, Writing, ROI," *Forbes*, March 14, 2005, p. 38.
(33) The Communication Initiative—Experiences—Nepalese Health Fairs—Nepal.http://www.comminit.com/experiences/pds12004/experiences-457.html.

125.（邦訳『非営利組織のマーケティング戦略』アラン・アンドリーセン、フィリップ・コトラー著、新日本監査法人公会計本部訳、井関利明監訳、第一法規、2005年）

（8）〜（9） Philip Kotler and Gary Armstrong, *Principles of Marketing*, 9th ed. (Upper Saddle River, NJ: Prentice Hall, 2001), pp. 193-197.（邦訳『マーケティング原理（第9版）』フィリップ・コトラー、ゲイリー・アームストロング著、和田充夫監訳、ダイヤモンド社、2003年）

（10） Everett M. Rogers, *Diffusion of Innovations*, 5th ed. (New York: Free Press, 2003).（邦訳『イノベーション普及学』エベレット・M・ロジャーズ著、青池慎一、宇野善康訳、産業能率大学出版部、1990年）

（11） 前掲書（8）*Principles of Marketing*（『マーケティング原理』）、pp. 245-261.

（12） 同上、pp. 259-262.

（13） 同上、pp. 266-267.

（14） John Zagula and Richard Tong, *The Marketing Playbook: Five Battle-Tested Plays for Capturing and Keeping the Lead in Any Market* (New York: The Penguin Group, 2004).

（15） 前掲書（4）*Marketing Management*（『マーケティング・マネジメント』）、p. 372.

（16） 前掲書（8）*Principles of Marketing*（『マーケティング原理』）、p. 371.

（17） Philip Kotler, Ned Roberto, and Nancy Lee, *Social Marketing: Improving the Quality of Life* (Thousand Oaks, CA: Sage, 2002), p. 264.

（18） 前掲書（4）*Marketing Management*（『マーケティング・マネジメント』）、p. 20.

（19） Robert Lauterborn, "New Marketing Litany: 4P's Passe; C-Words Take Over," *Advertising Age*, October 1, 1990, p. 26.

（20） 前掲書（6）*Strategic Marketing for Nonprofit Organizations*（『非営利組織のマーケティング戦略』）、p. 617.

（21） 同上、p. 618.

（22） American Marketing Association, 2004.

第3章

（1） 前掲書：第2章（8）*Principles of Marketing*（『マーケティング原理』）、pp. 72-73.

（2） 前掲書：第2章（4）*Marketing Management*（『マーケティング・マネジメント』）、p. 699.

（3） International Obesity Task Force, "Childhood Obesity," May 4, 2005, http://www.iotf.org/childhood/.

（4） United Press International: Food: "TV chef transforms U.K. school meals," March 22, 2005.

原注

（引用文献）

第1章

（1） Osborne, David and Gaebler, Ted. *Reinventing Government: How the Entrepreneurial Spirit Is Transforming the Public Sector.* Addison-Wesley, 1992, pp. 20-21, 45-48.（邦訳『行政革命』デビット・オズボーン、テッド・ゲーブラー著、高地高司訳、野村隆監修、日本能率協会マネジメントセンター、1994年）
（2） 同上、p. xxi.
（3） 同上、p. x-xi.

第2章

（1） The United States Postal Service: An American History 1775-2002, Introductory Letter. Publication 100, September 2003, United States Postal Service, Washington D.C.
（2） *The United States Postal Service: An American History 1775-2002.* Publication 100, September 2003, United States Postal Service, Washington D.C. p. 25.
（3） 2004-2008 USPS Five-Year Strategic Plan (September 2003) (accessed at USPS.com), www.usps.com.
（4） Philip Kotler and Kevin L. Keller, *Marketing Management*, 12th ed. (Upper Saddle River, NJ: Prentice Hall, 2005), pp. 15-23.（ケラーとの共著による第12版は、これまで手薄であったブランドについての議論が大幅に増補されていて、その部分をケラーが執筆しているが、この邦訳は未出刊。邦訳の最新版は原書第10版で、ミレニアム版と呼ばれている。『コトラーのマーケティング・マネジメント（ミレニアム版）』フィリップ・コトラー著、月谷真紀訳、恩蔵直人監修、ピアソン・エデュケーション、2001年）
（5） Peter F. Drucker, *Management: Tasks, Responsibilities, Practices* (New York: Harper & Row, 1973), pp. 64-65.（邦訳『マネジメント：課題、責任、実践』上・下巻、ピーター・F・ドラッカー著、野田一夫、村上恒夫監訳、ダイヤモンド社、1974年）
（6）～（7） Alan Andreasen and Philip Kotler, *Strategic Marketing for Nonprofit Organizations*, 4th ed. (Upper Saddle River, NJ: Prentice Hall, 1991), p.

福祉・地域活性化に関する政策提言のほか、公共部門の業務効率化に向けた民間活用や情報技術（IT）活用に関する支援がある。

伊藤拓典
Ito, Takunori

名古屋大学文学部心理学専攻卒業。システムインテグレータを経て、現在スカイライト コンサルティング株式会社〈社会環境サービスグループ〉マネジャー。製造業、官公庁などを対象に、業務改革やアウトソーシング、マーケティングのコンサルティングを手がける。現在は製薬会社の治験最適化や、官公庁と民間企業の協働をテーマとしたコンサルティングに取り組む。

佐藤幸作
Sato, Kosaku

慶應義塾大学法学部法律学科卒業。国内生命保険会社、外資系コンサルティング会社を経て現在、スカイライト コンサルティング株式会社〈社会環境サービスグループ〉シニアマネジャー。流通業、金融・保険業、官公庁などにおいて知識労働者の生産性・意欲向上に関するコンサルティングを数多く手がける。

斉藤学
Saito, Manabu

北海道大学経済学部経済学科卒業。大手通信会社にて海外関連ITプロジェクトを経験後、現在、スカイライト コンサルティング株式会社〈社会環境サービスグループ〉シニアマネジャー。「社会変革に繋がる情報技術（IT）の活用」という視点でのコンサルティングサービスを提供している。

石橋穂隆
Ishibashi, Hodaka

大学院修了後、システムインテグレータ、外資系コンサルティング会社を経て、スカイライト コンサルティング株式会社に入社、マネジャーとして現在に至る。サービス業・金融業・官公庁などにおいてIT戦略立案・ITマネジメントのコンサルティングサービスを提供している。

嶋田一郎
Shimada, Ichiro

武蔵工業大学工学部卒業。都市計画プランナー、独立系ソフトウェアベンダーを経て、現在、スカイライト コンサルティング株式会社 シニアアソシエート。官公庁、広告業、各種ベンチャー企業などにおける事業戦略立案、チェンジマネジメント、e-business企画を専門に数多くのコンサルティングサービスを手がける。

著者略歴

フィリップ・コトラー
Philip Kotler

ノースウェスタン大学ケロッグ経営大学院S・C・ジョンソン記念教授。マーケティング分野の世界的第一人者として、数多くの有名企業の相談役を務めるとともに、米国および海外の著名な大学から名誉博士号を授与されている。著作の多くは各国で翻訳され、高い支持を得ている。なかでも*Marketing Management*（邦訳『コトラーのマーケティング・マネジメント』）は、MBA向けのマーケティング教科書として、有名。

ナンシー・リー
Nancy Lee

マーケティング分野における長年の研究実績を活かし、1993年にソーシャル・マーケティング・サービス会社を設立。現在、米国政府および各地方自治体、海外の行政機関に対する数多くのコンサルタント業務を行っている。ワシントン大学、シアトル大学では、公共部門におけるマーケティング、ソーシャル・マーケティングおよび非営利組織におけるマーケティングの講座を担当している。

日本語版　企画・翻訳

スカイライト コンサルティング株式会社

経営情報の活用、業務改革の推進、IT活用、新規事業の立ち上げなどを支援するコンサルティング企業。経営情報の可視化とプロジェクト推進力を強みとしており、顧客との信頼関係のもと、機動的かつきめ細やかな支援を提供することで知られる。顧客企業は一部上場企業からベンチャー企業まで多岐にわたり、製造、流通・小売、情報通信、金融・保険、官公庁などの幅広い分野で多数のプロジェクトを成功に導いている。

http://www.skylight.co.jp/

訳者略歴

スカイライト コンサルティング株式会社
社会環境サービスグループ

次世代の社会を真に豊かで温かいものにすることを目指し、既存のコンサルティングサービスの枠にとらわれず、広く社会を対象としたさまざまな政策やプロジェクトを研究・企画・実践するグループ。現在の主な活動としては、児童

●英治出版からのお知らせ

本書に関するご意見・ご感想を E-mail（editor@eijipress.co.jp）で受け付けています。また、英治出版ではメールマガジン、Web メディア、SNS で新刊情報や書籍に関する記事、イベント情報などを配信しております。ぜひ一度、アクセスしてみてください。

メールマガジン：会員登録はホームページにて
Web メディア「英治出版オンライン」：eijionline.com
ツイッター：@eijipress
フェイスブック：www.facebook.com/eijipress

社会が変わるマーケティング

民間企業の知恵を公共サービスに活かす

発行日	2007 年 9 月 10 日 第 1 版 第 1 刷 発行
	2022 年 12 月 30 日 第 1 版 第 6 刷 発行
著者	フィリップ・コトラー、ナンシー・リー
訳者	スカイライト コンサルティング株式会社
発行人	原田英治
発行	英治出版株式会社
	〒150-0022 東京都渋谷区恵比寿南 1-9-12 ピトレスクビル 4F
	電話：03-5773-0193 FAX：03-5773-0194
	URL http://www.eijipress.co.jp/
プロデューサー	高野達成
スタッフ	藤竹賢一郎 山下智也 鈴木美穂 下田理 田中三枝
	安村侑希子 平野貴裕 上村悠也 桑江リリー 石﨑優木
	渡邉吏佐子 中西さおり 関紀子 齋藤さくら 下村美来
印刷・製本	大日本印刷株式会社
装丁	中井辰也
翻訳協力	飯田恒夫
編集協力	阿部由美子、和田文夫

ISBN978-4-86276-009-8 C0034 Printed in Japan